공부는 절대 나를 배신하지 않는다

전교 꼴찌 영준이는 어떻게 수능 만점을 받았을까?

공부는 절대
나를 배신하지 않는다

송영준 지음

메이븐
MAVEN

어느 바보의 공부 이야기
-전교 꼴찌가 수능 만점을 받기까지

나는 바보였다.

일반 고등학교와는 다른 외국어 고등학교라는 게 있다는 사실을 중학교 졸업 직전에야 알게 되었다. 외고에 가는 친구들은 입학 전에 고등학교 1학년 과정을 미리 배운다는 것도 학교에 들어가서야 알았다. 그러니 배치 고사에서 꼴찌에서 두 번째 등수를 차지한 것은 당연한 일이었다.

입학생 중 뒤에서 두 번째라는 내 처참한 수준을 알게 된 이후 자신감은 바닥으로 떨어졌다. 영어 수업 시간에는 이해하지 못하는 말이 너무 많아 수업을 따라가는 게 불가능했다. 수학 시간에는 선생님의 질문을 알아듣지 못해 답답해하는 나와 달리 막힘없이 대답하는 친구들을 보며 조용히 고개를 숙였다. 친구들의 실력을 도저히 따라잡을 수 없을 것 같았다. 이런저런 교내 대회에는 나가 볼 엄두도 내지 못했고, 내 멍청한 생각을 남이 알까 무서워 항상 침묵하고 지냈다.

그러던 어느 날 문득 그런 생각이 들었다.

'도대체 내가 뭘 잘못해서 이렇게 힘들게 학교생활을 할까?'

남들에게 보여 주고 싶었다. 나는 잘못하지 않았다고. 내가 택한 길이 올바르다는 것을 모두가 알아줬으면 싶었다. 머리가 좋지 않아도, 좋은 학원에 다니지 않아도, 남들보다 늦게 출발해도 얼마든지 해낼 수 있다는 걸 스스로 증명하고 싶었다.

하지만 결코 쉽지 않았다. 하루에도 몇 번씩 포기하고 싶었다. 열심히 했다고 생각했는데 기대한 만큼 나오지 않는 성적에 매번 좌절했다. 공부로는 가망이 없는 것 같아 공고로 전학을 보내 달라고 담임 선생님에게 요청하기도 했다.

공부에 대한 중요한 진실 한 가지

그럼에도 공부를 포기하지 않은 것은 공부에 대한 중요한 진실 한 가지를 깨달았기 때문이다. 공부의 양과 성적은 비례하지 않는다는 사실이었다. 공부를 1시간 한다고 해서 성적이 반드시 1점 오르는 것은 아니다. 이 정도 열심히 했으니 몇 점 오르겠지라는 예상은 통하지 않는다. 어느 정도 시간이 흐르고 노력이 쌓이면 어느 순간 다음 레벨로 올라간다. 그 지루한 과정을 견딜 줄 아는 자만이 성장하고 목표를 이룰 수 있다. 그러니 당장 공부한 만큼 성적이 오르지 않는다고 실망하거나 포기해서는 안 된다.

그리고 그 길고 힘든 시간을 견디는 방법이 있다는 것 역시 깨달았다. 한 달 전보다, 일주일 전보다, 그리고 어제보다 조금씩 나아지는 나를 발견했다. 느리지만 조금씩 성적이 오르기 시작했고, 그걸 확인하면서 무너져 내린 자존심도 조금씩 회복되었다. 무엇보다 계속 앞을 향해 달려갈 용기를 얻었다. 1등을 하겠다는 거창한 목표보다는 '앞자리 저 친구를 이겨 보고 싶다'는 작은 목표를 이루기 위해 투지를 불사르고, 먼 미래를 바라보는 대신 오늘, 그리고 지금 이 순간에 충실하며, 성적이나 등수보다는 바로 눈앞에 있는 문제를 푸는 데 집중했다.

그렇게 오로지 앞만 보며 나아가기 시작한 나는 수면 시간을 반으로 줄이고, 쉬는 시간마다 선생님을 찾아가 질문하고, 매주 서점에 가서 문제집을 닥치는 대로 사서 풀었다. 참가할 수 있는 모든 교내 대회에 신청서를 내고, 수업 시간에는 선생님의 질문에 말이 되든 안 되든 생각나는 대로 의견을 쏟아 냈다.

그렇게 6개월 정도 흘렀을 무렵, 영어 지문 하나에도 모르는 단어가 수두룩하던 내가 남들이 어려워하는 문장을 대신 해석해 줄 수 있게 되었다. 수학 교과서의 가장 쉬운 문제를 풀 때도 1시간씩 끙끙대던 내가 여름 방학 동안 7권의 문제집과 씨름한 끝에 오답률 80%가 넘는 수능 문제를 선생님처럼 풀 수 있게 되었다. 생활 기록부에 수상 기록이 하나둘 적히기 시작하더니 몇몇 대회에서는 최우수상을 받기까지 했다. 그리고 나는 이제 수업 시간에 침묵하는 아이가 아닌, 수업을 주도하는 학생이 되어 있었다.

내 이야기가 힘이 될 수 있다면

처음에는 감히 내가 책을 낼 수 있을까 싶었다. 우선 나 자신이 공부법에 대한 책을 읽은 적이 없을 뿐만 아니라, 한 사람의 성공담이라는 것을 나에게도 적용할 수 있을지 의문이 들었다. 게다가 결국 자기 자랑에 지나지 않을까 하는 편견도 있었다. 그렇게 책을 낼 생각은 꿈도 꾸지 않은 채 대학생이 되었다.

　대학생이 되어 생활비를 마련하려고 학원에서 아르바이트를 했다. 학생들에게 동기를 부여하고, 그들의 고민을 들어 주며 함께 해법을 찾아보는 게 내 주요 업무였다. 일을 하면서 학생들이 대체로 비슷한 고민을 하고 있다는 사실을 알게 되었다. 거의 모든 학생이 "왜 열심히 해도 성적이 안 오를까요?", "어느 학교를 목표로 하면 좋을까요?", "무슨 과목부터 공부해야 하나요?", "지금부터 해도 안 늦을까요?", "잠을 얼마나 자야 하나요?" 등등의 질문을 했다. 생각해 보면 나 역시 숱한 실패와 좌절을 겪는 동안 이런 고민이 머리를 떠난 적이 없었다. 같은 목표로 비슷한 생활을 하는 수험생들이 비슷한 고민을 하는 것은 어찌 보면 당연한 일이다.

　학생들의 이야기를 듣고 조언을 해 주면서 생각이 조금씩 바뀌기 시작했다. 공부는 물론 일상생활이나 심리에 관련된 문제까지 내 이야기에 귀를 기울여 주는 학생들이 감사했다. 특히 공부법을 설명할 때 또랑또랑한 눈빛으로 경청하면서 메모까지 하는 학생들을 보고 있노라면 하나라도 더 알려 주고 싶다는 생각이 들었다. 내 조언이 큰 힘이 되었다고 감사 메시지를 보내 주는 학생도 있었다.

　그러던 어느 날 아르바이트를 마친 뒤 지하철을 타고 기숙사로 돌아가는 길에 그런 생각이 들었다. 내 이야기를 듣고 공부에 지친 사람들이 조금이나마 위로를 받고 힘을 낼 수 있다면 책을 내는 것도 나쁘지 않을 듯싶다고. 수많은 시행착오와 좌절을 겪으며 알아낸 내나름의 공부 노하우가 지금 같은 길을 걷는 사람들의 실수와 후회를 막는 데 조금이라도 도움이 된다면 괜찮을 것 같다고. 그런 마음으로 이 책의 첫 번째 챕터를 쓰기 시작했다.

내가 생각하는 1등과 꼴찌의 차이

모든 수험생의 목표가 수능 만점일 필요는 없다. 현재 본인 수준보다 높은 것을 목표로 삼되, 그게 반드시 최정상일 필요는 없다는 뜻이다. 그러면 도대체 무엇을 목표로 해야 할까? 답은 간단하다. 자신의 모든 힘을 쏟아붓는 것.

대학생이 되고 얼마 지나지 않아 고등학교 때 공부한 내용은 이미 상당 부분 머릿속에서 사라졌다. 그러나 당시 최선을 다하던 그 느낌, 성취감, 작은 승리의 경험은 아직도 생생하게 머릿속에 남아 있다. 그때의 기억 덕분에 무엇을 해도 잘할 거라는 나에 대한 믿음이 생겼다. 앞으로 살면서 많은 난관을 넘어야겠지만, 나는 그때마다 분명 스스로를 믿고 앞으로 나아갈 방법을 찾기 위해 애쓸 것이다.

노력의 진가는 우리를 더 높은 곳, 더 좋은 결과로 이끌어 주는 것이 아니라, 우리에게 '노력해 봤다는 경험'을 주는 것이라고 생각한다. 노력해서 작은 난관을 넘어 본 사람은 또 다른 난관을 만났을 때 더 이상 도망치지 않는다. 어떻게 이 난관을 헤쳐 나가야 할지 고민한다. 노력을 통해 작은 성공을 이뤄 본 사람은 어떤 상황에서든 실패를 떠올리지 않는다. 성공한 미래를 가정하고 그 미래를 향해 묵묵히 걸어갈 뿐이다.

나는 고등학교 생활을 전교 꼴찌로 시작했지만 졸업할 때는 수능에서 전국 1등이라는 영광을 누렸다. 그리고 그 과정에서 꼴찌와 1등의 차이는 생각만큼 그리 크지 않다는 것을 깨달았다. 마음가짐의 차이만 있을 뿐이다. '비관주의자는 모든 기회 속에서 어려움만 보지만, 낙관주의자는 모든 어려움 속에서 기회를 알아본다'라는 윈스턴 처칠의 말처럼 꼴찌는 '뭘 해도 안 될 거야'라는 생각에 핑곗거리만 찾고, 1등은 어떻게든 해 보려는 생각에 방법을 찾는다. 한두 번의 실패로 좌절하고 포기하면 어떤 변화도 일어나지 않는다. 하지만 실망스러운 결과에도 불구하고 자신을 믿고 끝까지 가다 보면 어느 순간 반전이 일어난다고 나는 믿는다.

공부에 지친 사람들이 이 책을 읽고 다시 앞으로 나아갈 힘을 얻었으면 좋겠다. 물론 내 공부법이 안 맞는 사람도 있을 것이다. 공부법에 절대적인 정답은 없기 때문이다. 나는 부끄럽지만 내가 행한 수많은 시행착오와 실수를 낱낱이 적으려고 노력했다. 독자들이 나와 같은 실수와 시행착오는 하지 않았으면 좋겠다는 생각 때문이었다.

공부를 하다 보면 여러 가지 공부법을 알아 가는 과정을 거치면서 자연스럽게 자기만의 공부법을 찾게 된다. 자기만의 공부법을 찾을 수 있다면 문제가 어떻게 바뀌든, 어떤 과목을 공부하든, 어떤 시험을 준비하든 조금은 수월하게 목표를 이룰 수 있을 것이다. 내 이야기가 자신만의 공부법을 조금 더 빨리, 더 쉽게 찾는 데 도움이 되었으면 좋겠다.

포기하지 않으면 얼마든지 할 수 있다

국어 시간에 '좋은 책은 하나의 메시지를 분명하게 전하는 것'이라고 배운 기억이 난다. 내가 책을 내기 전에 고민하면서, 그리고 글을 쓰고 마지막 수정 작업을 하는 동안에도 전달하고자 노력한 메시지는 딱 하나다.

'할 수 있다.'

지금 걷고 있는 그 길이 어렵고, 힘겹고, 도저히 할 수 없을 것처럼 느껴지고, 눈앞이 캄캄해지더라도 포기하지 말라고. 조금만, 조금만 더 힘을 내 보자고. 암울하고 힘들고 아무 발전이 없는 것처럼 보여도 그저 오늘 하루, 지금 이 순간에 집중해 보라고. 그런 날이 일주일, 한 달, 1년이 쌓이면 어느 순간 전혀 다른 세상이 나타날 거라고. 포기하지만 않으면 완전히 달라진 자기 자신을 만날 거라고. 할 수 있다고.

그 모든 과정을 나의 실수와 경험을 통해 나누고 싶었다. 3년이 남았든, 1년이 남았든, 한 달이 남았든 그런 것은 중요하지 않다. 사람은 성장하고자 마음먹은 만큼 성장하는 존재다. 성장하고자 마음먹었다면 반드시 지금보다 나아질 수 있다.

이 책을 읽는 사람들이 지금의 목표를 잃지 않고 언젠가 달성할 수 있기를, 그리고 먼 훗날 지금의 치열한 순간을 웃으며 추억할 수 있기를 바란다. 그리고 그때까지 이 말을 꼭 기억했으면 좋겠다.

'스스로 포기하지만 않는다면 공부는, 그리고 노력은 절대 나를 배신하지 않는다.'

3 공부는 머리가 아니라 엉덩이로 하는 것
: 실력이 쑥쑥 느는 공부 습관

4 성적이 잘 나오는 공부법은 따로 있다
: 수능 만점 받게 해준 특별한 과목별 공부 비법

5 수시냐, 정시냐 그것이 문제로다

6 언제 시작해도 늦지 않다
: 최고의 수능을 위한 기간별 수능 준비 가이드 365

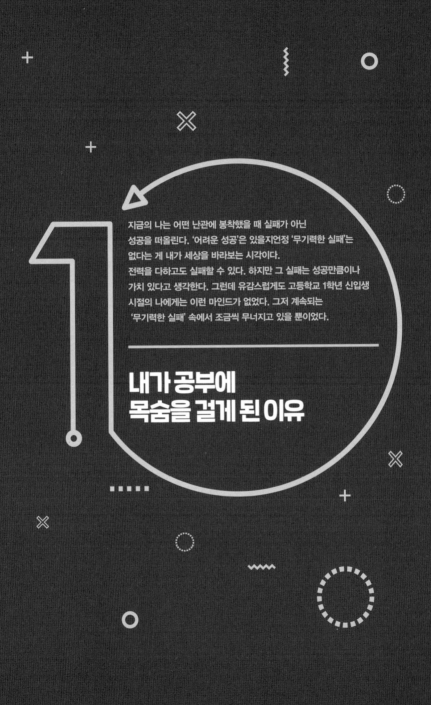

지금의 나는 어떤 난관에 봉착했을 때 실패가 아닌
성공을 떠올린다. '어려운 성공'은 있을지언정 '무기력한 실패'는
없다는 게 내가 세상을 바라보는 시각이다.
전력을 다하고도 실패할 수 있다. 하지만 그 실패는 성공만큼이나
가치 있다고 생각한다. 그런데 유감스럽게도 고등학교 1학년 신입생
시절의 나에게는 이런 마인드가 없었다. 그저 계속되는
'무기력한 실패' 속에서 조금씩 무너지고 있을 뿐이었다.

내가 공부에
목숨을 걸게 된 이유

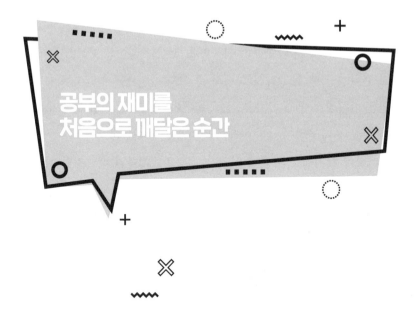

공부의 재미를
처음으로 깨달은 순간

어린 시절의 나는 장난기가 많았다. 그렇다고 완전 철없는 사고뭉치는 아니었고, 평소에는 얌전하다가 가끔 뜬금없이 활발해지는 아이였다. 지금 내 오른쪽 눈 옆에는 오래된 흉터가 하나 있는데, 초등학교 2학년 때 합기도 학원에서 보라띠이던 누나한테 장난을 치고 도망가다 혼자 넘어지면서 생긴 것이다. 피로 벌겋게 물든 상처 부위를 빨리 수술해야 하는데 너무 무서워 병원에서 도망치다 사범님과 아빠의 연합 작전으로 체포당해 병원으로 이송된 기억이 난다.

내 장난기가 최고조에 달한 것은 초등학교 3학년 때였다. 당시 담임 선생님은 잘못을 하면 반성문을 쓰게 하셨는데, 내가 우리 반에서 반성문을 가장 많이 쓴 듯싶다. 한번은 복도에서 친구랑 달리기 시합을 하려고 자세를 잡다가 선생님과 마주쳐서 반성문을 쓰게 되었다. 아직 달리지 않았다며 억울함을 호소해 봤으나 오히려 두 배로 혼나기만 했다. 그래도 다행히 큰 사고는 일으키지 않고 학교생활을 나름대로 잘해 나가고 있었는데, 3학년 2학기 무렵 문제가 하나 생겼다. 나눗셈이 전혀 이해가 되지 않는 것이었다.

더하기 빼기에는 자신이 있었다. 초등학교 2학년 때까지만 하더라도 수학 시험은 쳤다 하면 100점이고, 구구단 역시 금방 마스터했다. 그런데 나눗셈은 달랐다. 나눗셈 방법을 모르는 건 둘째 치고 몫이 뭐고 나머지가 뭔지 등 나눗셈의 개념을 전혀 이해하지 못했다. 그래서 초등학교 3학년 때는 선생님이 나눠 주시는 보충 문제를 따로 풀었다. 하지만 소용없었다. 3학년이 끝나 가도록 나눗셈 실력은 제자리걸음이었다. 초등학교 4학년이 되어도 나아질 기미가 없자 보다 못한 엄마가 누나가 다니던 동네 공부방에 다니라고 하셨다. 내 인생 처음이자 마지막으로 학원을 경험하게 된 순간이었다.

공부의 원동력이 된 사소한 성취감

그곳은 선생님 한 분이 운영하는 작은 공부방이었다. 영어와 수학뿐만 아니라 사회, 과학까지 거의 전 과목을 도맡아 가르쳐 주셨다. 지금 생각해 보니 참 대단한 분이었다. 공부방에는 나랑 같은 학년 친구가 6명 있었는데, 친구들이랑 금세 친해져 집에도 자주 놀러 가고 분식집도 같이 다녔다. 친구들을 새로 사귀고 친해지면서 공부방

다니는 게 재미있었다.

공부방에서 나눗셈을 배우기 시작했으나 며칠 동안은 나아질 기미가 보이지 않았다. 교재에 나오는 문제 중 절반 넘게 틀렸다. 그렇게 시행착오를 겪다가 어느 날 드디어 나눗셈을 이해하는 데 성공했다. 말로는 다 표현하지 못할 뿌듯함을 느끼고 수학을 더 열심히 하기로 마음먹었다. 태어나서 처음으로 공부가 재미있다고 느꼈다. 내가 공부에 흥미를 붙일 수 있던 이유는 의외로 단순했다. 아는 게 거의 없으니까 뭘 배워도 새롭고 뿌듯하게 느껴진 것이다.

그 후 한 1년 동안 나는 수학 과목만큼은 공부방에서 가장 열심히 하는 학생이었다. 숙제를 성실히 한 것은 물론이고 심지어 숙제 범위를 넘어서까지 문제를 풀어 오는 모범생이었다. 공부가 재미있어진 것은 수학만이 아니었다. 사회 과목에서 지도 읽는 법을 배웠는데 며칠 동안 끙끙댄 끝에 '축척'의 개념을 이해한 순간이나, 영어에서 'a'와 'an'의 차이를 배운 순간도 머릿속에 생생하게 남아 있다.

지금 생각해 보니 어릴 때의 나는 사소한 것을 배우면서도 그것에 과하게 의미를 두고 지나치게 기뻐하는 좀 특이한 학생이었던 것 같다. 그렇게 사소한 것에 의미를 둘 줄 알았기에 험난한 성장 과정을 견뎌 낼 수 있지 않았을까 하는 생각도 든다. 대학교에 입학해 강의를 듣는 요즘에는 새로운 걸 배울 때마다 '아, 이걸 또 언제 다 공부하나' 싶어서 인상을 찌푸리곤 하는데, 과거의 나를 띠올리며 반성해야겠다는 생각이 든다.

어쨌든 그렇게 공부에 흥미를 느끼기 시작한 나에게 공부방의 위력은 실로 대단했다. 거의 한 학기 가까운 시간 동안 나눗셈을 했어도 기초조차 익히지 못했는데, 공부방에 다닌 지 얼마 안 되어서 나눗셈은 물론이고 초등학교 4학년 레벨의 수학을 어느새 마스터해 가고 있었다. 덕분에 성적도 쭉쭉 올랐다.

친구가 많은 공부방은 그 시절 나에게는 합법적인 놀이터였다. 공부방에 가고 싶어서 학교가 끝나기를 손꼽아 기다렸고, 주위 친구들을 꾀어서 함께 공부방에 다니게 만들었다. 사실상 공부방 홍보 대사였다. 그렇지만 이런 열정은 그리 오래가지 않았다.

공부방에 가기 싫어 가출을 감행하다

초등학교 6학년이 되면서부터 예전처럼 공부방이 재미있지 않았다. 공부방에서 나눠 주는 숙제가 너무 하기 싫었다. 그뿐 아니라 학교도 예전처럼 일찍 끝나지 않아서 학교를 마친 뒤 피곤한 몸을 이끌고 공부방에 가는 것이 너무 고되었다. 하지만 쉽사리 그만둘 수도 없었다. 엄마의 반대에 부딪혔기 때문이다. 혼자서 열심히 해 보겠다고 온 힘을 다해 설득해 봤지만 엄마는 내가 영 못 미더우신 듯싶었다. 그렇다고 공부방을 계속 다닐 수는 없을 것 같아 시위를 하기로 마음먹었다. 공부방에 간다고 나가서 친구와 피시방에 다닌 것이다.

그 사실을 알게 된 엄마는 엄청 화를 내며 나를 호되게 혼내셨다. 그때 엄마가 나를 때린 무기는 누나가 산 걸로 기억하는 헬로키티 안마봉이었다. 맞을 때 너무 아파서였는지 아니면 혼난 기억이 너무 강렬해서인지 헬로키티 안마봉을 당시에 어디에 보관했고 누가 언제 사용했는지까지 모든 것이 기억에 강하게 남아 있다. 그렇게 엄마한테 엄청나게 혼나고 내 반항은 실패로 돌아가는 듯했으나, 그렇다고 포기할 내가 아니었다. 그 뒤에도 한두 번 소규모 항쟁을 시도했고, 엄마 역시 뜻을 굽히지 않았다. 그렇게 초등학교를 졸업하고 중학교에 입학했다.

중학교에 입학하고 일주일 정도 되었을 때 나는 최후의 결단을 내렸다. '가출'을 결심한 것이다. 그때는 이미 공부방에서 마음이 완전히 떠난 상태였다. 학교를 마치고 집에 오면 5시 정도 되었는데 공부방은 6시까지 가야 했다. 나는 학교를 마치고 돌아오면 낮잠을 자는 게 일상이었다. 6시 정도까지 잠을 자다가 내가 오지 않은 걸 알게 된 선생님에게서 전화가 걸려 오면 그제야 비몽사몽간에 "깜빡 잠들었나 봐요. 지금 준비해서 갈게요"라고 말씀드린 뒤 다시 잠들거나 아주 가끔 20분 정도 지난 뒤 공부방에 가곤 했다.

이런 의미 없는 짓을 더 이상 하고 싶지 않던 나는 어느 주말, 엄마에게 공부방을 그만두게 해 주지 않으면 집을 나가겠다고 선언한 뒤 가출을 했다. 사실 말로만 가출이지 친구들이랑 시간을 때우다 엄마가 보낸 메시지를 보고 9시가 채 되기도 전에 집으로 들어오긴 했지만 말이다. 아무튼 그 일을 기점으로 엄마도 포기했는지 공부방을 그만둬도 좋다고 하셨다. 나는 그날 나름의 승리를 기념하며 치킨을 시켜 먹었다. 하지만 그때는 미처 몰랐다. 당장 한 달 뒤에 상황이 완전히 달라지리라는 것을.

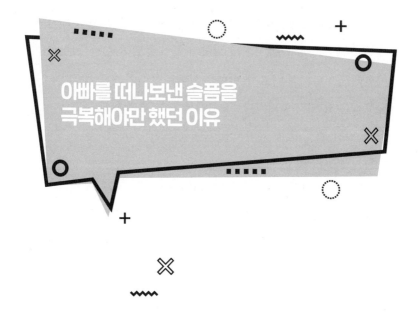

아빠를 떠나보낸 슬픔을 극복해야만 했던 이유

　내 중학교 생활은 상당히 화려하게 시작됐다. 배치 고사에서 신입생 중 1등을 차지해 수석으로 입학한 것이다(이 경험 때문에 고등학교 입학 후 치른 배치 고사에서 뒤에서 2등을 했을 때 더 큰 충격을 받은 듯싶다). 전체 문제 중 국어 영역에서 딱 한 문제를 틀렸다. '까마귀 날자 배 떨어진다'라는 속담의 뜻을 묻는 문제였는데 어처구니없게도 그 뜻을 몰랐다. 어찌 됐든 '수석 입학생'이라는 명예로운 칭호를 얻은 나는 입학식 당일 전교생 대표로 선서를 하고 그 덕분에 반장으로 뽑히기까지 했다. 초등학생 때 한 반에 4~5명이나 뽑는 봉사 위원조차 해 본 적 없던 나로서는 큰 영광이었다. 그날, 학교에서 신입생 수석이라서 받은 약간의 장학금으로 가족들과 함께 피자를 시켜 먹었는데, 어찌나 기분이 좋던지 아직도 그때의 거실 풍경이 생생하게 기억에 남아 있다. 이렇게 기분 좋은 출발이었음에도 불구하고 인생이 늘 그렇듯이 갑작스레 불행이 찾아왔다.

행복해지면 안 될 것 같은 죄책감

4월 초, 새로 사귄 친구들과 한창 놀러 다닐 무렵이었다. 평소처럼 학교를 마치고 집으로 돌아온 나는 아빠가 병원에 계신다는 소식을 듣고 엄마와 함께 병원으로 갔다. 그런데 주차장으로 들어서자 이상하게도 병원에 딸린 장례식장 입구를 나타내는 간판이 계속 눈에 밟히며 불안이 엄습해 왔다. 제발 내 예상이 빗나가기를 기도했으나 아니나 다를까, 나와 엄마의 발길은 장례식장 입구를 향했다. 나는 환하게 웃고 계신 아빠의 모습을 액자 속 사진으로 만나게 되었다. 그날 나는 아빠를 잃었다.

소중한 사람을 잃는다는 건 정말 힘든 일이다. 그리고 그 이별이 예상치 못한 것일 때 슬픔은 몇 배로 커지게 마련이다. 열네 살의 나는 아빠를 떠나보낼 준비가 전혀 되어 있지 않았다. 엄마도 누나도 마찬가지였다. 불과 한 달 전만 하더라도 나의 수석 입학으로 행복에 젖어 있던 우리 가족에게서 더 이상 웃음은 찾아볼 수 없었다.

그 암울한 기간에 나를 가장 괴롭힌 건 어린 나이에 아빠를 잃었다는 충격도, 고작 열네 살에 불과한 내가 가장으로서 책임감을 가져야 한다는 사실도 아닌, '행복해지면 안 될 것 같은 죄책감'이었다. 나는 본래 웃음이 많은 아이였다. 친구들이랑 별 시답잖은 이야기를 하면서도 내 얼굴에는 항상 미소가 있었다. 그런 성격 덕분인지 하루하루가 즐겁고 행복했다. 아빠의 장례식이 끝나고 며칠 뒤, 나는 더 이상 울고 싶지 않았다. 나를 위로해 준 친구들과 함께 웃고 싶고, 내가 의지할 수 있게 도와주신 담임 선생님과 힘내라며 떡을 건네주신 수학 선생님으로부터 힘을 얻으며 행복해지고 싶었다. 그런데 그렇게 할 수가 없었다. 아니, 그렇게 하면 안 될 것 같았다. 아빠를 잃은 나는 항상 슬퍼하고 우울해하며 힘들어 해야 할 것만 같았다. 그런 감정이 나를 집어삼켰다.

내가 울면 엄마가 우니까

그렇게 우울한 감정에 휩싸여 나를 잃어 가던 중 여름 방학이 찾아왔다. 하지만 우리 집은 여전히 어두운 분위기에 잠겨 있었다. 그러던 어느 일요일, 나는 엄마의 지인이 일하시는 집 근처 공장을 방문하기로 했다. 우리 중학교는 1학년 학생들에게 여름 방학 숙제로 부모님이나 친척의 일터에서 하루 동안 현장을 체험하고 보고서를 제출하게 했다. 그런데 나는 아빠가 안 계시고, 당시 엄마도 변변한 직업이 없으며, 주변에 보고서 작성에 도움을 줄 만한 친척이 없었다. 그래서 엄마의 지인에게 도와 달라고 부탁을 드린 것이었다.

그런데 막상 약속한 날 아침이 되니 집에서 나가고 싶지가 않았다. 아직도 내가 왜 그렇게 고집을 부렸는지 잘 모르겠다. 그저 그때까지 꾹꾹 눌러 둔 슬픔, 두려움, 무기력 같은 감정이 하필 그날 터진 것이 아니었을까 짐작할 따름이다. 엄마는 한참 전에 잡아 놓은 약속인데 이제 와서 갑자기 그러면 어떡하느냐고 나를 다그쳤다. 나는 나를 좀 내버려 두라고 소리를 고래고래 지르고는 방문을 쾅 하고 닫아 버렸다.

베개를 베고 누워 천장을 바라보는데 눈에서 눈물이 흘렀다. 슬퍼서 나오는 눈물은 아닌 것 같았다. 기뻐서 웃는 것은 더더욱 아니었다. 그야말로 이유를 알 수 없는 눈물이었다. '나는 지금 왜 울고 있을까?', '지금 이 감정은 화가 난 것일까, 슬픈 것일까?', '난 지금 왜 이런 짓을 한 거지?' 등등 오만 가지 생각이 머릿속에서 복잡하게 교차하는데, 밖에서 엄마가 우는 소리가 들렸다. 그제야 나는 복잡한 머리를 정리하고 현실을 직시할 수 있었다. 그리고 떠오른 생각.

'내가 울면 엄마가 운다. 나는 울면 안 된다.'

웃어라, 온 세상이 함께 웃을 것이다

SNS나 유튜브를 돌아다니면 동기 부여를 목적으로 제작된 동영상을 어렵지 않게 만나게 된다. 나도 고등학생이 되고 나서 그런 영상을 많이 봤다. 그중에 특히 기억에 남는 게 하나 있다. 여러 격언이나 명언 등을 한데 모아 놓은 영상이었는데, 그중 이런 말이 있었다.

'웃어라, 온 세상이 함께 웃을 것이다. 울어라, 너 혼자 울 것이다.'

내가 이 말을 좀 일찍 알았더라면 더 빨리 기운을 차릴 수 있지 않았을까 하는 생각이 들곤 한다. 어쨌든 그때 방 안에서 울고 계신 엄마를 보며 나름의 깊은 깨달음을 얻은 후 '아빠의 죽음'이라는 과거에 더는 붙잡혀 있지 않기로 했다. 현실에 충실하며 살아가기로 마음먹은 것이다. 나는 용기를 내 방문을 열어젖히고 엄마한테 죄송하다고 사과했다. 그리고 예정대로 공장을 방문한 뒤 썩 괜찮은 직업 체험 보고서를 제출해 개학 후 장려상 수상이라는 영예도 얻을 수 있었다.

　그날을 기점으로 나는 예전처럼 항상 미소를 머금은 채 매사를 긍정적으로 받아들이며 살게 되었다. 내 삶에 이제 '아빠'란 존재는 없지만 그렇다고 일상의 소소한 행복을 거부한 채 죄책감을 느끼며 삶을 불행으로 돌리는 것은 너무 바보 같은 짓이지 않은가. 우리는 그동안 살아오면서 수많은 불행을 겪었고, 앞으로도 마주할 것이다. 그 불행에 아파하고 슬퍼하는 것은 인간으로서 너무나 당연한 반응이다. 그렇지만 그런 불행이 자신의 다른 행복을 빼앗는 것은 막아야 한다. 힘든 날 늦은 밤에 스스로를 달래며 먹는 치킨의 달콤한 맛까지 하루의 고단함에 빼앗겨서는 안 되는 것처럼.

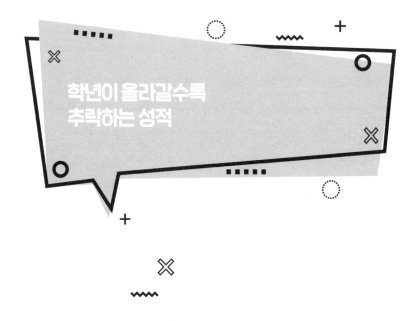

학년이 올라갈수록 추락하는 성적

　지금은 어떤지 몰라도 내가 다닌 내동중학교는 당시 같은 지역의 다른 중학교에 비해 평판이 그리 좋지 않았다. 집에서 가장 가까운 학교였지만 공부에 관심이 많던 나는 별로 가고 싶지 않았다. 중학교 입학을 앞두고 희망 중학교를 제출하라고 할 때 1지망에 다른 중학교를 써냈다. 하지만 안타깝게도 1지망 학교는 떨어졌고, 어쩔 수 없이 2지망이던 내동중학교에 다니게 되었다. 중학교 배치 결과가 나온 날 하루 종일 가족의 위로를 받았나(물론 지금은 내동중학교에 간 걸 천만다행으로 여긴다). 그렇게 들어가게 된 내동중학교였지만 배치고사 수석을 하고 반장을 하며 나름의 성공적인 스타트를 끊었다. 그리고 엄청난 비극을 겪으면서도 성적만큼은 꾸준히 상위권을 유지했다.

사실 중학생 시절 나에게는 공부를 하는 이유가 딱히 없었다. 공부에 간절하지 않았다는 표현이 더 정확할 것 같다. 단순히 수석이라는 이미지가 깎이는 게 싫어서 공부했을 뿐이다. 그리고 결정적으로 열심히 공부하지 않아도 성적을 유지하는 게 별로 어렵지 않았다. 우리 중학교만 그런지, 아니면 대부분의 중학교가 그런지는 잘 모르겠으나 최소한 우리 중학교에는 그 당시 공부에 관심 있는 학생이 많지 않았다. 수업 시간에 수업을 듣는 학생보다 딴짓을 하거나 잠을 자는 친구가 더 많았다. 시험 기간에도 공부하는 학생은 전교에서 손에 꼽을 정도였다.

상황이 그렇다 보니 선생님들도 최대한 쉽게 수업을 진행했고, 시험에 나올 만한 부분은 재차 강조하며 어떻게든 아이들의 성적을 높여 주려고 애를 쓰셨다. 여러 선생님의 노력에도 불구하고 공부하는 학생 자체가 얼마 안 되었기 때문에 마음만 먹으면 상위권에 도달할 수 있었다. 나 역시 고등학생 시절에 비하면 공부라고 부르기도 민망한 수준의 '학습'만으로도 나름대로 상위권을 유지하는 게 가능했다.

공부가 절실하지 않던 시절

앞서 이야기했듯이 중학교에 들어간 후로는 학원에 다니지 않았다. 누나가 다니고 있어 가정 형편상 나까지 다니는 게 부담스러운 점도 있었지만, 학원에 다니지 않아도 어느 정도 성적이 나오니 굳이 필요성을 못 느꼈다.

그러나 그것도 잠시, 학년이 올라가면서 학원의 필요성이 서서히 느껴지기 시작했다. 가장 절실하게 느낀 과목은 당연하게도 수학과 영어였다.

우리 학교는 당시 영어와 수학 과목에 한정해서 '수준별 수업'을 진행했다. 성적에 따라 반을 A, B, C로 나누어 각기 다른 선생님에게서 수준에 맞는 내용을 배웠다. 수석으로 입학한 나는 1학년 때만 하더라도 수학과 영어 두 과목 모두 높은 성적을 유지해 A반에서 수업을 들었다. 그런데 2학년 때 치른 어느 영어 시험에서 처음으로 70점대 점수를 받아 그다음 학기에 B반으로 떨어지고 말았다. 새로운 학기가 시작되고 B반 영어 수업에 들어가 앉아 있는 나를 발견한 선생님이 "어? 영준아, 네가 왜 여기 있니?"라고 물으신 게 아직도 생생하게 기억난다.

비단 영어만 그런 것이 아니었다. 중학교 1학년 때까지만 하더라도 나는 반에서는 물론 전교에서도 손에 꼽을 정도로 수학을 잘하는 아이였다. 그런데 2학년이 되자 학원에 다니는 친구들에게 성적이 밀리기 시작하더니, 3학년 때는 수학에서는 아예 이름을 내밀기도 애매한, 겨우 A반 컷의 최후의 보루를 담당하곤 했다. 1학년 때 친구들의 질문을 척척 해결해 주는 학생이던 내가 어느새 친구들을 붙잡고 질문을 하는 학생으로 바뀌어 있었다. 나름대로 끙끙대며 수학 실력을 높이려 했지만, 결국 격차를 좁히지 못한 채 졸업을 맞이하게 되었다.

"외고가 뭐예요?"

　추락하는 성적을 마주하고 있던 나는 중학교에서는 더 이상 가망이 없다고 생각했다. 대신 고등학교에서 화려한 역전을 노려보기로 마음먹었다. 그래서 졸업 시기가 다가올 무렵부터 고등학교 영단어 책을 사서 매일 꾸준히 외우기 시작했다. 그뿐 아니라 중학교 3학년 교과서도 주기적으로 복습하며 고등학교 입학 전까지 최대한 지식을 쌓으려고 했다.

　이때의 나는 나름대로 고등학교에서 열심히 하려는 의지가 강했다. 공부를 제대로 할 생각이면 남녀 공학보다는 남자 고등학교가 좋을 거라는 선생님들의 조언을 듣고 남고로 진학해 3년 내내 공부에 매진하겠다는 각오를 다지고 있었다.

　중학교 3학년 마지막 시험이 끝나고 친구들의 관심사가 고등학교로 쏠리기 시작할 무렵 담임 선생님이 뜻밖의 제안을 하셨다.

　"영준아, 너 외고 가라."

　사실 당시 나는 입시에 대해 아는 게 아무것도 없었기 때문에 외고가 일반고랑 뭐가 다른지조차 몰랐다. 담임 선생님의 제안을 듣고 나서 외고에 대해 조사해 보기 시작했다. 외국어고는 외국어에 특화된 학교이고, 영어를 잘해야 하며, 학생들이 공부를 매우 열심히 해서 경쟁이 치열할 거라는 사실을 알게 되었다. 그런 사실을 토대로 고민을 하기 시작했다. 외고에 가는 게 좋을까, 남고에 가는 게 좋을까? 두 가지 선택지를 저울에 올려놓고 한참을 고민하다가 결국 외고에 지원하기로 했다.

외고에 도전하기로 결심한 순진한 이유

이유는 단순했다. 우선, 영어를 잘하고 싶었다. 나는 영어를 잘해서가 아니라 영어를 잘하고 싶어서 외고를 가기로 마음먹었다. 이미 성적은 떨어지기 시작해서 이대로 두면 끝없이 추락할 것이 분명했다. 굳이 성적이 아니더라도 신경 쓰이던 것이 바로 회화였다. 나는 초등학교 때까지만 해도 원어민과의 영어 수업에서 '에이스'로 인정받았다. 하지만 중학교에 들어가고 나서는 회화를 거의 안 해서였는지 2학년 때부터는 듣기 평가도 잘해야 80점대가 나왔다. 2학년 2학기 즈음에 새로 오신 원어민 선생님과는 회화가 잘 안 될까 무서워서 결국 한마디도 안 걸어 보고 졸업을 했다. 그렇지만 늘 외국인들과 언어의 장벽을 넘어 자유롭게 웃고 떠드는 미래의 나를 꿈꾸었다. 외고에 진학하면 회화 기회가 아무래도 많을 테니 실력도 좋아지지 않을까 하는 순진한 생각으로 외고 진학을 선택했다.

물론 순전히 영어 실력만 바라고 지원한 것은 아니었다. 또 다른 이유는 '분위기'였는데, 그때 고등학교에 대해 잘 모르던 내게 선생님들이 누누이 강조하신 것이 학습 분위기가 좋은 학교를 선택해야 한다는 것이었다. 담임 선생님은 남고보다 외고가 학습 분위기가 더 좋을 거라고 이야기해 주셨다. 그래서 나는 기왕 공부하는 거 경쟁이 치열한 곳에서 내 전부를 불살라 보자고 생각했다. 그곳에서 내 인생이 크게 바뀌리라고는 생각하지 못한 채 김해외고에 원서를 접수했다.

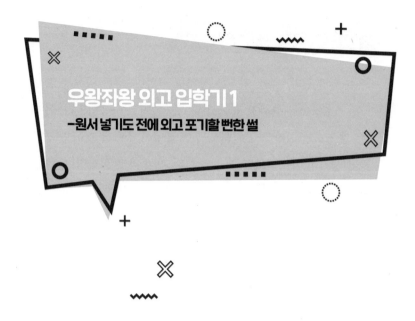

우왕좌왕 외고 입학기 1
-원서 넣기도 전에 외고 포기할 뻔한 썰

사실 김해외고는 당시 내가 가고 싶다고 갈 수 있는 학교가 아니었다. 경남에서 공부 좀 한다는 친구들이 모이는 곳이었다. 그들과 경쟁해야 하는데 내 영어 실력은 형편없었다. 게다가 자기소개서나 면접 등을 어떻게 준비해야 하는지도 막막하기만 했다. 지금 생각해 보면 내가 김해외고에 합격한 것은 기적에 가까운 일이었다.

자기소개서를 1500자나 쓰라고?

그런 만큼 김해외고 입시를 준비하면서 우여곡절을 거듭했는데 그 시작이 바로 자기소개서 쓰기였다. 중3 때 내가 할 줄 아는 자기소개는 '저는 송영준이고, 열여섯 살이며, 취미는 게임입니다'가 전부였다. 그런데 김해외고에 가려고 보니, 무슨 공부를 어떻게 했고 어떤 리더십을 발휘했는지 1500자로 써내라는 것이었다. 자기소개서 파일을 다운받고는 그야말로 머리가 하얘지는 느낌이었다.

혼자서 할 수 없겠다는 판단이 들어 도움을 청하기로 했다. 그런데 주위에 도움받을 만한 사람이 없었다. 김해외고를 준비하는 사람은 나 혼자였기 때문에 학교 친구들의 도움을 받을 수도 없고, 매일 밤 같이 게임을 하는 친구들의 도움은 더더욱 불가능한 일이었다. 스스럼없이 이런 부탁을 할 만큼 친한 선생님도 없었다. 외고 입시를 도와주는 학원이 있다는 것을 알았으면 좋았을 텐데 그런 사실은 입학 후에야 알았다. 결국 혼자서 끙끙대며 새벽까지 자기소개서를 붙잡고 있다가 잠이 드는 생활을 반복한 끝에 '1500자가 적힌 무언가'를 완성해 학교에 제출했다. 지금 그 자기소개서를 수정할 기회가 주어진다면 망설임 없이 파일을 삭제하고 처음부터 다시 쓸 것이다.

김해외고 대신 김해여고로 갈 뻔한 이유

인터넷으로 자기소개서를 제출한 뒤 입학 원서를 내러 갈 준비를 하고 있었다. 그때 우편 접수가 가능한지 아닌지 몰라(아마 가능했는데 내가 몰랐을 확률이 매우 높다) 나는 직접 원서가 든 서류 봉투를 들고 김해외고로 가기로 했다. 담임 선생님에게 사정을 말씀드리고 점심을 먹고 학교를 나섰다. 김해외고까지 버스로 가는 방법을 전날 알아보고 메모해 왔기 때문에 갈 때의 버스비와 올 때의 택시비를 고려해 2만 원을 챙겨서 학교 밑 정류장에서 버스에 올랐다.

그런데 10분쯤 가다 보니 이상한 느낌이 들었다. 인터넷에서 어떤 정류장을 거쳐 가는지 알아봤는데 계속해서 처음 듣는 정류장만 나오는 것이었다. 급히 스마트폰으로 찾아보니 반대 방향으로 가는 버스였다. 결국 반대 방향으로 10분 정도를 거슬러 간 곳에서 내렸다. 원서 접수 마감 시간을 고려하면(아마 5시였던 것 같다) 늦을 수도 있을 것 같아 갈 때 택시를 타고 돌아올 때 버스를 타기로 계획을 변경했다. 변경된 계획 때문에 살면서 한 번 겪을까 말까 한 일을 겪게 되었다. 택시를 잘못 탄 것이다.

정해진 경로를 다니는 버스를 잘못 탈 수는 있다고 쳐도, 자기가 말한 목적지로 데려다주는 택시를 잘못 타는 게 가능한지 의문이 들지도 모르겠다. 나 역시 내가 어떻게 택시를 잘못 탈 수 있었는지 지금까지도 의문이다. 버스에서 내려 급하게 택시를 타고 "김해외고로 가 주세요"라고 말한 나는 어느 순간 반대 방향으로 가던 버스와 똑같은 방향으로 택시가 가고 있음을 깨달았다. 택시 기사에게 김해외고로 가는 게 맞는지 여쭤봤다.

"김해여고 가 달라는 거 아니었어?"

당황한 나머지 급히 내려 달라고 말씀드렸다. 그때 김해외고로 가 달라고 하면 되는데 왜 군이 택시에서 내렸는지는 아직도 의문이다.

택시에서 내렸을 때 수중에 남은 돈은 정확하게 1만 원이었다. 나는 급하게 다른 택시를 잡았다. 이번에는 제대로 '김해외고'로 가 달라고 말씀드렸다. 김해외고를 향해 달려가던 중 불안감이 엄습해 왔다. 미터기가 어느새 8000원을 넘어 1만 원을 향해 열심히 달려가고 있었는데, 택시는 아직 김해외고는커녕 논밭밖에 보이지 않는 도로를 달리는 중이었다. 미터기가 마침내 9900원을 찍었을 때, 기적처럼 100원 안에 김해외고가 나오기를 바랐지만 그런 기적은 일어나지 않았다. 절망에 빠진 나는 힘없는 목소리로 택시 기사에게 말씀드렸다.

"저…… 여기서 그냥 내려 주세요."

"김해외고까지는 아직 한참 남았는데요? 그리고 여기서 내리면 논밖에 없는데 어떡하려고."

"제가 사실 지금 만 원밖에 없어서요……. 죄송합니다. 그냥 여기서 내릴게요."

주머니에서 꾸깃꾸깃한 1만 원짜리 지폐를 꺼내려는 찰나, 택시 기사가 말씀하셨다.

"그냥 만 원만 받고 태워 드릴 테니까 앉아 있어요."

시간은 이미 4시를 넘었고 길도 몰랐기 때문에 택시에서 내려 걸어갔더라면 마감 시간까지 절대 김해외고에 도착하지 못했을 것이다. 그러잖아도 두 번이나 차를 잘못 타는 바람에 김해외고를 그냥 포기할까 생각할 정도로 멘탈이 흔들렸는데, 부족한 택시비가 마침내 멘탈을 산산조각 내 버린 참이었다. 그 순간 예상치 못한 택시 기사의 배려는 나에게 한 번 더 힘을 낼 기회를 주었다. 덕분에 나는 김해외고에 제시간에 도착할 수 있었다. 나는 거듭거듭 인사를 하며 감사한 마음을 표했다.

지원 서류를 본 선생님의 잊을 수 없는 한마디

김해외고의 첫인상은 '이렇게 큰 학교가 있다니' 하는 생각이 들 정도로 중학생인 내게는 마냥 웅장하게 느껴졌다. 원서를 내러 온 학생들을 위한 화살표 스티커가 정문부터 붙어 있었다. 스티커를 따라 원서 접수 교실로 갔더니 담당 선생님이 반갑게 맞아 주셨다. 선생님은 내가 가져온 서류 봉투 속 원서를 쓱 보더니 나지막이 "4등급이 있네……"라고 말씀하셨다. 그렇다. 나를 B반으로 떨어뜨린 그 시험에서 내 영어 등급은 4등급이었다. 사실 이때 기억 때문에 후에 면접을 포기할까를 진지하게 고민하기도 했다. 하지만 그 순간에는 멋쩍게 웃으며 교실에서 나왔다. 다행히 집으로 돌아가는 길에는 실수를 하지 않았다. 버스비는 교통 카드로 해결할 수 있었다. 그렇게 내 험난하던 원서 접수는 막을 내렸다.

지금도 그날 택시비를 정확히 기억하고 있다. 1만 5100원. 나는 당시만 해도 충동적인 성격의 소유자였다. 비록 원서 접수 기간이 다음 날까지 하루가 더 남은 상황이었지만, 그 택시 기사가 아니었다면, 그래서 원서 접수를 그날 하지 못했더라면, 당시 외고에 대해 잘 모르던 나는 아마 김해외고를 포기했을지도 모른다. 언젠가 인연이 닿아 그 택시 기사를 만날 수 있다면 다시 한번 정식으로 감사 인사를 드리고 싶다. 그리고 말씀드리고 싶다. 김해외고에서의 내 긴 여정의 시작은 기사님 덕분에 가능했다고, 그리고 그때의 내가 이렇게 성장했다고.

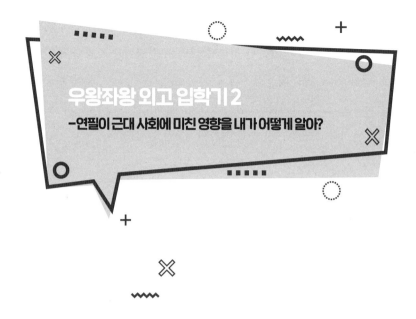

우왕좌왕 외고 입학기 2
-연필이 근대 사회에 미친 영향을 내가 어떻게 알아?

여러 난관을 거치며 원서 접수를 끝낸 나는 한국을 떠나 네팔로 갔다. 해외 봉사 활동에 참여하기 위해서였다. 나는 중학교 2학년 때부터 '초록우산 어린이재단'이라는 장학 재단을 통해 매년 장학 금을 지원받았는데, 중학교 3학년 여름 그곳에서 해외 봉사 활동을 하지 않겠느냐는 제안을 해 왔다. 그동안 해외에 한 번도 나가 본 적 이 없고, 그런 본격적인 봉사 활동에 참여해 본 적도 없던 나는 좋은 경험이 될 것 같다는 생각에 지원했다. 다행히 면접을 통과해 네팔 에 봉사 활동을 가는 영광을 누릴 수 있었다.

네팔에서는 8일 동안 지냈는데, 2015년 대지진으로 무너진 학교 를 다시 짓는 공사를 돕기도 하고, 그곳 아이들과 함께 놀기도 했다.

특히 처음 본 고등학생, 대학생 형 누나들과 이야기를 나누며 해발 2700미터에서 별이 가득한 하늘을 바라보던 경험은 소중한 추억으로 남아 있다. 그런데 한국으로 돌아온 지 얼마 안 돼 그곳에서 좋은 추억 말고도 한 가지를 더 담아 왔음을 알게 되었다. 무려 3주 넘게 지속되리라고는 생각지 못한 지독한 '장염'을 말이다.

최악의 컨디션으로 치른 면접

김해외고 입학 서류 전형을 언제 통과했는지는 잘 기억나지 않는다. 아마 네팔에서 결과를 확인한 것 같은데, 어쨌든 운 좋게 1차 합격을 했으니 면접 준비만 잘하면 됐다. 그런데 그게 생각보다 쉽지 않았다. 네팔에서 돌아와 3일 뒤에 바로 면접이 있었기 때문이다. 앞서 말했듯이 면접을 어떻게 준비해야 하는지 전혀 몰랐고, 학원에 다닐 생각은 더더욱 못 했다. 그런데 엎친 데 덮친 격으로 장염까지 걸려 한국으로 돌아온 날부터 물 외에는 아무것도 입에 대지 못했다. 결국 면접 준비를 전혀 하지 못한 채 면접 날을 맞이했다.

담임 선생님과 약속한 면접 당일 일정은 학교에 가서 수업을 듣다가 3교시 시작하기 전에 김해외고로 출발하는 것이었다. 당시 나는 이틀 이상 아무것도 먹지 못한 상태였다. 교실에 멍하니 앉아 있다가 막상 출발할 시각이 다가오자 아니나 다를까, 배가 너무 고파 힘이 없을뿐더러 장염으로 인한 고통 때문에 움직이기조차 힘들었다. 그때 입학 원서 접수실에 있던 선생님이 나지막이 중얼거리던 "4등급이 있네……"라는 말이 떠올랐다. 그러자 어차피 면접을 보더라도 붙을 확률이 희박한데 굳이 무리해야 하나 하는 생각이 들었다.

그날 내가 학교에 들르지 않고 집에서 쉬다가 면접을 보러 가는 일정이었으면 포기했을지도 모른다. 아니, 면접을 보지 않았으리라 확신한다. 그러나 학교에 간 덕분에 교실에서 나를 응원해 주는 친구들을 보며 다시 한번 생각을 고쳐먹을 수 있었다. 나는 교실을 조용히 나와 정문에서 택시를 타고 김해외고로 향했다.

이를 악물고 고통을 견디며 김해외고에 도착하긴 했지만, 그렇다고 모든 게 해결되는 것은 아니었다. 나는 면접에 대기 시간이 있다는 사실조차 몰랐다. 1시간 정도 대기하는 동안 다른 학생들은 각자 준비해 온 자료를 보며 면접을 준비했다. 그러나 나는 아무것도 없이 맨손으로 간 데다 배가 너무 아파 엎드려 고통을 견디는 것 말고는 할 수 있는 일이 없었다.

"개별 질문 먼저 답해도 될까요?"

그렇게 고통 속에서 1시간을 보낸 뒤 드디어 찾아온 내 차례. 나는 그날 사람이 극도로 긴장하면 몸이 실제로 덜덜 떨린다는 사실을 알게 되었다. 복도로 나온 나는 체격이 매우 큰 선생님(입학하고 보니 체육 선생님이었다)이 면접생들에게 입혀 주는 졸업생 가운을 입고 긴장을 조금이라도 덜라는 의미로 나눠 준 핫팩을 아픈 배에 갖다 댄 상태로 내 앞 번호 친구의 면접이 끝나기를 기다리고 있었다. 마침

내 앞 친구가 나오고 나는 아프고 긴장한 몸을 이끌고 면접실에 들어섰다.

당시 김해외고 면접은 모든 면접생에게 묻는 공통 질문 하나와 생활 기록부를 바탕으로 개인에게 묻는 개별 질문 2~3개를 6분 동안 답하는 방식으로 진행됐다. 내가 받은 공통 질문은 '연필이 근대 사회에 미친 영향에 대해 말하시오'였는데, 너무 긴장해서인지 30초 정도 더듬거리며 답을 하려고 애쓰다가 결국 답하는 데 실패하고 말았다. 나는 답 대신 "개별 질문 먼저 답해도 될까요?"라고 말씀드렸다. 다행히 개별 질문은 어렵지 않았다. 별 어려움 없이 모든 개별 질문에 답하니 시간이 1분 남짓 남아 있었다. 면접관이 "더 하실 말씀 있으신가요?"라고 물었다. 나는 미처 답하지 못한 공통 질문이 생각나 "못다 한 공통 질문에 대해 답을 드리고 싶습니다"라고 말했다. 다행히 두 번째 기회에서 좋은 답인지는 모르겠으나 그래도 머릿속 생각을 입으로 옮기는 데 성공했다.

기대하지 않은 합격 소식

그 후 장염이 더 심해져 학교도 제대로 다니지 못한 채 복통을 견디며 결과가 나오는 날을 기다렸다. 결과 발표일에도 혼자 집에서 배를 감싸 안고 기다리다 잠이 들어 버렸다. 잠이 든 이유는 아마 면접을 잘 못 봐서 기대감이 없었기 때문인 것 같다. 그러다 휴대폰 소리에 잠을 깼는데, 담임 선생님이었다. 몇 시인지도 모른 채 비몽사

몽 중에 전화를 받으니 담임 선생님이 말씀하셨다.

"야, 축하한다."

"네?"

잠시 멍을 때리다 상황을 파악한 나는 급히 시계를 확인했다. 발표 시각인 3시를 넘어 어느덧 3시 8분이 되어 있었다. 어쩌면 그때 학교에 가지 못하고 집에 혼자 있는 게 다행이었을지도 모른다. 합격 소식을 들은 내 입이 너무 헤벌쭉해져서 아마 남들이 봤다면 창피했을 것 같다. 담임 선생님과의 통화를 끝내고 휴대폰을 다시 확인하니, 이미 학교에 소문이 돌았는지 여러 친구로부터 축하 메시지가 와 있었다. 기쁜 마음에 답장도 미룬 채 혼자 몇 분 동안 웃는 얼굴로 천장만 바라봤다.

지금 생각해 보니 나는 천운을 타고난 사람일지도 모른다는 생각이 든다. 원서를 낼 때 버스도 택시도 잘못 탔지만 나를 논으로 둘러싸인 도로에 내려 주지 않은 택시 기사를 만나 원서를 낼 수 있었고, 장염 때문에 최악의 컨디션으로 치른 면접에서도 운 좋게 합격할 수 있었다. 어쩌면 나는 그 택시 기사를 만나기 위해 택시를 잘못 탔으며, 면접에 합격하기 위해 장염으로 고통받은 것이 아닐까 하는 생각도 든다. 어찌 됐든 그런 우여곡절 끝에 합격한 나는 들뜨고 설레는 마음으로 신입생 생활을 시작하게 되었다. 물론 얼마 안 가 들뜬 감정은 우울한 감정으로 변해 버렸지만 말이다.

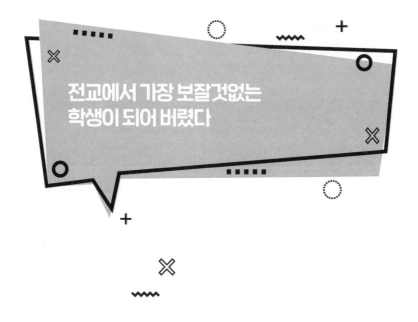

전교에서 가장 보잘것없는
학생이 되어 버렸다

고등학교에 막 입학했을 무렵 나는 공부에 대해 아는 게 거의 없었다. 정확하게는 '고등학교 공부'에 대해 아는 게 없었다는 말이 맞는 것 같다. 중학교에 입학하고 나서 학교 수업 시간에 배운 것 말고는 다른 공부를 해 본 적이 한 번도 없었다. 학원에 다니지 않던 나는 수업 시간에 선생님이 말씀해 주시는 내용이 공부의 전부라고 생각했다. 내가 아는 '공부의 세계'는 그게 다였고, 그거면 충분하다고 여겼다. 그 흔한 '선행 학습'조차 한 번도 안 해 본 상태로 고등학교에 입학했다. 고등학교 공부가 중학교 공부랑 뭐가 다른지, 모의고사란 게 무엇인지 전혀 아는 게 없었다. 그래서 '김해외국어고등학교'라는 더 큰 세계 속에서 마주한 차가운 현실에 철저히 무너지고 절망했다.

나는 초등학교 때부터 수업을 열심히 듣는 아이였다. 부모님이 열심히 하라고 해서도 아니고, 선생님이 시켜서도 아니었다. 그저 수업을 들으면서 사소한 것이라도 지식을 하나하나 쌓아 가는 과정이 좋고, 그런 과정에서 내가 성장하고 있다는 느낌이 좋았다. 그래서 수업을 열심히 듣는 것이 습관이 되었다. 고등학교에 들어가서도 잠시는 늘 그러던 것처럼 열심히 수업에 참여하고, 많은 것을 배우고 성장하기 위해 노력했다. 그렇지만 고등학교에서의 수업은 내가 그때까지 듣던 것과는 너무나 다른 모습이었다. 그 과정에서 나는 점차 공부에 흥미를 잃어 갔다.

중학교 공부와 고등학교 공부의 결정적 차이

중학교 공부는 시골길을 따라 천천히 산책하는 것과 같았다. 1학기 수업을 잘 들으면 2학기 수업을 이해하는 데 어려움이 전혀 없었다. 수업 난이도도 '중학생 수준'에 어울리는 정도였다. 그래서 수업시간에만 집중하며 그저 수업이 흘러가는 대로 천천히 산책하듯이 공부했다. 그것만으로도 충분한 양을 학습할 수 있고 만족할 만한 성적이 나왔다.

그러나 고등학교 수업은 중학교 수업과는 완전히 달랐다. 마치 운동화를 구겨 신고 시골길을 산책하던 내 앞에 갑자기 고속 도로가 펼쳐진 것 같았다. 나에게는 자전거도, 자동차도 없었다. 하지만 주위 친구들은 멋진 자동차를 타고 있거나, 그게 아니라면 자전거라도 타고 있었다. 그런 친구들을 바라보며 점차 공부에 대한 흥미도, 자신감도 잃어 갔다. 더는 학습 과정에서 성장하는 나를 바라보며 즐거움을 느낄 수 없었다. 내가 아무리 성장해도 주변 친구들의 발끝도 따라가지 못할 것 같았기 때문이다.

나는 나만 이해하지 못하는 것 같은 수학 시간이 너무 싫었다. 일주일에 한 번 있는 원어민 선생님과의 영어 시간에는 선생님 말씀 대부분을 알아듣지 못해 수업 시간 내내 졸면서 시간을 죽였다. 그런 날은 생각이 많아지곤 했다.

나를 가장 절망하게 만든 것

무엇보다 절망적인 것은 입학하고 얼마 안 돼서 발견한 하나의 '역설'이었다. 우리 교실에는 수업 시간을 중요하게 여기지 않는 친구가 꽤 많았다. 물론 중학교 시절에도 공부에 흥미가 없거나 수업이 재미없어서 매일 엎드려 있는 친구들을 포함해 상당수가 수업을 별로 중요시하지 않았다. 그러나 이번에는 조금 다른 경우였다. 중학교 친구들이 수업이 어려워서 혹은 공부에 흥미가 없어서 수업을 지루해했다면, 고등학교 친구들은 수업이 너무 쉬워서 지루해했다. 선생님들은 우리가 내용을 처음 배운다는 가정 아래 수업을 진행하셨다. 그렇지만 고등학교에서 만난 친구 대부분은 학원이나 과외를 통해 내용을 이미 다 알고 있었다. 나에게는 아무리 집중해도 도저히 따라갈 수 없는 수업인데, 그런 친구들에게는 가장 기초적인 내용을 지루하게 반복하는 것에 불과했다. 그래서인지 흥미도 없어 보였다. 그런 친구들과 함께 수업을 듣는다는 사실이 힘든 것은 아니었다. 정말로 나를 우울하고 절망적으로 만든 것은 수업에 관심이 없을수록 성적이 더 높다는 '역설'이었다.

수업 내용이 어려워서 생기는 문제들은 그나마 견딜 만했다. 내용이 어렵더라도 열심히 듣고 노력하면 된다고 생각했다. 수업이 어려운 만큼 얻어 갈 내용이 많다고 생각하면 충분히 납득할 수 있었다. 그러나 내가 아무리 노력해도 지금 옆에서 자고 있는 '선행 학습'을 하고 온 친구를 따라잡지 못할 것 같다는 생각이 나를 괴롭힐 때면 지금 내가 하는 공부가 과연 무슨 의미가 있는지, 내 노력의 값어치가 너무나도 보잘것없는 것은 아닌지 하는 회의감이 들곤 했다.

그런데 학교에는 공부뿐만 아니라 다른 분야에도 뛰어난 친구가 많았다. 물론 나와는 상관없는 이야기였다. 나는 앞서 말했듯이 원어민 선생님 수업을 전혀 이해하지 못할 정도로 영어를 못했다. 모의고사를 치르면 듣기에서만 서너 문제를 틀렸고, 복도에서 원어민 선생님을 마주칠 것 같으면 일부러 돌아가곤 했다. 그렇다고 우리말로 하는 토론이나 논리적인 말하기에 뛰어난 것도 아니었다. 그런데 내 주위에는 공부는 기본이고, 영어도 마치 원어민처럼 유창하게 하는 친구가 많았다. 중학교 때부터 여러 토론 대회에서 입상한 친구도 있었다. 그런 친구들을 볼 때면 나 자신이 너무 초라하게 여겨졌다. 학교에서 가장 보잘것없는 학생 같다는 생각이 들었다. 입학할 당시 목표와 열정으로 가득하던 나는 점점 자신감을 잃어 갔다.

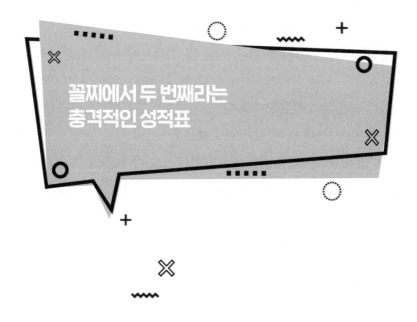

꼴찌에서 두 번째라는
충격적인 성적표

이 챕터를 쓰기 전 대학교 수학 강의를 들었다. '수학의 기초 및 응용'이라는 과목인데, 공부를 하면 할수록 이 강의 제목에 도대체 왜 '기초'라는 단어가 들어가는지 의문이 쌓인다. 고작 2주 만에 삼각 함수와 벡터를 끝내고 이제 행렬을 맛보는 중인데, 답지도 없는 교재에서 벡터 문제에 고문당하던 걸 생각하면 정말 악몽이 따로 없다. 그렇지만 포기하고 싶은 생각도, 아무리 해도 안 될 것 같다는 생각도 하지 않는다. 그게 바로 내가 고등학교 3년간 배운 가장 값진 인생의 교훈 중 하나다.

지금의 나는 어떤 난관에 봉착했을 때 실패가 아닌 성공을 떠올린다. '어려운 성공'은 있을지언정 '무기력한 실패'는 없다는 게 내가 세상을 바라보는 시각이다. 물론 아무리 이런 마인드를 가지고 있다 한들 나 역시 인간이기에 항상 성공할 수는 없고, 실제로 실패도 많이 겪었다. 하지만 안 될 것으로 생각하며 억지로 붙들고 있을 때의 나와 어떻게든 되리라 여기며 이것저것 시도하고 밀어붙이는 나는 삶의 활력 자체가 다르다. 전력을 다하고도 실패할 수 있다. 하지만 그 실패는 성공만큼이나 가치 있다. 그런데 유감스럽게도 고등학교 1학년 신입생 시절의 나에게는 이런 마인드가 없었다. 그저 계속되는 '무기력한 실패' 속에서 조금씩 무너지고 있을 뿐이었다.

여기는 내가 있을 곳이 아니다

그때의 나는 스스로를 그저 운 좋게 외고에 입학은 했지만 공부도, 영어도, 다른 무엇도 남들 발끝에도 못 미치는 낙오자로 여기고 있었다. 김해외고는 감히 내가 속해 있을 집단이 아니고, 나는 그 중심에서 한참 벗어나 주변을 겉도는 이방인에 불과하다고 생각했다. 그래도 어떻게든 이를 악물고 버텨 보려고 했다. 도망치듯 떠나가는 게 싫었을뿐더러 살면서 한 번도 전학을 해 보지 않았기에 전학에 대해 약간의 두려움도 있었기 때문이다. 그러나 전학에 대한 두려움은 얼마 안 가 사라졌다. 배치 고사 성적표에 적혀 있던 충격적인 숫자 때문이었다.

아마 다른 학교도 그러지 않을까 싶은데, 우리 학교는 입학하고 3주 정도 지나면 담임 선생님과 일대일 상담을 하게 되어 있었다. 학생이 잘 적응하는지, 어려움은 없는지 확인하기 위해서였다. 그리고 입학식 당일에 발표하는 배치 고사 수석과 차석을 제외한 나머지 학생들의 배치 고사 성적도 일대일 상담 때 알려 주었다.

입학한 지 한 달이 되었을 무렵 저녁 자습 시간이었다. 내 상담 차례가 되어 잘 되지도 않는 공부를 잠시 제쳐 두고 선생님을 뵈러 갔다. 다른 반 학생들은 교실에 있는 각 반 담임 선생님 자리에서 상담을 하는데, 우리 반은 복도 맨 끝에 있어 복도 구석진 자리에 책상과 의자를 갖다 놓고 상담을 했다.

복도로 나가 선생님과 웃으면서 인사한 뒤 자리에 앉아 상담을 시작했다. 선생님은 내 근황에 관한 이야기를 잠시 하다가 대망의 배치 고사 성적을 보여 주셨다. 입학생 127명 중 126등. 사실상 꼴찌나 다름없는 성적이었다.

"선생님, 저 공고로 전학 보내 주세요"

벌써 3년도 더 된 일이라 당시 상황을 정확하게 기억하고 있지는 않다. 그러나 한 가지 확실한 건 그 성적을 보자 웃음이 터져 나왔다는 사실이다. 그 웃음에는 당연히 기쁨이나 즐거움 같은 감정은 담기지 않았다. 슬퍼서 웃은 것도 아니었다. 그저 어이가 없어서 웃음이 나왔다. 이렇게 허탈할 수 있나 싶은 그런 웃음.

그런 나를 묵묵히 지켜보던 담임 선생님에게 무슨 말씀을 드려야 할지 감이 오지 않았다. 일단 나 스스로가 이걸 어떻게 받아들여야 하는지 알 수 없었다. 배치 고사 성적이 낮게 나오리란 건 어느 정도 예상하고 있었다. 그렇지만 솔직하게 말하자면 난 내가 못해도 전교에서 60등, 아니 80등 안에는 들 것으로 생각했다.

그때의 나는 과거에 얽매여 있었다. 중학교를 수석으로 입학한 과거의 나에게. 창피한 이야기지만, 입학식 당일 수석 입학생을 발표할 때까지만 해도 이번에도 혹시 내가 수석이지 않을까 하는 기대를 살짝 했다. 배치 고사에 모르는 문제가 수두룩했지만 내가 어려우면 남들도 어려우리라 생각했다. 내가 부족한 게 아니라 문제가 어려운 것이라 여겼고, 그렇게 믿고 싶었다. 그 믿음이 냉정한 현실 앞에서 산산이 부서지고 내 위치가 어느 정도인지 감이 왔을 때도 '설마 하위권은 아니겠지'라며 은근히 바라고, 간절하게 빌었다. 그렇지만 현실은 상상 이상으로 참혹했다.

차라리 하위권이라도 됐다면 어땠을까. 이건 수준을 가늠하기 이전에 대놓고 거의 꼴찌이지 않은가. 성적표에 적힌 등수를 보는 순간, 입학 후 한 달간 어떻게든 격차를 줄이려고 노력하던 내 모습이 스쳐 지나갔다. 어휘력이 턱없이 부족해 단어를 열다섯 번씩 노트에 적으면서 외우고, 졸음이 올 때는 지금 잠들면 절대 따라잡지 못할 것 같은 두려움에 기를 쓰고 버텼다. 그런데 그런 노력이 의미가 있을까 싶어졌다. 나는 이미 승부가 결정 난 이길 수 없는 게임에 헛된 희망을 걸고 있는 것은 아닐까…….

그런 생각으로 머리가 복잡해진 나는 겨우 입을 열어 담임 선생님에게 말씀드렸다.

"선생님, 저 공고로 전학 보내 주세요."

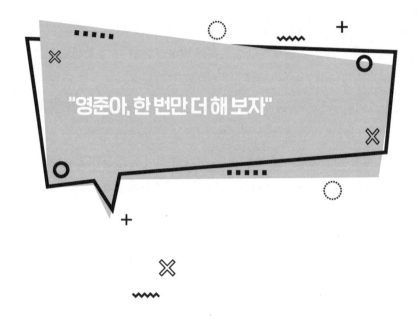

"영준아, 한 번만 더 해 보자"

"선생님, 선생님도 아시겠지만 저희 집은 한 부모 가정이에요. 아빠가 돌아가신 뒤 엄마 혼자 힘들게 일하시는데 저는 이렇게 편하게 공부하는 거 너무 죄송해요. 또 이제 제가 공부를 잘하는 학생이 아니란 사실도 알게 되니까 이건 진짜 아닌 것 같아요. 그냥 공고든 어디든 가서 아르바이트 열심히 하고, 빨리 취업해서 엄마를 도와드리고 싶어요."

마치 최후 변론을 하듯이 짧은 말을 내뱉은 나는 고개를 들 수 없었다. 감정이 복받쳐 눈물이 앞을 가렸다.

얼마간 침묵이 흐른 뒤 고개를 들고 보니 담임 선생님이 같이 울고 계셨다.

나를 다시 일으켜 세워 준 선생님의 한마디

그때의 심정은 배치 고사 성적을 알게 된 순간만큼이나 충격적이었다. 고작 만난 지 3주밖에 안 된, 아직 제자라고 부르기에도 애매한 학생의 이야기를 듣고 함께 눈물을 흘리시는 선생님이라니. 전혀 예상하지 못한 반응이었다.

어쩔 줄 몰라 하는 나를 지켜보던 선생님이 내 손을 잡으며 이렇게 말씀하셨다.

"영준아, 한 번만 더 해 보자. 지금 네가 아르바이트를 하고 싶다는 것도, 얼른 취업하고 싶다는 것도 이해한다. 하지만 멀리 볼 줄도 알아야 한다. 선생님이 장학금도 알아봐 주고 할 테니까 우리 멀리 보고 공부 열심히 해 보자."

공고 전학은 사실 배치 고사 성적에 충격을 받고 홧김에 내지른 충동적인 말이 아니었다. 남들과의 격차를 뼈저리게 느끼는 하루하루를 보내고 나서 잠들기 전 과연 이 길이 내 길이 맞는지, 나는 지금 다른 곳에 있어야 하는 것은 아닌지 지겹도록 고민한 끝에 내린 결론이었다.

배치 고사 성적표는 깔끔하게 정리된 결론을 실행으로 옮기는 데 필요한 약간의 용기를 준 것이었다. 그런 치밀한 계획에서 나온 말인 만큼 내 시나리오에는 당연히 담임 선생님의 만류도 들어 있었다. 그때의 나는 분명히 그런 만류도 뿌리칠 준비가 되어 있다고 생각했다. 하지만 선생님의 진심 어린 마음 때문에 차마 내 계획을 밀어붙일 수가 없었다.

가장 처참한 순간에 찾아온 가장 따뜻한 손길

훌륭한 멘토의 존재가 한 사람에게 상상도 못 할 힘이 될 수 있다는 사실을 그때 깨달았다. 상담할 당시 나는 내 가능성을 부정하고 있었다. 아니, 부정의 수준을 넘어 완전히 확신했다. 난 다시 위로 올라갈 수 없다고, 나는 이 학교에 어울리지 않는 사람이라고. 그런데 가족도, 친척도 아닌 담임 선생님이 나를 믿어 주셨다. 할 수 있다고. 나는 그때 느낀 그 감정, 심장이 터질 듯이 벅차오르던 가슴을 글로 설명할 자신이 없다. 담임 선생님과의 상담은 내 인생의 클라이맥스와도 같았다.

나는 선생님의 말씀을 듣고 잠시 멈칫하다가 꾹꾹 눌러 찔끔찔끔 흐르던 눈물을 한 번에 터트리면서 그 자리에서 약속했다. 다시 열심히 해 보겠다고. 마음 강하게 먹고 계속 끝까지 버텨 보겠다고. 어떻게 보면 그때 그 자리에서 내 고등학교 생활이, 아니 내 인생 자체가 크게 바뀌기 시작한 것 같다. 아무도 예상하지 못한 쪽으로.

그날 나는 아빠가 돌아가신 뒤 처음으로 펑펑 울었다. 사람이 너무 많이 울면 어지러울 수도 있다는 사실을 알게 된 것도 그때였다. 나는 아빠를 떠나보낸 뒤 울어 본 적도, 딱히 슬픔을 느낀 적도 없었다. 그래서 난 내가 상처를 치유했다고, 어엿한 어른이 되었다고 생각했다. 지금 생각해 보면 어린아이의 착각이었다. 지나고 보니 어쩌면 나는 울 곳을 찾지 못한 것이 아니었나 싶다. 그러다 드디어 울 곳을 찾았고, 그곳에 함께 울어 주는 사람이 있었다. 고등학생이 되고 나서 가장 많은 눈물을 흘린 날이자, 가장 행복한 순간이었다.

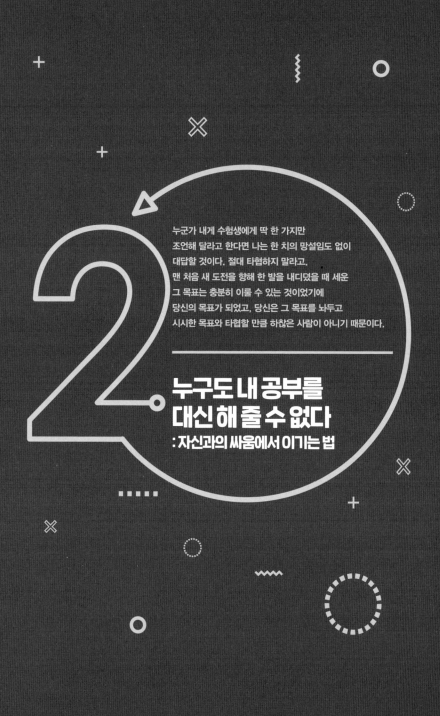

누군가 내게 수험생에게 딱 한 가지만
조언해 달라고 한다면 나는 한 치의 망설임도 없이
대답할 것이다. 절대 타협하지 말라고.
맨 처음 새 도전을 향해 한 발을 내디뎠을 때 세운
그 목표는 충분히 이룰 수 있는 것이었기에
당신의 목표가 되었고, 당신은 그 목표를 놔두고
시시한 목표와 타협할 만큼 하찮은 사람이 아니기 때문이다.

2. 누구도 내 공부를 대신 해 줄 수 없다
: 자신과의 싸움에서 이기는 법

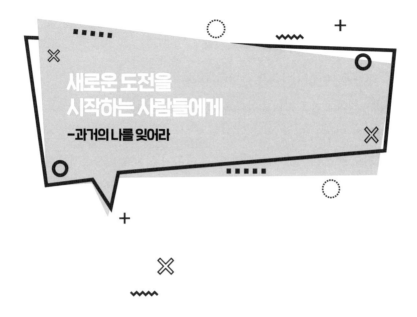

새로운 도전을 시작하는 사람들에게

-과거의 나를 잊어라

공부를 시작하는 것은 어렵다. 사실 새롭게 시작하는 일은 무엇이든 어렵게 마련이다. 왜 새로운 도전은 항상 어려울까? 외국어를 배우거나 자격증 취득을 준비하거나 등등 그것이 무엇이든 원하는 바를 얻기 위한 도전은 늘 어렵다. 그 목표가 위대한 것일수록 더욱 그렇다. 나 역시 목표한 지점까지 쉽게 쉽게 다다른 경험을 해 본 적이 거의 없다.

도진이 어려운 데에는 많은 이유가 있겠지만, 우리가 하는 도전이 '어려운 것'이어서는 아니다. 평상시에 안 하던 짓을 하기 때문도 아니다. 원인은 바로 우리 자신에게 있다. 더 정확하게는 '자기가 만든 자기 자신'에게 있다.

두발자전거를 처음 배울 때처럼

　어렸을 때 우리 가족은 주말이 되면 가끔 차로 1시간 정도 거리에 있는 경마공원으로 나들이를 가곤 했다. 그곳에서 실제로 경주를 본다든가 말을 구경해 본 적은 거의 없고 주로 공원 이곳저곳을 산책하면서 시간을 보냈다. 어느 날인가 아빠가 사람들이 자전거를 타고 있는 공원 내 광장으로 나를 데려가셨다. 많은 가족이 그곳에서 자전거를 타며 주말 오후를 즐기고 있었다. 아빠는 두발자전거를 대여해 내게 타 보라고 하셨다.

　그때 유치원을 막 졸업한 나는 보조 바퀴가 달린 네발자전거는 탈 줄 알았으나 두발자전거는 겁이 나서 시도도 못 해 본 상태였다. 그런 내게 갑작스레 두발자전거라니. 나는 당연하게도 절대로 못 탄다며 고집을 부렸다. 아빠는 오랜 시간 나를 설득한 끝에 뒤에서 잡아 줄 테니 한 번만 타 보라고 하셨다. 나는 그제야 자전거에 올라앉아 페달 위에 조심스레 발을 올렸다. 그러고는 다리를 굴리며 자전거에 속도를 붙였다. 어느새 시원한 바람을 만끽하며 꽤나 빠른 스피드로 광장을 누비고 있었다. 신이 난 나는 더욱 속도를 높여 이곳저곳을 쏘다니다가 문득 아빠가 이 속도를 따라올 수 있을까 싶어 뒤를 돌아봤다. 아뿔싸, 아빠는 어느새 자전거에서 손을 떼고 저 멀리서 나를 흐뭇하게 지켜보고 계셨다. 그렇게 나는 네발자전거에서 보조 바퀴를 떼게 되었다.

　아마 많은 친구가 네발자전거에서 두발자전거로 넘어가는 단계에서 나와 비슷하게 부모님의 트릭에 도움을 받지 않았을까 싶다. 그런데 만약 아빠의 도움 없이 나 스스로 두발자전거에 도전했다면 어땠을까? 우선 두발자전거에 오르는 것조차 엄두가 안 났을 것이다. 아빠가 나를 설득하는 데만도 10분 넘게 걸렸으니 내 의지로 두발자전거를 타는 데는 얼마나 오랜 시간이 걸렸을지 상상이 안 된다.

자전거 위에 오른다고 해서 모든 문제가 해결되는 것도 아니다. 자전거를 움직이려면 두 발을 땅에서 떼어 페달 위에 올리는 것부터가 시작인데, 한 발을 어찌어찌 페달 위에 올리더라도 나머지 한 발은 중심을 잃고 넘어지는 게 두려워 땅에서 떼는 데 상당한 용기가 필요하다. 우여곡절 끝에 두 발을 페달에 고정하더라도 아마 아빠가 잡아 준다는 믿음이 없었다면 나는 몇 미터도 못 가 브레이크를 잡으며 다시 땅에 발을 내려놓았을 것이다. 내가 두발자전거를 탈 수 있다고는 전혀 생각하지 않았으니까.

공부가 어려운 진짜 이유

공부가 어려운 이유도 마찬가지다. 기초 단계를 막 배우기 시작할 때는 '공부를 잘하는 자기 자신'을 떠올리지 못한다. 그리고 그로 인해 너무 많은 것을 잃는다. 우선 '공부를 못하는 나'는 책을 잡는 것부터가 쉽지 않다. 공부를 구체적으로 어떻게 해야 하는지도 모르겠고 하더라도 언젠가 공부를 잘하게 되는 자신을 상상하기 쉽지 않기 때문에 금방 흥미를 잃고 만다. 그뿐만이 아니다. 누구나 공부를 하다 보면 더는 나아가기 힘든 슬럼프가 찾아온다. 그럴 때 '공부를 잘하는 나'에 대한 구체적인 이미지가 없으면 금방 포기하게 된다.

'내가 이 정도 했으면 됐지.'

'내가 그럼 그렇지. 나는 공부랑 잘 안 맞아.'

마치 두발자전거를 처음 타 보는 아이가 얼마 못 가 눈을 찔끔 감으며 브레이크를 잡고 마는 것처럼 말이다. 슬프게도 공부는 두발자전거를 타는 것과 다르다. 뒤에서 잡아 주겠다는 달콤한 거짓말로 '자전거를 잘 타는 나'를 깨닫게 해 줄 친절한 조력자가 없기 때문이다. 그럼 포기해야 하는 걸까?

당연하게도 그렇지 않다. 그렇다면 어떻게 하면 될까? 자기가 스스로를 뒤에서 잡아 주면 된다. 스스로 '공부 잘하는 나'를 깨닫게 하고, 그런 자신을 구체화하며 앞으로 나아가면 된다. 책을 잡기로 마음먹은 순간 우리는 책을 잡기 전의 나를 완전히 잊어야 한다.

과거의 나에게서 벗어나지 못하면 결국 과거의 자신이 이룬 만큼의 성과밖에 얻지 못한다. 조금만 힘이 들어도 '나는 원래 이런 거 하는 애가 아니니까, 뭐' 하는 식으로 자신을 합리화하며 금방 제자리로 돌아가게 된다. 기준점은 과거가 아닌 미래를 향해 뻗어 있어야 한다. 뭔가를 시작했으면 그걸 전혀 하지 못하던 시절의 자신은 잊고, 언젠가 그 분야의 전문가가 되어 있을 자신을 기준으로 삼아 계속 나아가야 한다. 오직 그런 사람만이 '과거의 나'라는 틀에서 벗어나 '미래의 나'를 만들어 갈 수 있다. 그 과정에서 '현재의 나'에게 힘을 불어넣을 수 있다.

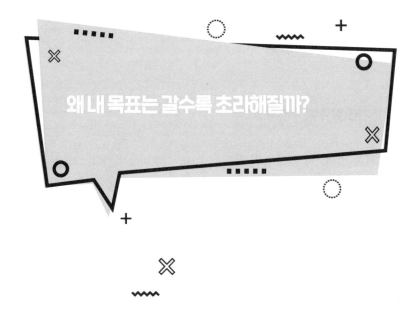

왜 내 목표는 갈수록 초라해질까?

새로운 것에 도전하려고 마음먹었을 때 반드시 할 일이 있다. 바로 '목표'를 정하는 것이다. 겨울 방학 때, 다음 학년에는 성적을 올려야지 하고 마음먹은 사람이라면 제일 먼저 계획표를 짤 것이다. 국어는 하루에 2시간 정도 하고, 수학은 이 선생님 강의를 방학 동안 끝내고 등등. 그렇게 그럴듯한 학습 계획표가 완성된다. 오랜 시간이 걸리는 수능이라는 도전을 바라볼 때도 비슷하다.

'내 성적이 이 정도니까 등급을 올려서 이 대학에 가야지.'

3월, 수험생 대부분이 가슴속으로 혹은 책상 위 포스트잇에 적어두고 다짐하는 말이다. 이런 목표는 우리에게 계속해서 도전할 힘을 주고 끊임없이 노력하게 하는 원동력이 된다. 안타까운 사실은 이런 목표가 대부분 지속되지 않는다는 점이다.

겨울 방학 때 우리의 모습

겨울 방학, 이 선생님의 강의를 끝내기로 마음먹었다. 그런데 어쩌지? 오늘 점심을 너무 맛있게 먹은 탓일까? 계획대로라면 강의를 들어야 할 시간이지만 졸음이 쏟아져 결국에는 책상에 엎드려 단잠에 빠지고 만다. 정신을 차렸을 때는 이미 1시간이나 지난 뒤다. 벌써 다음 공부를 해야 할 때가 된 것이다. 그러고는 생각한다.

'아, 오늘은 어쩔 수 없지. 내일부터 진짜 열심히 해야겠다.'

우리는 잘 안다. 이런 일이 앞으로도 계속되고, 결국에는 방학 내에 끝내기로 한 목표가 '절반 이상 듣기'로 타협되리란 것을.

포스트잇에 적어 둔 다짐은 어떤가. 3월 초에 야심 차게 세운 '목표 대학'은 여러 번의 모의고사, 담임 선생님과의 상담을 거쳐 점점 작고 초라해진다. 6월 모의고사를 망치고는 눈물을 머금으며 3월에 붙여 둔 포스트잇을 떼고 새 포스트잇을 붙인다. '여기는 무조건 가야지' 하면서. 그렇다. 우리는 도전 과정에서 현실과 타협해 처음에 비하면 너무나도 작고 초라한 목표를 허덕이며 좇는다.

어쩌면 이는 합리적인 선택일지도 모른다. 처음 세운 목표를 도저히 이룰 수 없는 상황이라면 다시 '현실적인 목표'를 세워서 그것만이라도 좇는 것이 현명해 보일 수도 있다. 그러나 나는 묻고 싶다. 정말 그걸 '목표'라고 부를 수 있느냐고.

이미 이룬 것을 목표로 착각하는 사람들

목표란 꼭 도달하고 싶은 것을 일컫는다. 그래서 우리가 겨울 방학 때 세운 공부 계획과 3학년을 맞이하며 세운 목표 대학은 당당하게 '목표'라고 부를 수 있다. 그러나 이런저런 이유로 타협해서 새로 만든 '반쪽짜리 겨울 방학 계획'과 모의고사를 치르며 '많은 수정을 거친 목표 대학'은 목표라고 부를 수 없다. 그것들은 '이미 도달한 것들'과 다를 바 없기 때문이다.

겨울 방학 때를 다시 생각해 보자. 방학 전 야심 차게 만든 계획표를 결국 중간쯤 와서 수정해야 할 때의 기준은 '공부를 열심히 하겠다고 다짐한 나'가 아니다. '이미 게을러진 나'를 기준으로 남은 시간을 어떻게든 채우기 위해 새롭게 만든 것이다. 목표 대학도 마찬가지다. 한 번 떼고 다시 붙인 포스트잇에 적힌 대학은 열정 가득하던 새 학기의 나를 기준 삼아 세운 목표가 아니다. 원하는 성적에 도달하지 못한 나를 기준으로 세운 목표다. 결국 이렇게 세운 목표는 현실이 될 시간이 필요할 뿐 이미 달성한 것과 다름없다. 목표로 만들어질 때부터 나와 나란한 상태로 출발했기 때문이다.

사실 이런 나란한 목표에라도 이른다면 다행일지 모른다. 그러나 나란한 목표의 정말 무서운 점은 노력을 방해한다는 것이다. 당연하지 않은가. 이미 이룬 것이나 다름없는 목표를 위해 어떤 사람이 피땀 흘려 노력을 하겠는가. 나란한 목표와 함께라면 무서울 것도 없다. '못해도 이 정도는 하겠지, 설마 이것도 못 하겠어?'라는 생각에 긴장감을 잃고 서서히 추락하기 시작한다. 이런 추락은 대개 눈치채기 힘들다. 모든 도전이 끝나고 결과가 대신 알려 주기 전까지.

도대체 공부를 얼마나 해야 목표를 이룰 수 있을까?

내가 공부와 관련해서 단언할 수 있는 것 하나는 수험 생활이 힘들다는 점이다. 1년이란 시간이 길어 보일지 몰라도 적어도 수험생으로서의 1년은 정말 눈 깜짝할 새 지나가 버린다. 그래서 시간상으로 엄청난 압박을 느끼지만, 그렇다고 시간만 효율적으로 쓴다고 해결될 문제도 아니다. 눈에 보이는 결과가 나와야 한다. 아무리 시간을 효율적으로 잘 쓰면서 공부했다 하더라도 6월 모의고사에 찍힌 등급이 마음에 들지 않으면 그때부터 다시 초조해지기 시작한다.

이렇게 수험생을 괴롭히는 요소가 한둘이 아니다 보니 결국에는 목표와 타협하려는 마음도 이해가 된다. 그렇지만 그렇게 타협하려는 학생들에게 묻고 싶다. 당신이 그 힘든 수험 생활을 통해 얻고 싶은 게 그것이었느냐고. 정말 그걸로 만족하겠느냐고.

수능 성적이 발표된 후 여러 언론사와 인터뷰를 할 때 자주 받은 질문 하나는 '도대체 공부를 얼마나 해야 하느냐'라는 것이었다. 한 번도 생각해 본 적 없는 주제라서 질문을 받고 역으로 내가 얼마나 공부를 했는지 곰곰이 생각해 봤다. 그리고 이 질문에 대한 나름대로 만족스러운 답을 찾았다.

'수능 마지막 교시가 끝났을 때, 수험 생활에 한 치의 미련도 남지 않고 이제 다 끝났다는 생각이 들 만큼. 다시는 수험 생활을 하고 싶

다는 생각이 들지 않을 정도로.'

그게 내가 내린 결론이었다.

게으른 나와 절대 타협하지 말자

우리가 아직 수험 생활의 피로에 잠식되지 않고 새 도전에 대한 열정이 가득할 때는 목표를 향해 한 치의 미련도 남지 않는 노력을 쏟아부을 수 있다. 그러나 목표와 타협하는 순간, 우리는 아직 더 노력할 만한 여지가 있음에도 '이만하면 됐지', '그래, 그냥 이 정도만 하자'라며 멈추게 된다. 그리고 그렇게 남겨 둔 여지는 도전이 다 끝났을 때 그만큼의 후회로 되돌아온다. '그때 조금만 더 할걸' 하고. 우리가 처음 세운 목표를 끝까지 지켜야 하는 이유다.

누군가 내게 수험생에게 딱 한 가지만 조언해 달라고 한다면 나는 한 치의 망설임도 없이 대답할 것이다. 절대 타협하지 말라고. 맨 처음 새 도전을 향해 한 발을 내디뎠을 때 세운 그 목표는 충분히 이룰 수 있는 것이었기에 당신의 목표가 되었고, 당신은 그 목표를 놔두고 시시한 목표와 타협할 만큼 하찮은 사람이 아니기 때문이다. 그러니 혹시 언젠가 타협하고 싶은 마음이 생기거나 혹은 이미 타협을 고민하고 있다면, 스스로에게 이렇게 이야기해 주었으면 한다.

'나는 할 수 있다.'

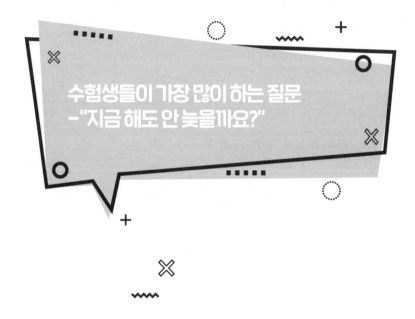

수험생들이 가장 많이 하는 질문
- "지금 해도 안 늦을까요?"

수능이 끝난 후 지금까지 꽤 많은 후배 수험생을 상담해 주었다. 처음 1~2명을 만날 때만 하더라도 '얘네가 이런 고민을 하고 있었구나'라고 생각했는데, 3명, 4명, 어느새 10명 이상 상담을 하다 보니 이런 생각이 들기 시작했다.

'얘네도 이게 고민이네?'

내가 고등학교와 대학교에서 사람들을 만나면서 뼈저리게 느낀 점은 '사람은 생각하는 게 별반 다르지 않다'는 것이었다. 하나의 목표를 위해 움직이는 수험생들은 특히 더 그렇다. 생각하는 방식이나 고민거리가 놀라울 정도로 닮았다. 그렇게 닮은 고민 중 가장 대표적인 게 바로 "언제부터 해야 안 늦을까요?", "지금 해도 안 늦을까요?"이다. 사실 수험생들만 이런 고민을 하는 것은 아니다. 무언가 기한이 정해진 시험을 준비하는 사람들은 항상 책의 첫 페이지를 넘기며 스스로에게 이렇게 물을 것이다.

"아, 이거 그때까지 할 수 있을까?"

이런 질문을 하는 것은 어떻게 보면 본인이 정한 목표에 대해 진지하게 고민하고 있다는 뜻이다. 따라서 문제 될 것 없는 자연스러운 현상이다. 그런데 왜 그렇게 많은 후배가 이것을 '고민'으로 여길까? 내가 생각하기에 그 이유는 다음과 같다. '지금 해도 안 늦을까?'는 '이미 늦은 거 같은데'가, '언제부터 해야 안 늦을까?'는 '최대한 나중에 하고 싶은데'라는 생각이 전제되어 있기 때문이다. 결국 그 많은 수험생의 고민은 단 한 문장으로 정리될 수 있다.

"시간이 부족할 거 같은데, 어떡하죠?"

내가 한때 매일 한 생각, '너무 늦은 거 아닐까?'

이 질문에는 과거의 내가, 그러니까 고등학교 1학년 때의 내가 답을 잘해 줄 것 같다. 당시에 나는 절대적으로 시간이 부족하다고 느끼고 있었다. 그럴 만도 하지 않은가. 나는 이제 겨우 학교 수업 시간에 배운 인수 분해의 개념서를 공부하고 있는데, 옆자리 친구는 내가 본 적도 없는 책을 가지고 2학년 과정의 심화 문제를 풀고 있으니 말이다. 답답한 기분을 지울 수가 없었다.

'너무 늦은 거 아닐까?'

당시에 내가 스스로에게 매일 던진 질문이었다.

그때 내가 내린 결정은 꽤나 파격적인 것이었다. 어떻게 했느냐고? 그냥 신경 안 쓰고 공부했다. 나를 욕하는 건 잠시만 참아 달라. 더 정확하게는 일단 '그때까지' 끝낼 수 있든 없든 우선 하고 봤다. 당시 내가 할 수 있는 선택은 일단 하고 보는 것뿐이었으니까.

그렇게 묵묵히 공부를 해 나가면서 문득 깨달은 점이 있다. 실력도 늘었지만, 공부를 할수록 나 스스로가 어떻게든 더 열심히 하려고 계속 투자하게 된다는 것이었다. 처음 공부할 때는 졸음이 쏟아지면 10~20분 동안 그냥 졸았다. 그렇게 몇 주쯤 지나고 나서는 자습 시간에는 안 졸기로 다짐했다. 그러고 또 며칠이 지난 후에는 자습 시간뿐만 아니라 아침 시간이나 야자가 끝난 후 취침 준비 시간, 그리고 자기 직전까지 공부를 하기로 했다. 쏟아붓는 노력 자체가 점점 더 많아진 것이다. 여기서 내가 말하고 싶은 바가 있다.

'노력에는 탄력성이 있다.'

참고 하다 보면 공부가 잘되는 때가 온다

당신이 오늘부터 본격적으로 공부하기로 마음먹었다고 해 보자. 독서실에 가서 열심히 참고서를 본다. 그런데 며칠 해도 성과가 나오지 않는다. 인강 진도도 몇 강 못 나가고, 문제 푸는 속도가 느려 다른 친구들이 하는 양만큼 풀지도 못한다. 이러다간 수능 전날까지 개념만 공부하다 심화 문제는 건드려 보지도 못할 것만 같다. 이때

만약 당신이 포기한다면 안타깝지만 거기서 끝이다. 그러나 이대론 안 될 것 같다는 생각에 이 악물고 어떻게든 해 보려고 한다면 당신의 노력의 크기는 당신이 갈망하는 만큼 커지게 된다.

독서실에 가는 길에 친구와 카톡을 주고받던 당신의 손에는 이제 단어장이 들려 있다. 독서실에서 집중이 안 될 때마다 조금 쉬자면서 보던 유튜브를 끊고 휴대폰은 가방에서 꺼내지도 않는다. 졸리면 잠시 바람을 쐬고 들어와 다시 집중한다. 중간중간 참을 수 없는 졸음이 쏟아지면 무작정 엎드려 자는 게 아니라 5~10분 후로 알람을 맞춰 놓고 그 이상은 자지 않으려 한다. 그리고 그날, 독서실을 나오면서 당신은 생각한다.

'와, 나 진짜 열심히 한 것 같은데?'

공부의 시작은 이 느낌부터라고 생각한다. 내가 무언가 엄청난 노력을 한 느낌. 내일은 더 열심히 할 것 같은 느낌.

자신을 믿는 사람에게 늦은 출발은 없다

이제 당신에게 시간이 부족할 것 같다는 고민은 고민도 아닐 것이다. 그런 생각이 들 틈도 없이 매일매일 바쁘게 살아가고 있으니까. 물론 이런 사람에게도 가끔 난관이 찾아올 때가 있다. 미직분을 처음 배울 때라든지 《수능특강》 80페이지가 영어 시험 범위에 통으로 들어간다든지 할 때 말이다. 그러나 그럴 때 할 수 있을지 없을지 고민하지 않는다. 어차피 해야 하는 것임을 잘 알고 있기 때문이다. 그

대신 스스로에게 '어떻게 하면 될까?', '이렇게 하는 게 효율적이겠지?'라고 묻는다. 더는 결과에 대해 의심하지 않는다. 오직 질문하고 생각하고 최적의 방법을 찾아 실행해 나갈 뿐이다.

대학교에 입학하고 한 달쯤 지났을 때 고3 막바지에 듣던 어느 인강 사이트 담당자로부터 칼럼을 써 달라는 부탁을 받았다. 그런데 수험생들을 대상으로 한 칼럼을 어떻게 써야 하는지에 대한 감이 없었다. 그래서 나보다 먼저 멘토로 활동한 선배들이 쓴 글들을 읽어 보았다. 깔끔하게 잘 정리해 놓은 공부법들을 보고 여기에 내가 공부법을 추가해 봤자 별 의미가 없겠다는 생각이 들었다. 그래서 '마음가짐'을 주제로 칼럼을 썼다. 그 칼럼 속 문장 하나를 독자 여러분에게 전하고 싶다.

'목표가 있고 자신을 믿는 사람에게 늦은 출발은 없다.'

이 글을 읽는 사람 대부분은 아마 자신만의 목표를 이루기 위해 노력하고 있을 것이다. 목표가 있는 사람은 자신을 믿어야 한다. 노력하는 과정에서 자신을 안 믿는다는 것은 결국 포기하는 것과 다를 바 없기 때문이다. 자, 이제 모든 조건이 갖추어졌다. 당신은 목표가 있고, 자기를 믿고 있다. 그럼 이제 속으로 다짐하며 앞만 보고 달려가자.

'늦은 출발은 없다.'

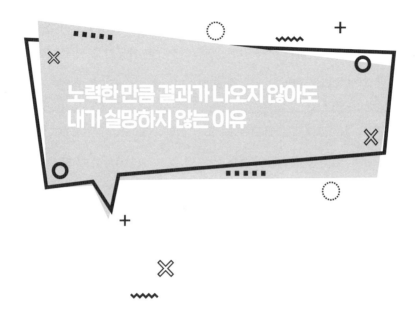

노력한 만큼 결과가 나오지 않아도
내가 실망하지 않는 이유

합격 발표가 나고 대학교 기숙사에 들어가기 얼마 전, 고등학교 3학년 때 담임 선생님 작품 전시회에 다녀왔다. 선생님은 교직 생활을 하는 동안 틈틈이 그림을 그리셨다고 한다. 우리 반 담임을 맡은 1년 동안에도 작품 석 점을 완성하셨다. 지난 몇 년 동안 공들여 그리신 그림들을 감상하다 보니 미술의 '미' 자도 모르는 나조차도 저절로 감탄사가 나왔다. 전시회에서 찍은 그림 사진을 보면 지금도 경외감이 느껴진다.

사실 나도 취미로 그림을 그리던 때가 있었다. 고등학교 3학년 때 자습 시간이 너무 길어지면서 숨이 막히는 것 같았다. 그래서 재미로 그림을 그리기 시작했다. 처음에는 고3들에게 가장 친숙한 《수능특강》표지를 따라 그렸고, 나중에 더 그릴 표지가 남아 있지 않아 교실 풍경을 그리기 시작했다. 양쪽 벽에 달린 선풍기, 교탁 등이 그림 소재였다. 그러다가 피곤에 젖어 졸고 있는 친구들을 몰래 그리기 시작했다. 내 교과서에 졸고 있는 친구 컬렉션이 하나둘 늘어났다. 그걸 친구들에게 보여 주며 웃고 떠들 때는 1시간 열심히 공부한 것보다 더한 성취감이 들어서 그림 그리기는 쉽사리 끊을 수 없는 취미가 되었다.

그런데 전시회에서 선생님의 그림을 보니 내 그림은 지렁이가 꿈틀거리는 수준에 지나지 않는다는 걸 깨달았다. 특히 선생님의 작품 중 들판에서 살랑거리는 초록빛 풀들을 표현한 '몽글몽글'이라는 제목의 그림을 봤을 때는 '이게 진짜 그림이구나' 하는 감탄이 절로 나왔다. 내가 아무리 본격적으로 연습하고 실력을 늘려 나간다 하더라도 이런 멋진 그림은 내 무미건조한 손에서는 탄생하기 어려울 거 같다는 생각이 들었다.

세상에는 노력해도 안 되는 일이 있다

세상에는 분명히 노력만으로는 할 수 없는 일이 있다. 모든 아이가 태어날 때는 세상을 다 가질 수 있을 것 같지만 인간인 이상 슬프게도 아무리 노력해도 어찌할 수 없는 일이 분명히 생긴다. 나의 경우에는 그림도 그림이지만 축구가 그랬다. 입시라는 무거운 짐을 지고 사는 고등학생들에게 잠시나마 숨통을 열어 주는 콘텐츠가 점심

시간에 모여 다 같이 하는 축구가 아닐까 싶다. 나도 축구를 하며 땀 흘리는 시간이 너무 즐거웠다. 친구들이 점심시간에 축구를 하자고 하면 점심을 재빨리 먹고 축구화를 챙겨 운동장으로 나갔다. 그런데 좋아하는 것과 잘하는 것은 명백히 다르다는 사실을 축구를 통해 뼈저리게 느꼈다. 공을 잡고 있을 때는 시야가 발에만 집중되어 패스를 하려고 두리번거리다 공을 빼앗기기 일쑤였고, 축구를 좀 하는 친구가 드리블로 다가오면 나는 자동문처럼 재빠르게 제쳐지는 장식물에 불과했다.

공부하느라 축구를 많이 안 해서 그렇다고 생각할 수도 있겠지만 꼭 그렇지만도 않다. 나는 중학교 3학년 때부터 친구들이 축구를 할 때는 거의 빠지지 않았다. 심지어 해가 지고 나서도 집 근처 공원에 모여 할 정도로 축구를 좋아했다. 축구를 한 횟수로는 웬만한 고등학생에게 꿀리지 않을 것이다. 그렇게 경험은 많지만 축구를 잘하는 내 모습은 도저히 상상할 수 없다. 축구를 전문적으로 배운다 해도 겨우 초보티를 벗는 수준에 그치지 않을까 싶다.

공부는 노력으로 극복 가능한 영역일까?

그렇다면 공부는 어떨까? 고등학교 3학년 즈음, 나는 더 이상 전교 꼴찌가 아닌 전교 2등의 모범생이 되어 수능을 준비하고 있었다. 그런 나를 보며 친구들이 간혹 이런 질문을 했다.

"모든 사람이 너처럼 노력한다고 해서 성적이 다 오를까?"

나 역시 다음과 같은 생각을 해 본 적이 많다.

'공부는 과연 노력으로 극복할 수 있는 영역일까?'

나를 포함한 수험생, 그리고 교육에 관심 있는 사람이라면 한 번쯤 해 본 질문이 아닐까 싶다. 많은 사람이 생각해 본 주제임에도 아직 만족할 만한 답이 나오지 않은 난제이기도 하다. 비록 답은 정해져 있지 않지만, 이 질문과 관련해서 내 이야기를 잠시 하고자 한다.

고등학교 1학년 때 선생님과 첫 상담을 하고 공부를 제대로 하기로 결심은 했지만, 솔직히 마음이 썩 내키지는 않았다. 당시 3월 모의고사에서 내가 받은 영어 점수는 72점이었다. 이것도 찍은 문제 중 3개가 운 좋게 맞은 덕분이었다. 수능을 준비하는 학생들이라면 알 것이다. 듣기에서만 3개를 틀리고 도표 문제를 틀린 영어 바보가 72점을 맞은 것은 기적이라는 사실을. '시험 영어'만 못하는 것이 아니었다. 원어민만 보면 말문이 막히는 이른바 '영어 울렁증'도 심각한 수준이었다.

그런데 1학년 모의고사가 아닌 수능 영어도 만점에 가까운 점수를 받는 친구가 있었다. 그 친구는 영어 회화도 나보다 월등히 잘했다. 우리 학교는 인근 중학교에서 영어를 잘하는 학생들을 선발해 '영재원 프로그램'이라는 이름의 '영어 천재'를 기르는 프로그램을 운영하고 있었는데, 이 친구는 그 영재원 출신이었다. 그에 비하면 나는 어떤가. 우선 어휘만 하더라도 중학생 평균에 겨우 그칠뿐더러 듣기 실력은 외고생이라고는 믿기지 않을 만큼 참담했다(물론 지금도 듣기 실력은 내 최대의 약점으로 남아 있고 극복하려고 노력 중이다).

난 그때 내가 영어에 재능이 없다는 사실을 깨달았다. 어릴 때 어학연수를 못 가 본 게 너무나 한탄스러웠다. 그래도 포기하고 싶지는 않았다. 언젠가는 주위 친구들처럼 영어를 마치 모국어 하듯이 자연스럽게 구사하며 대화를 이끌어 나가고 싶다는 목표가 있었기 때문이다. 그래서 먼 미래의 실력은 잠시 제쳐 두고 당장 할 수 있는 일부터 시작하기로 했다. 그즈음부터 내가 접하는 모든 영어 단어를 단어장에 옮겨 적으며 닥치는 대로 외웠고, 영어 선생님이 알려 준 EBS 영어 라디오를 밤낮으로 들으며 영어에 익숙해지려고 노력했다. 조금 웃기게 들릴 수도 있겠지만 그때는 노래도 오로지 팝송만 들었다. 그렇게 정말 영어에 미쳐서, 영어 실력을 높이기 위해 꾸준히 노력했다.

그러자 신기한 일이 벌어졌다. 듣기 평가 때 안 들리는 말이 없어졌고, 당연히 틀리는 문제도 없었다. 수업 시간에 간혹 내가 모르는 단어가 나오면 반 전체가 모르는 단어인 경우가 부지기수였다. 2학년 때 새로 만난 원어민 선생님과는 정말 친한 사이가 되었고, 복도에서 마주치면 3분 정도 근황을 공유하는 것이 자연스러운 일상이 되었다.

그렇다고 내 영어 실력이 완벽에 가까워진 것은 아니었다. 고등학교 3년 내내 영어에 매진했음에도 영어 관련 대회에서 수상은커녕 예선조차 통과해 보지 못했다. 냉정하게 말해서 시험 성적은 몰라도 아직 회화나 작문 실력은 그때 그 영새원 친구의 허리쯤에 겨우 닿아 있는 정도가 아닐까 싶다. 이쯤 되면 내가 영어에 재능이 없는 게 아닐까 하는 생각이 자연스레 든다. 그렇다고 내 3년간의 노력이 의미가 없을까? 전혀.

비록 내가 영어를 모국어처럼 구사할 만한 실력을 얻는 데는 실패했지만, 적어도 나는 3년간의 노력을 통해 원어민을 피하지 않게되었다. 또 선생님이 추천해 주신 추리 소설을 원서로 읽은 적이 있는데 구성이 꽤 복잡한 작품이었음에도 별 어려움 없이 끝까지 재미있게 읽을 수 있었다. 그토록 원하던 '원어민 수준의 영어'까지는아니어도 '영어 잘하는 고등학생' 수준의 실력은 갖춘 것이다.

노력은 어떤 식으로든 보상을 준다

우리는 노력한 만큼 결과를 얻기를 바란다. 공부를 열심히 했다고생각했는데 성적이 안 오른다면 얼마나 슬픈 일인가. 그렇지만 슬프게도 세상은 때로는 우리의 바람과는 다른 방향으로 작동한다. 노력의 결과가 노력의 양에 비례하지만은 않는다는 뜻이다. 나 역시 공부를 시작할 때 이 점을 뼈저리게 느꼈다. 며칠 밤을 새우며 공부해서 겨우 90점을 넘기는 친구가 있는 반면, 매일 놀다가 시험 하루 전날에만 공부하고도 만점을 받는 친구가 있다는 것을 알았기 때문이다. 그러나 절망할 필요는 전혀 없다.

노력의 결과가 그에 비례하지는 않더라도 노력할수록 그 결과가커지는 건 명백한 사실이기 때문이다. 10의 노력을 한다고 해서 10의 보상이 돌아오리라는 보장은 없다. 실제로 그런 경우는 찾기 힘들다. 게다가 성적이 올라가면 올라갈수록 이런 현상은 심해진다. 즉 100의 노력을 하더라도 5의 보상조차 돌아오지 않는 경우도 허다하다. 그러나 100의 노력을 하고 0의 보상이 돌아오는 경우는 없다. 노력이 매력적인 이유는 여기에 있다. 매우 사소하더라도 우리를 어떤 방향으로든 성장시킨다.

공부를 시작할 때 나를 가장 힘들게 한 것은 앞으로 할 공부가 산더미같이 쌓여 있다는 사실도 아니고, 친구들이 모두 나보다 뛰어난 것 같다는 자괴감도 아니었다. 그보다 무서운 건 '내 노력이 보상받지 못하면 어쩌지' 하는 불안감이었다. 그리고 이 불안감은 현실이 되었다. 나는 영어에 10을 투자했는데 5밖에 보상받지 못했다고 생각한다. 5의 노력은 보상받지 못한 것이다. 그렇지만 나는 이 5의 보상을 매우 소중히 또 감사히 여긴다. 보상받지 못하리라는 불안감에 자신을 의심하며 10의 노력조차 기울이지 않았다면 나는 5의 보상을 받기는커녕 영어 공부 자체를 포기했을지도 모른다.

사실 아직도 노력한 만큼 성적이 오르느냐는 질문에 답을 하기가 조심스럽다. 세상에는 보답받지 못하는 노력이 너무나 많기 때문이다. 그러나 적어도 한 가지만은 확실히 말할 수 있다. 10의 노력을 했다면 적어도 5의 보상은 돌아온다는 것이다. 그래서 무언가를 시작하려는 학생들에게 이야기해 주고 싶다.

'결과에 대한 걱정은 접어 두고 자신의 전부를 쏟아부어 봐. 인생에서 자신의 전부를 걸고 무언가에 열중할 기회는 흔치 않으니까.'

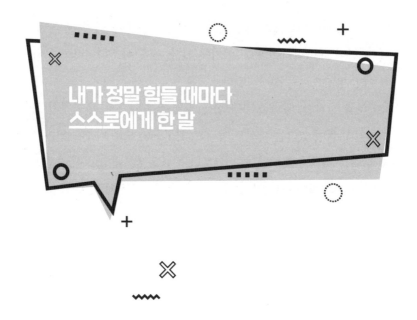

내가 정말 힘들 때마다
스스로에게 한 말

대학교 기숙사에 입주한 뒤 같은 고등학교 출신 선배들과 자주 어울리며 친해지게 되었다. 어느 날, 한 형이 다 같이 관악산에 올라가 보자고 제안했다. 서울에 온 지 얼마 되지도 않고 강의도 본격적으로 시작하기 전이어서 심심하던 차라 찬성했다. 그렇게 선배 형 둘과 관악산을 오르기 시작했다.

죽을 만큼 힘들던 관악산 등반

30분쯤 갔을까. 다리가 아파 오기 시작하고, 이마에서는 땀이 비오듯 쏟아졌다. 걸음걸이는 점점 느려져 멀찌감치 뒤에서 오던 아저씨가 어느새 우리를 앞질러 갔다. 결국 돌탑이 가득한 쉼터에서 잠시 쉬기로 했다. 챙겨 온 물과 스포츠 음료를 마시며 첫 번째 휴식을 마치고 등반을 이어 갔는데, 이번에는 20분을 채 가지 못하고 다리가 마비될 것 같아 다시 쉬기로 했다. 그렇게 두 번째 휴식을 취하고 겨우 힘을 내 올라가던 나는 더한 난관에 봉착하고 말았다. 끝도 없이 이어진 계단을 만난 것이다. 산길을 오를 때는 보폭을 내 마음대로 할 수 있고 동작도 그때그때 바꿔 가끔은 네 발로 기어오르는 등 다리에 무리가 가지 않도록 버텨 볼 만했다. 하지만 계단은 보폭을 계단에 맞춰 올라가야 하기 때문에 그야말로 죽을 맛이었다.

내가 괜히 산에 올랐다고 후회하는 것을 알아챈 듯 뒤에서 오던 선배가 정상 방향을 가리키며 말했다.

"정상에 거의 다 왔네. 좀만 더 파이팅 하자."

고개를 들어 보니 어느새 계단 끝이 보이기 시작했다. 정상이 얼마 남지 않았다는 사실에 다시 이를 악물고 계단을 올랐다. 마침내 정상에 오른 나는 '관악산'이란 글자가 새겨진 비석 앞에서 단체 사진을 찍는 영광을 누릴 수 있었다.

오늘 하루의 노력이 무슨 큰 의미가 있을까?

우리는 때때로 지금 하는 일이 너무 힘들다고 느끼곤 한다. 지금 배우는 외국어가 너무 어렵게 느껴질 수도 있고, 큰맘 먹고 공부를 시작했지만 노력한 만큼 나아지는 것 같지 않아 포기하고 싶을 때도 많다. 사실 우리가 이런 노력에 싫증을 느끼고 포기하고 싶은 이유는 단지 힘들기 때문만은 아니다. 지금 이 순간이 힘들더라도 성취감을 얻으면 그것이 앞으로 나아가는 힘이 되어 기꺼이 그 일을 해낼 수 있다.

그렇지만 현실은 어떨까. 오늘 하루 24시간을 바쳐 수학 공부를 열심히 했더라도 당장에 눈에 띄는 실력의 변화가 생기지는 않는다. 그리고 오늘 하루 열심히 공부했다는 사실이 계속해서 그 일을 하도록 동기를 부여해 주는 경우도 별로 없다. 기껏해야 내일은 놀아도 되지 않을까 하는 핑곗거리를 제공할 뿐이다. 참으로 힘 빠지지만 이는 당신이 형편없는 사람이거나 쉽게 포기하는 사람이어서가 아니다. 대개 목표가 될 만한 모든 일이 그렇다. 언젠가 이룰 수 있는 목표라 해도, 당장 오늘만 놓고 보면 그걸 위해 왜 노력해야 하는지, 이런 노력이 무슨 의미가 있는지 의문이 생긴다. 그럼 우리는 그렇게 매일매일 의미 없다고 느껴지는 하루를 살아야 할까?

등반 이야기로 다시 돌아가서, 나는 솔직히 산에서 계단을 오를 때 몇 번이나 그만두고 싶었다. 그런데 나를 북돋워 주는 선배의 말을 듣고 위를 쳐다보니 하늘이 가깝게 느껴지고 정상까지 얼마 남지 않은 듯 여겨졌다. 조금만 더 가면 곧 정상을 밟을 거라는 느낌이 들어 이를 악물고 계속 나아갈 수 있었다. 정상이 바로 눈앞에 있는데 등반을 포기하는 사람은 거의 없을 것이다. 지금 당장은 계단을 오르는 게 힘들지만 정상이 얼마 남지 않았음을, 본인이 정상을 향해 가고 있음을 알기 때문이다.

우리는 이렇게 시련의 길이가 짧을 때는 그 잠깐의 시련이 성장의 기회임을 알아차리고 당당히 맞선다. 마치 내가 정상이 얼마 안 남은 걸 보고 끝까지 가기로 마음먹었듯이 말이다. 그러나 애석하게도 시련의 길이가 길어지면 우리는 그것이 우리를 성장시켜 준다는 사실을 쉽게 잊어버린다. 이것이 바로 당신이 지금 힘든 이유다.

넌 지금 성장하고 있어

만약 목표를 이룬 상태에서 과거를 돌이켜 본다면 우리는 정말로 성장하고 있었음을 깨달을 것이다. 그러나 그 과정 한복판에 있을 때는 우리가 성장하고 있다는 사실을, 이 시련이 우리를 더 멋지고 강한 사람으로 만들어 주리라는 사실을 알아채기 어렵다. 그러다 보니 오늘의 노력이 허무한 노동으로 다가오고, 내일 해야 할 일들이 거대한 스트레스로 다가올 수밖에 없다.

이 사실을 알아차리고 목표를 향해 올곧게 달려가는 것은 분명 힘든 일이다. 지금 이 글을 쓰고 있는 나 역시 고등학교 때 아무리 해도 성적이 안 오를 것 같은 과목들을 공부하며 '과연 이거 하나 외우는 게 무슨 의미가 있을까?', '언제 저걸 다 보나?' 하며 회의를 느낀 적이 한두 번이 아니다. 지금 대학교 공부도 잘할 자신이 없어서 때때로 책을 덮어 버리곤 한다. 그래서 내가 성장 중이라는 사실을 알아차리고 믿으며 나아가는 일이 얼마나 힘든지 잘 안다. 그러나 목표를 이루기 위해서는 지금 의미 없어 보이는 일들이 우리를 조금씩 목표 쪽으로 데려가고 있음을 믿어야 한다. 비행기가 날기 위해 추진력이 필요하듯이 우리도 도약하기 위해서는 그런 일상의 추진력이 필요하다.

나는 힘들 때마다 '넌 지금 성장하고 있어', '지금 너는 정말 멋있는 삶을 살아가는 중이야' 같은 말들을 되뇌곤 한다. 조금 이상해 보일지 모르겠지만, 나는 이런 사소한 말 한마디에 기분이, 그리고 의지가 달라지는 것을 수도 없이 경험했다.

지금 이 책을 읽는 사람들도 알았으면 한다. 지금 당신은 성장 중이라는 사실을. 그리고 언젠가 당신도 그 모든 노력을 자양분 삼아 맺어진 훌륭한 열매를 얻게 되리라는 사실을.

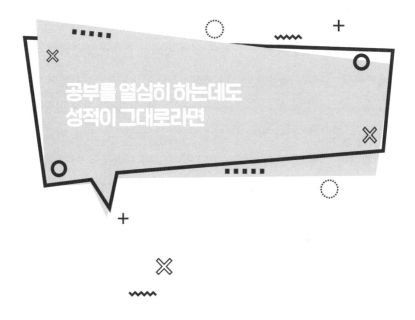

공부를 열심히 하는데도
성적이 그대로라면

앞에서 10의 노력을 하면 5 정도의 보상은 돌아온다고 말했다. 그렇지만 현실에서는 노력해도 보상이 없는 것처럼 느껴질 때가 너무 많다. 나도 경험을 통해 잘 알고 있다. 나중에 공부법에 관해 구체적으로 이야기할 때 다시 언급하겠지만, 잘못된 공부법 때문에 노력해도 성적이 안 오를 수는 있다. 그러나 이런 것과 별개로 올바른 공부법으로 정말 열심히 하는데도 성적이 안 오를 때가 있다. 우리는 이럴 때 '슬럼프'가 왔다고 이야기한다. 이번에는 슬럼프를 겪고 있는 학생들을 위한 이야기를 해 보려고 한다.

"수학 공부 진짜 열심히 하는데 성적이 너무 안 올라요."

"나름대로 열심히 했다고 생각했는데 성적이 안 오르니까 속상하고 공부하기도 싫어요."

수험생들을 힘들게 하는 요소는 정말 많지만 그중에서도 가장 안타까운 건 열심히 했음에도 성적표에 그 결과가 나오지 않을 때 아닐까 싶다. 이런 학생들은 공부를 했음에도 학업적으로 전혀 성장하지 않은 것일까? 겨울 방학 한 달 동안 열심히 공부한 것이, 마음먹고 열심히 두 달 동안 독서실을 다닌 것이 수학 실력에, 국어 실력에 아무런 영향도 주지 않았을까? 그럴 리가. 당장 공부를 1시간만 더 하더라도 성적은 변하지 않았을지언정 우리의 지식은 공부를 하기 전보다 늘어난다. 즉 공부를 하면 대개 어느 정도의 성과는 있게 마련이란 뜻이다. 공부를 했다면 지적으로 성장한 건 분명한데, 왜 성적표에는 나타나지 않는 걸까?

한계 성적 체감의 법칙

대학생이 되고 한 달쯤 지났을 때 나는 고등학교 때와는 비교도 안 될 정도로 많은 과제에 치여 힘든 나날을 보냈다. 그러다가 '기분 좋은 상태에서 과제를 하면 그나마 좀 할 만하지 않을까' 하는 생각에 기숙사 근처 편의점에서 맥주 한 캔과 과자 한 봉지를 사 왔다. 그렇게 과자를 책상에 펼쳐 두고 시원한 맥주를 한 모금 마시고 나니 세상에, 이 좋은 걸 왜 이제야 알았나 싶은 생각이 들었다. 그렇게 신세계를 경험한 나는 그 후에도 과제가 많을 때는 혼자 맥주를 즐기곤 했다. 그런데 그렇게 몇 번 해 보니 처음 느낀 만큼 기분이 좋아지지 않았다. 본래 맥주를 잘 못 마시던 나는 어느 순간부터 한 캔을 다 비우지 못했다. 먹다 남은 맥주를 버리는 게 일상이 되었다. 똑같은 행동을 계속하다 보니 처음 느낀 만큼의 행복을 더 이상 느낄 수 없게 된 것이다.

이런 현상을 경제학 용어로 '한계 효용 체감의 법칙'이라고 한다. 동일한 물품을 소비함에 따라 점차 만족도가 감소한다는 뜻이다. 뜬금없이 이런 이야기를 왜 하나 싶겠지만, 공부도 똑같다는 이야기를 하고 싶어서다. 아무리 맛있는 음식도 많이 먹으면 질리듯, 처음에는 성적이 잘 오르던 과목도 어느 순간이 되면 정체기가 생긴다. '한계 성적 체감의 법칙'이다.

9등급에서 3등급까지보다 3등급에서 1등급까지가 더 오래 걸린다

공부를 하면 머릿속 지식은 당연히 공부량에 비례해 쌓여 간다. 즉 새로운 걸 공부하면 일단 지식은 늘어난다. 그러나 학습 성취를 평가하는 지표인 '성적'은 그런 식으로 오르지 않는다. 만약 공부를 전혀 안 하던 학생이 공부를 시작했다면, 처음에는 공부한 만큼 성적이 오를 것이다. 개념을 익히는 단계에서는 약간의 암기나 연습만으로 맞힐 수 있는 문제의 수가 급격히 늘어나기 때문이다. 그러나 어느 정도 공부를 해서 좀 어려운 문제를 풀 줄 알아야 하는 시기, 즉 4~5등급이 되었을 때부터는 성적 상승이 갑작스럽게 멈춘다. 왜 냐하면 그 이상의 성적을 받기 위해서는 개념 문제뿐만 아니라 응용문제도 어느 정도 풀어야 하기 때문이다. 그러다 학습량이 쌓여 응용문제를 풀 수 있게 되면 실력이 바로 2~3등급 수준으로 뛰어오른다. 여기서 1등급으로 가기까지는 더 오랜 정체기를 겪어야 한다. 남은 관문이 심화 문제밖에 없기 때문이다. 그래서 공부를 처음 한 학생이 3등급이 되기까지 걸리는 시간보다 3등급에서 1등급 혹은 100점을 맞을 때까지 걸리는 시간이 더 걸릴 수도 있다. 3등급이 된 뒤 공부를 게을리해서가 아니라 시험이 애초에 그렇게 설계되어 있기 때문이다.

여름철 매미는 단 2주 동안 땅 위에서 살기 위해 땅속에서 17년을 기다린다고 한다. 매미의 그 기다림처럼 우리 역시 고통을 겪어야만 성장하는 때가 온다. 이제 '슬럼프'라고 부르는 시기에 대해 어느 정도 감이 잡힐 것이다. 사실 그 시기는 슬럼프가 아니다. 큰 도약을 위해 힘을 모으는 시기다. 그러니 지금 당장 성적이 안 오른다고 초조해할 이유가 전혀 없다. 자신에게 부끄럽지 않을 만큼 노력했다면 인내심을 가지고 기다리면 된다. 땅 위로 나아갈 그때를.

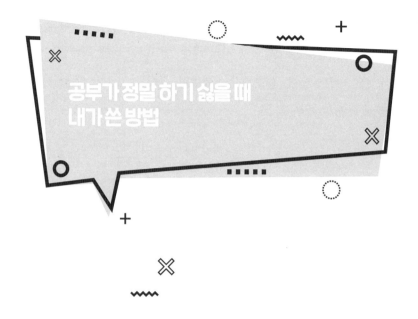

공부가 정말 하기 싫을 때
내가 쓴 방법

　아무리 좋은 선생님의 강의를 들어도, 아무리 뛰어난 선배의 조언을 들어도, 그리고 지금 하는 공부가 가치 있는 일임을 잘 알아도 무기력해지는 날은 누구에게나 오기 마련이다. 하루하루가 재미없게 느껴지고, 펜을 들어도 집중이 안 되며, 문제를 쳐다보기도 싫고, 그렇다고 딱히 하고 싶은 일이 있는 것도 아닌, 그런 날 말이다. 지금 공부할 의욕이 넘치는 학생이라면 이번 챕터를 과감하게 넘겨도 좋다. 그러다 어느 날 공부가 정말 하기 싫어지면 이 챕터를 읽어 주었으면 한다. 이번 이야기의 주제는 '공부가 정말 하기 싫을 때'이다.

　나 역시 평일에 5~6시간 넘게 자습을 하고 주말에도 이러다 죽을 수도 있겠다 싶을 정도로 진 빠지게 공부하다 보면 어느 순간 '나

왜 이러고 살지?', '굳이 이렇게까지 해야 하나?'라는 생각이 들곤
했다. 이런 생각은 고등학생 시절 내내 끊임없이 나를 괴롭혔는데,
수능이 다가올수록 그 빈도가 심해졌다. 그런 날이 왔을 때 나는 어
떻게 행동했을까?

수능 한 달 앞둔 시점에 내가 공부 시간을 줄인 이유

어쩌면 이 챕터를 펼쳐 본 학생들은 다음과 같은 기대를 할지도
모르겠다.

'와, 지금 공부하기 싫은데, 이거 읽고 나면 다시 힘내서 공부할
수 있겠지?'

그런 학생들에게는 미안한 말이지만, 나는 힘내서 다시 공부하라
는 말을 할 생각이 없다. 그리고 당신도 자신에게 그런 말이 필요한
게 아니란 사실 또한 잘 알 것이다. 단순한 싫증, 단순한 끈기 부족,
단순한 투정에서 비롯된 '공부하기 싫은 기분'이 아니라 수험 생활
에 진지하게 임했고 그로 인해 '공부하기 싫어진' 수험생들에게 필
요한 건 정신을 차리게 해 줄 쓴소리나 자극적인 영상이 아니라, 일
시 정지 버튼이다. 즉 잠시 공부를 손에서 놔야 한다.

수능이 한 달 남짓 남은, 그 스릴 넘치는 기간을 내가 어떻게 보냈
을지 한번 상상해 주길 바란다. 인생의 중요한 관문을 앞두고 그 어
느 때보다 치열한 한 달을 보냈을까? 환상을 깼다면 미안하지만, 전
혀 아니었다. 나는 수능이 한 달 정도 남았을 때부터 고등학교 3년을

통틀어 가장 긴 시간을 놀면서 보냈다. 자습 중에 복도를 지나다니시는 선생님에게 괜히 말을 걸며 잠깐이라도 공부에서 벗어나려 했고, 공부하다 지쳤다 싶으면 곧장 책을 덮고 친구를 찾아가 실없는 이야기를 하며 웃고 떠들었다. 3~4명이 모이는 순간 1~2시간은 순식간에 흘러갔다. 기숙사에서도 의무 자습 시간이 끝나면 친구 방에 불쑥 들어가 1시간 정도 놀면서 보내는 날이 부지기수였다.

강도 높은 페이스를 고등학교 3년 내내 그리고 수능 당일까지 유지할 수 있는 사람, 아니 '괴물'이 몇 명이나 될까? 나는 그런 괴물을 본 적이 없다. 본인이 수험생이라면, 수능일이 다가올수록 점점 지치고 아무것도 하기 싫고 예전만큼 공부가 잘 안 되는 게 당연하다는 사실을 알았으면 한다. 당신은 사람이지 괴물이 아니기 때문이다. 수능일이 가까워지지 않았더라도 수험생인 이상 아무것도 하기 싫은 날이 1년에 단 하루도 없는 사람은 없다. 우리는 수능만 바라보고 달려가는 '괴물'이 아니다. 우리는 수험생이고, 인간이다.

정말 공부에 지쳤을 때는 쉬어라

공부가 정말 하기 싫고 손에 책이 안 잡힌다면 그냥 쉬어도 좋다. 아니, 제발 푹 쉬어라. 공부하느라 못 만난 친구들도 좀 만나고, 아니면 같은 독서실 다니는 친구들이랑 떡볶이를 먹으러 가는 것도 좋다. 수험생은 꿈을 향해 달려가는 빛나는 별이지 정해진 일과대로 1년을 보내야 하는 죄수가 아니다. 정말 공부에 지쳤을 때는 쉬어야 한다고 강조하는 이유는 단 하나다. 본인이 죄수인 줄 착각하는 수험생이 너무 많기 때문이다. 당신은 지금 쉬어도 좋다. 그리고 지금은 쉬어야 할 때이기도 하다.

오늘 하루는 책을 덮고, 아니 가방에서 꺼내지도 말고 평소에 공부 때문에 포기하고 있던 일상의 행복을 챙겨 보자. 점심에 가족들과 오랜만에 외식도 나가 보고, 오후에 내리쬐는 햇볕을 받으며 산책도 해 보고, 침대에서 온종일 뒹굴뒹굴하는 것도 좋다. 그동안 못 본 유튜브 영상을 몰아서 보는 것도 괜찮겠다. 학교, 시험, 수능은 잠시 머릿속에서 잊고 지내자. 오늘은 스스로가 정한, 그리고 스스로를 위한 휴일이니까.

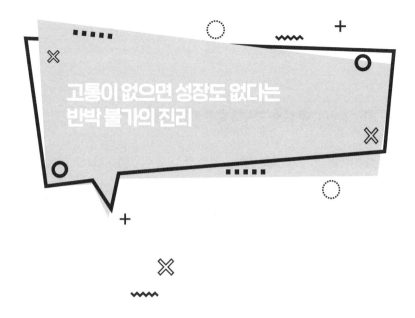

고통이 없으면 성장도 없다는 반박 불가의 진리

초등학교 5학년 무렵인 것 같다. 도덕 시간에 선생님이 본인만의 명언이나 격언을 적어 보라고 하셨다. 이런저런 말들을 써 내려가는 친구들을 보며 나도 무언가 멋진 명언을 적고 싶다는 욕심이 생겼다. 한참을 고민하다가 교과서에 이렇게 적었다.

'No pain, No gain.'

공부방 선생님이 알려 주신 문장이었다. 뜻이 '고통 없이 얻는 것은 없다'라는 정도는 알고 있었으나 그때까지 그 참뜻을 체감해 본 적은 없었다. 그도 그럴 것이 초등학교 5학년 때까지 나는 무언가를 얻기 위해 치열하게 노력한 경험이 전혀 없었기 때문이다. 조금 문화 사대주의적이긴 해도 그저 문장이 영어라서, 그리고 중간에 들어

가는 쉼표가 멋있게 느껴져서 그 문장을 골랐을 뿐이다.

'No pain, No gain'이라는 말의 진짜 의미

시간이 흘러 고등학교 3학년 여름 어느 날이었다. 그날도 다른 날과 별반 다를 것 없이 그저 수업, 자습, 수행 평가로 하루가 지나가고 있었다. 그렇게 하루가 끝나는가 싶었는데 담임 선생님으로부터 조금 특별한 임무가 떨어졌다. 각자가 가장 좋아하는 문구를 하나씩 적어서 내라는 것이었다.

어딘가 익숙한 선생님의 숙제에 잠시 고민하다가 나는 문장 하나를 떠올렸다.

'No pain, No gain.'

초등학교 5학년 때 생각한 문장과 같은 것이었다. 똑같은 문장을 써내긴 했지만 이번에는 분위기가 사뭇 달랐다. 그저 단순히 영어로 된 문구였지만 그 글자 위로 내 고등학교 생활이 비치는 느낌이 들었다. 1학년 때부터 끊임없이 노력한 그 치열하던 나날들. 수험 생활이 사람을 감성적으로 만든 것이었을까. '그래, 참 열심히 살았구나' 생각하며 다시 책을 폈다.

수능 성적이 발표된 뒤 생각지도 못한 유명세를 치렀다. 나를 인터뷰하고 싶다며 누구나 알 만한 방송사와 언론사의 전화가 쏟아졌다. 피곤에 지쳐 1시간 정도 낮잠을 자고 일어나면 부재중 전화가 열 통씩 와 있기도 했다. 현실이라고 믿기 힘든 며칠을 보내며 신기함 반, 뿌듯함 반으로 인터뷰에 응하던 내게 어떤 기자가 물으셨다.

"수험 생활 하면서 격언으로 삼은 문구 같은 건 없었나요?"

글쎄, 그런 건 없던 것 같다고 말씀드리니 다시 돌아오는 질문.

"그래도 아예 없지는 않았을 것 같은데, 생각나는 거 아무거나 하나 없을까요?"

지어서라도 대답해야 할 것 같아서 잠시 고민하는 사이에 머릿속을 스치는 문장 하나.

'No pain, No gain.'

"고통 없인 얻는 게 없다는 말인데, 제 고등학교 생활을 잘 나타내주는 문장 같아요."

"아, 그렇군요. 감사합니다."

인터뷰가 끝나고 혼자 조용히 생각에 잠긴다. 그래, 'No pain, No gain'이었구나. 비록 의식하고 살지는 않았지만 이 말이야말로 초등학교 5학년 때부터 꾸준히 나와 함께해 온, 내 인생을 한마디로 정의하는 격언임을 깨달은 순간이었다.

"나를 죽이지 않는 모든 것은 나를 강하게 만든다"

어렸을 때 발이나 다리가 아프다고 하면 엄마는 성장통이라고 하셨다. 엄마 말을 듣고 나면 키가 더 크려나 보다 싶은 마음에 고통이 줄어드는 느낌이 들었다. 그때까지만 해도 성장통은 다리나 발에만 생기는 것으로 생각했다.

그런데 수능이라는 큰 관문을 하나 통과하고 대학생이 되어 10대 시절을 돌아보니 꼭 그런 것만은 아니라는 생각이 든다. 성장통은 항상 있고, 어디에나 있었다. 중학교 때 아빠를 잃고 망연자실하던 어린 나의 마음에도, 고등학교 때 이제 정말 마지막이라는 각오로 끙끙대던 나의 머리에도, 그리고 이 글을 쓰는 지금의 나의 기억 속에도……. 성장통은 언제나 나와 함께 있었다.

이제 'No pain, No gain'이라는 문구가 왜 그렇게 오랫동안 머릿속을 맴돌았는지 알 것 같다. 나는 나의 10대 시절 일련의 과정을 겪으면서 무의식적으로나마 알고 있던 것 같다. 지금 느끼는 이 고통, 이 어려움이 결국 나를 성장시켜 주리란 걸 말이다. 아빠를 잃은 슬픔에 빠져 있던 그 꼬마는 누구보다 밝게 웃는 쾌활한 아이로 자랐다. 전교 꼴등이던 그 아이는 수능이 끝나고 당당하게 '개천에서 난 용'이라는 타이틀과 함께 기사에 실렸다. 그 모든 성장통을 견딘 덕분에 지금의 '나'가 되었다.

'No pain, No gain'은 조금 다르게 생각해 보면, 결국 고통은 우리에게 무언가를 가져다준다는 말이 된다. '신은 죽었다'라는 선언으로 유명한 독일 철학자 프리드리히 니체도 비슷한 말을 했다.

"나를 죽이지 않는 모든 것은 나를 강하게 만든다."

쇠 역시 망치로 두드리면 끊어지지 않는 이상 점점 강해진다고 하니, 물리적으로도 틀린 말은 아닌 것 같다. 어찌 됐든 이제 이 문구가 우리에게 던져 주는 메시지가 무엇인지 확실히 알 듯싶다. 지난 일주일간 공부가 너무 힘들었는가? 책을 펴기가 너무 짜증 나고 미칠 것만 같은가? 당연히 그럴 수밖에. 당신은 성장하고 있으니까.

고통은 우리가 성장하고 있다는 증거

수험생이라는 신분이 사람을 그렇게 만드는지, 열아홉 살이라는 나이가 사람을 그렇게 만드는지는 아직 잘 모르겠다. 하지만 이 시기에 접어든 학생 대부분에게서 나타나는 공통점이 있다. 과거를 후회하고 미래를 두려워한다는 것이다.

'아, 이럴 줄 알았으면 공부 좀 더 열심히 할걸.'

'이러다가 진짜 시험 망치면 어떡하지?'

'헐, 벌써 100일밖에 안 남았어? 진짜 어떡하냐.'

마치 본인이 이때까지 잘못된 선택을 해 오고 그로 인해 좋지 않은 미래가 기다리는 것 같은 기분이 드는가? 잠시, 조금 더 어렸을 때로 돌아가 보자. 초등학생 시절이나 유치원 혹은 저학년일 때 '뭔가를 좀 할걸' 하는 후회를 한 적이 있는가? 혹은 중학생이 되었을 때 1년 후 본인의 미래에 관해 진지하게 걱정해 본 적이 있는가? 그런 학생은 아마 거의 없을 것이다. 그러던 학생들이 왜 이제는 이렇게 많은 걱정을 안고 사는 것일까? 바로 성장했기 때문이다.

온갖 일을 겪으며 자라 온 당신은 이제 과거의 경험을 회상하고 그 과정에서 후회도 하게 되었다. 과거뿐만이 아니다. 현재까지의 경험을 바탕으로 이제 미래 일에까지 신경 쓸 여유가 생겼다. 과거의 당신은 하지 못하던, '성장한 당신'만이 할 수 있는 일이다. 그런데 그 과정에서 생각의 범위가 넓어진 당신의 성장통이 당신을 괴롭히기 시작한다. 현재의 당신만 영향을 미치던 성장통에 이젠 과거와 미래의 당신까지 관여하기 시작했기 때문이다. 따라서 당신이 지난 한 달이 너무 힘들었고 앞으로 있을 힘든 일에 두려움을 느끼는 건 당연하다.

　그러나 알아야 할 사실이 있다. 이는 그냥 통증이 아닌 '성장통'이란 사실 말이다. 당신은 그냥 아무 이유 없이 아파하는 것이 아니라 성장통을 겪고 있는 것이다. 성장통을 이겨 내고 성장할 자격이 있다는 뜻이다. 어쩌면 그 성장 과정은 생각보다 훨씬 고통스럽고, 그 과정에서 당신은 좌절하고 무너질 수도 있다. 그러나 당신이 겪는 그 고통이 '성장통'이란 사실을 잊지 않는다면, 당신은 끝내 한층 성장한 자신과 마주하게 될 것이다. 그러니 성장통으로 쓰러져 버릴 것 같은 상황이 온다면 내가 그런 것처럼 다음 말을 가슴속으로 되새겨 주었으면 한다.

　'No pain, No gain.'

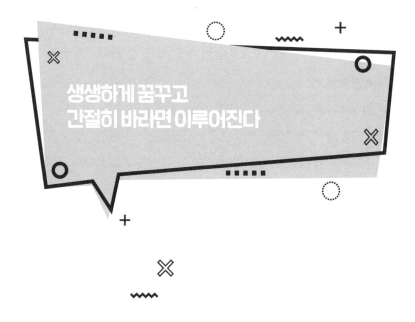

생생하게 꿈꾸고 간절히 바라면 이루어진다

"선생님, 저 수능 만점 받아 올 테니까 현수막 걸어 주실래요?"

수능을 한 달 남짓 앞둔 고3 수험생들이 잘하고 있나 둘러보러 오신 교장 선생님에게 누군가 불쑥 말을 건넨다. 잠시 '얘는 뭐지?' 싶은 표정을 짓던 교장 선생님이 웃으며 "그래, 얼마든지 걸어 줄게"라고 답하며 반대편 복도를 향해 걸어가신다.

"야야, 나 수능 만점 받아서 '문제적 남자'에 출연할 거다."

수능을 2주 앞둔 어느 날 밤, 한 친구 방에 모여 휴식을 즐기던 학생들에게 어느 학생이 말을 꺼낸다.

"또 저러네. 또, 또."

친구들 반응을 보아하니 평소에도 비슷한 말을 꽤나 하고 다녔나

보다. 그렇게 어이없는 농담으로 한바탕 웃고 난 학생들은 언제 그랬냐는 듯 다시 각자의 방으로 돌아가 곧 있을 결전의 날을 위해 일찍 잠자리에 든다.

"선생님, 제가 수능 만점 받으면 아웃백 쏠게요."

어느덧 수능 하루 전. 괜히 여유 있는 척하는 것일까? 당장 내일 거사를 치러야 하는 한 고3 학생이 옛 담임 선생님을 찾아가 뜬금없는 선전 포고를 한다.

"수능 만점인데 아웃백 가지고 되겠어?"

선생님도 이에 질세라 온화한 미소로 맞받아 주신다. 어쩌면 졸업 전 마지막 만남이 될지도 모를 짧은 만남을 뒤로한 채 학생은 아무튼 시험 잘 치르고 올 테니 기대해 달라는 말을 남기고 다시 공부하러 간다.

꿈이 정말 이루어지는 신기한 경험

그러고 나서 한 달 정도가 지났을까. 그 학생이 다니던 고등학교 정문의 전광판에 다음과 같은 문구가 반짝거린다.

'축 수능 만점 김해외고 3학년 송영준 축.'

뿌듯한 마음에 만족스러운 표정으로 남몰래 전광판 사진을 찍는다. 그러고 또 몇 주가 지났을까. 이른바 '뇌섹남'들이 모여 퀴즈를 푸는 방송에 어딘가 어색해 보이는 한 학생이 앉아 있다. 본인을 수능 만점자라고 소개한 학생은 자신이 사용하던 책과 학용품을 보여 주기도 하고, 즉석에서 수능 문제를 풀기도 한다. 정작 문제는 하나도 맞히지 못한 채 집으로 돌아갔지만 말이다. 수능 전날 이후부터 졸업식 전까지는 못 만날 것 같던 옛 담임 선생님과는 수능 성적표가 나온 날 얼떨결에 다시 만나 웃으며 기쁨을 나눈다. 선생님의 새로운 서울대 제자가 탄생하는 순간이자, 최초의 수능 만점자 제자가 탄생하는 순간이다.

지금 생각해 보면 참 이상한 학생이었다. 조용히 공부나 할 일이지 무슨 자신감으로 누가 물어보지도 않았는데 자기가 수능 만점을 받아 오겠다고 여기저기 떠벌리고 다닌 걸까? 그리고 한편으로는 신기하게 느껴지기도 한다. 수능 만점을 받을 거란 사실을 알고 있었을까? 아니, 대체 누가 본인의 인생이 걸려 있을지도 모르는 시험 결과를 예측한단 말인가.

많은 사람이 내게 물었고, 나 스스로도 내게 묻곤 하던 질문이다. 도대체 왜 나는 수능을 치기도 전에 만점을 받겠다고 말하고 다녔을까?

내가 수능 만점을 받겠다고 외치고 다닌 이유

초등학교 6학년 때 핫하던 문구가 하나 있었다. 바로 'R=VD'이다. 많은 사람이 좋아하던 말이어서 카카오톡 상태 메시지를 'R=VD'로 해 놓은 경우도 심심치 않게 있었다. 'R=VD'는 'Realization(실현)=Vivid Dream(생생한 꿈)'이라는 말의 약자로, 간단히 말하면 '생생하게 꿈꾸면 이루어진다'라는 뜻이다. 지금은 철 지난 유행처럼 느껴질 수도 있다. 아마 지금 내가 상태 메시지에 'R=VD'라는 말을 써 놓는다면 친구들에게 할아버지 같다는 놀림을 받을지도 모르겠다. 비록 이 말의 유행은 지났지만, 그래도 나는 아직 이 말이 품고 있는 힘을 믿고 싶고 또 많은 사람이 믿었으면 좋겠다. 생생하게 꿈꾸면 이루어진다고.

내가 처음 수능 만점을 받아 오겠다고 교장 선생님에게 선언할 때만 해도 의미심장한 이유가 있는 것은 아니었다. 단순히 그즈음에 모의고사 성적을 분석해 보며 '혹시?' 하는 생각을 했을 뿐이다. 그래서 진짜로 수능 만점을 받아 현수막이 걸리면 좋겠다는 마음이 들어 장난으로 해 본 말이었다. 그런데 그렇게 수능 만점이라는 목표를 누군가에게 선언하고 나니 그 목표에 대한 내 시각이 달라졌다. 나 스스로가 본격적으로 내가 수능 만점에 도전할 자격이 있는 사람이라는 사실을 확고히 하기 시작했다. 그 후로는 '국어 100점', '정시로 서울대학교 가기'와 같은 목표는 눈에 들어오지 않았다. 오로지 '수능 만점'이라는 목표만 바라보기 시작했다. 잠들기 전 목표를 이루고 당당하게 인터뷰하는 내 모습을 상상하며 의지를 불태웠다. 그러면서 간절한 하나의 목표가 가진 힘을 절실히 느끼게 되었다.

그렇게 다가온 수능 당일, 평소 모의고사 치를 때 꽤 긴장하는 편인데 그날은 이상하게도 평소만큼 긴장이 되지는 않았다. 내 멘탈이 좋아서가 아니었다. 아침을 먹고 도시락 가방을 들고 시험장으로 가기 전 담임 선생님과 교장 선생님에게 "수능 만점 받아 올게요"라고 선언한 것을 떠올리며 목표를 확실히 다진 나에게 수능은 두려움의 대상이 아니라 당당하게 맞서 싸워야 할 대상으로 느껴졌다. '나는 수능 만점 받을 사람'이라는 생각이, 나를 수능에 끌려가는 학생이 아닌 수능과 대등한 혹은 수능을 내려다보는 자신감 넘치는 학생으로 만들어 주었다.

생생한 꿈의 진정한 힘

그 결과는 어땠을까? 국어 영역을 칠 때 항상 긴가민가한 문제들 때문에 시간이 남아 본 경험이 거의 없던 내가 그날만큼은 망설임 없이 답을 선택했다. 덕분에 애매한 문제를 재차 확인하고 가채점까지 모두 끝내고도 시간이 남는 기적을 맛보았다. 수학 시간, 21번과 30번 문제를 풀 때만 되면 긴장되는 마음에 가끔 계산 실수도 하던 나는 그때만큼은 한 치의 오차도 없이, 지우개질 한 번 하지 않고 고난도 문제를 모두 풀고 책상에 엎드릴 수 있었다. 나머지 과목에서도 망설임이 없어진 나는 괴로워하지도 자만하지도 않고 문제를 차분히 하나하나 풀어 나갔다.

오로지 '수능 만점'만이 내 목표였기에 애매하게 느껴지는 한두 문제에 집착하지 않았다. 나 자신을 믿고 미련 없이 다음 문제로 넘어갔다. 난 원래 그 정도로 멘탈이 좋고, 차분하고, 강한 학생이 아니었다. 단지 내가 알고 내 주위 많은 사람이 알고 응원해 주던 목표가 있었기에 그 순간만큼은 목표를 이미 달성한 사람처럼 행동할 수 있었을 뿐이다. 'R=VD'의 진정한 힘이 무엇인지 깨닫는 순간이었다.

무언가 간절히 이루고 싶은 목표가 있다면, 그것을 마음속 깊은 곳 혼자만의 공간에 꽁꽁 감춰 둘 필요가 없다. 주위 사람에게 그 목표를 알리고, 그 목표를 이뤘을 때의 자기 모습을 상상하고, 그 목표를 이룬 사람처럼 행동해 보라. 그리고 목표를 이루기 위한 결전의 날이 왔을 때 두려움을 느끼거나 자만할 필요가 없다. 당신은 이미 그 목표를 이루는 과정에 있기에 묵묵히 할 일을 해 나가면 된다. '어떻게 해야 목표를 이룰 수 있을까?'라는 질문에 관한 답은 간단하다. 생생하게 꿈꾸고 간절히 바라면 된다.

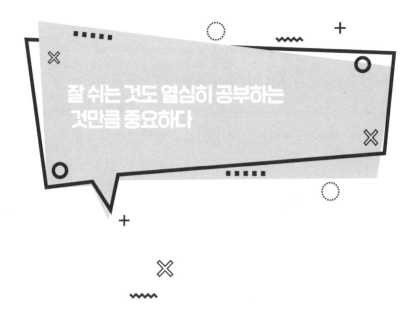

잘 쉬는 것도 열심히 공부하는
것만큼 중요하다

　공부 이야기는 질리도록 했으니 이번 챕터에서는 공부에서 한 발자국 물러나 휴식에 관해 잠시 이야기해 보고자 한다.

　수험생들에게 휴식은 정말로 어려운 문제의 하나다. 그냥 침대에 누워서 스마트폰으로 유튜브나 온종일 보면 되는 거 아닌가 하고 생각할 수도 있다. 물론 맞는 말이다. 휴식은 그렇게 하면 되는 거고, 나 역시 수험생일 때나 대학생이 된 지금이나 쉬고 싶을 때는 그렇게 쉰다. 그러나 그런 겉보기에 완벽해 보이는 휴식이라도 내면을 들여다보면 약간 다를 수 있다. 수험생은 쉴 때도 마음 한편에서 찜찜함을 느낀다. '수험 생활'이라는 환경이 계속해서 어딘가 불편한 감정을 느끼도록 하기 때문이다.

'지금 쉬었다가 뒤처지면 어떡하지?'

'이러면 격차가 안 좁혀질 거 같은데…….'

'다른 친구들은 다 열심히 하는 거 같은데, 나만 왜 이러지?'

이런 생각들이 유튜브를 볼 때, 아니면 잠깐 쪽잠을 자려고 할 때 수시로 나타나 수험생들을 괴롭힌다. 그럴 때 우리는 어떻게 해야 할까?

안타깝게도 나는 잠을 안 자고도 10분 정도 잔 효과를 내게 한다 든지, 1시간만 쉬어도 하루 종일 쉰 것처럼 기운을 되찾게 한다든지 하는 방법은 알지 못한다. 아마 그런 방법을 알고 있는 사람은 아무도 없지 않을까 싶다. 그러니 나는 그런 방법 대신 다른 방법을 알려 주고자 한다. 바로 '편하게 쉬는 법' 말이다.

수험 생활은 힘들고 어려운 과정의 연속이다. 어려움을 겪는 데는 여러 가지 이유가 있겠지만, 무엇보다 우리를 우울하게 만드는 것은 수험 생활에서 나를 챙겨 줄 사람은 자기 자신뿐이라는 사실이다. 그렇지만 역으로 이렇게 생각할 수도 있지 않을까? 내가 나를 잘 챙 기기만 한다면 수험 생활은 해 볼 만하지 않겠느냐고.

자신에게 너무 가혹한 수험생들

대다수 수험생, 특히 노력과 열정이 가득한 학생은 더더욱 자신에 게 비판적이다. 아침에 도서관에 가려고 이른 시간에 맞춰 놓은 알 람을 듣지 못하면 이것도 못하냐면서 자신을 책망하고, 수업 시간에 잠깐 졸기라도 하면 마음이 조급해지며, 문제가 잘 안 풀리는 날에는 도대체 이때까지 뭘 했느냐면서 남에게 했다면 싸움으로 번질 만한 날카로운 말들을 스스로에게 아무렇지도 않게 퍼붓는다.

안타까운 점은 대체로 자신에게 비판적인 학생들은 자기를 칭찬하는 일에는 너무나 인색하고 서툴다는 것이다. 전날 밤 공부 계획을 짜고 알람을 맞추며 잠자리에 든 자신에게, 잠이 부족해질 정도로 늦게까지 공부한 자신에게, 지금 잘 풀리지 않는 어려운 문제에 도전하기 위해 열심히 공부해 온 자신에게 칭찬의 말 하나 없이 나쁜 점만 콕 집어 비난을 가한다. 그러지 않아도 된다고 말해 주고 싶다. 굳이 열심히 찾아보지 않아도 모든 수험생에게는 칭찬해 주고 싶은 점이 많다. 아니, 칭찬받아 마땅한 점이 수두룩하다. 꿈을 향해 달려가는 사람을 비판할 권리를 가진 사람은 아무도 없다.

쉬고 싶을 때는 쉬어라, 꼭!

그럼 다시 휴식 이야기로 돌아가 보자. 지금 당장 5분만 자고 싶다는 생각이 들고, 오늘 날씨가 너무 좋아 오랜만에 친구들을 만나고 싶다는 생각이 드는가? 그렇다면 자도 좋고, 친구를 만나도 좋다. 열심히 살아가는 자신에게 그 정도 보상은 주는 게 당연하지 않을까? 그러다가 '친구들한테 뒤처지면 어떡하지?', '출발이 너무 늦은 거 같은데 어떡하지?' 하는 생각이 들면 어떡하느냐고? 당신은 절대 뒤처지지 않을 거고 뒤돌아보면 느린 출발이 아닐 것이다. 무언가 목표를 가진 사람은 늘어난 고무줄이 다시 원래대로 돌아오듯이 잠시 쉬어도 금방 자신의 길로 돌아오게 된다.

그러니 초조해하지 않아도 된다. 불안해하지 않아도 된다. 쉬고 싶을 때는 쉬어야 한다. 휴식은 해도 좋고 안 해도 좋은 것이 아니라 반드시 해야 하는 일이다. 공부를 잘하는 것만큼이나 잘 쉬는 것이 중요하다는 뜻이다. 그리고 정말 달려야 할 때가 되면 본인이 안다. 자기가 어딜 향해 달려가고 있는지 잊어버리지만 않는다면, 포기하지만 않는다면 잠깐의 휴식은 아무런 불이익을 낳지 않는다. 달리는 당신은 그런 휴식을 취할 자격이 충분한 사람이다. 그러니 쉴 때는 철저하게 쉬자. 어떤 불안한 생각도, 어떤 암울한 상상도 휴식을 방해할 수 없게끔. 그리고 항상 기억하라. 당신이 어딜 향해 달려가고 있는지를, 그리고 그런 당신이 얼마나 멋진 사람인지를.

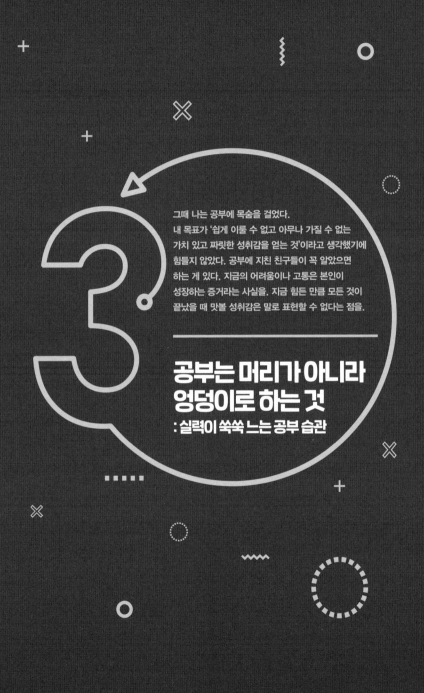

그때 나는 공부에 목숨을 걸었다.
내 목표가 '쉽게 이룰 수 없고 아무나 가질 수 없는
가치 있고 짜릿한 성취감을 얻는 것'이라고 생각했기에
힘들지 않았다. 공부에 지친 친구들이 꼭 알았으면
하는 게 있다. 지금의 어려움이나 고통은 본인이
성장하는 증거라는 사실을. 지금 힘든 만큼 모든 것이
끝났을 때 맛볼 성취감은 말로 표현할 수 없다는 점을.

공부는 머리가 아니라
엉덩이로 하는 것

: 실력이 쑥쑥 느는 공부 습관

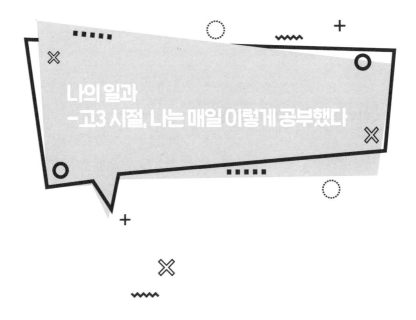

나의 일과
- 고3 시절, 나는 매일 이렇게 공부했다

내가 다닌 김해외고는 기숙 학교였다. 아침 6시 20분 전교에 울려 퍼지는 기상송과 함께 하루가 시작되었다. 일어나자마자 곧바로 점호하러 나가야 하기 때문에 기상이 일과 중 가장 험난한 산이었다. 매일 아침 너무 피곤했는데 그나마 좋아하는 아이돌 노래가 기상송으로 나오는 날에는 노래가 나오자마자 오뚝이처럼 일어나 기분 좋게 하루를 시작하곤 했다. 점호를 마치고 방으로 돌아오면 곧바로 샤워를 했다. 중학생 때에 비해 기상 시간이 워낙 이르다 보니 점호가 끝나면 등교하기 전까지 다시 잠을 자는 학생이 많았다. 나도 입학 초기에는 그런 학생이었는데 공부를 하기로 마음먹은 후부터는 정말 피곤한 날을 빼고는 그러지 않았다. 점호가 끝나자마자 샤워를 한 것도 다시 잠을 자지 않으려는 의지의 표출이었다.

하루의 시작은 국어 공부와 함께

샤워를 마치고 정신을 차리면 곧바로 책상 앞에 앉아 국어 공부를
했다. 국어 중에서도 비문학을 공부했다. 실제 수능에서도 국어 시험
은 아침에 정신이 몽롱한 상태에서 봐야 하니까 아침에 국어를 공부
하는 게 좋지 않을까 싶어서였다. 물론 이것은 어느 정도 공부를 잘
하게 된 뒤의 이야기다. 담임 선생님과의 상담이 끝난 지 얼마 안 된
1학년 시절에는 영어 라디오를 듣거나 영어 단어를 외웠다.

1시간 정도 공부를 하면 밥을 먹으러 갈 시간이다. 시험 기간을 제
외하고는 일찍 일어나는 친구가 없어서 거의 매번 혼자 밥을 먹었
다. 고등학교 3학년 때는 다들 긴장해서인지 점호 후에 잠을 청하는
친구가 거의 없고 대부분 아침을 먹었다. 친구들과 함께 밥을 먹으
면서 이런저런 이야기를 하는 게 하루 중 가장 즐거운 시간이었다.

일찍 밥을 먹고 8시쯤 학교에 도착하면 교실에는 나밖에 없거나
간혹 1~2명의 친구가 있었다. 3년간 등교 시간을 지켜보면서 신기
한 점을 발견했다. 등교 시간은 8시 20분까지였는데 8시 15분까지
는 거의 아무도 등교하지 않다가 15분에서 20분 사이에 거의 모든
학생이 우르르 등교한다는 사실이었다. 역시 사람 사는 모습은 어
디에서든 크게 다르지 않은 것 같다. 어쨌든 나는 일찍 등교해 아무
도 없는 조용한 교실에서 아이들이 오기까지 공부를 했다. 공부를

시작한 지 얼마 안 됐을 때는 이 시간에 무조건 영어 단어를 외웠다. 고등학교 2학년 때부터 이 시간에 다른 공부를 하기 시작했다. 푸는 데 시간이 덜 걸리는 영어나 국어 문법 문제를 주로 풀었다.

과제는 밤 11시 이후에

과제가 많은 주에는 잠이 부족해 지각을 밥 먹듯이 했다. 우리 학교는 수행 평가로 발표나 리포트를 작성해야 하는 과목이 많았다. 그런데 선생님들이 학생들을 배려해 주어 과제는 시험 기간이 아닌 때에 내 주셨다. 열 과목 이상의 선생님들이 그런 배려를 해 주시기 때문에 하루에 소화해야 하는 과제가 한둘이 아니었다. 그래서 과제 때문에 절규하는 아이들을 심심찮게 볼 수 있었다.

학생들이 과제를 싫어하는 이유는 잘해야 한다는 압박감이 큰 이유도 있지만, 무엇보다 과제에 빼앗기는 시간이 많기 때문이었다. 요즘 고등학생들은 시험공부도 해야 하고 이것저것 조사할 게 많은 발표도 해야 하기 때문에 학교생활이 너무 빡빡한 것 같아 안타깝다는 생각이 든다. 물론 그런 과정에서 얻는 것도 많겠지만 말이다.

나는 과제 때문에 공부할 시간을 너무 많이 빼앗길 뿐만 아니라 공부에 집중도 잘 안 되는 것 같아 나만의 철칙을 정했다. 우리 학교는 흔히 '야자'라고 하는 '야간 의무 자습(지금 보니 의무적으로 해야 하는 자습이라는 말이 모순인 것 같다)'이 밤 11시에 끝났다. 나는 과제가 아무리 많아도 야자 시간이 끝나기 전에는, 조별 과제로 인해 어쩔 수 없이 해야 한다든가 하는 특별한 상황이 아니라면, 과제를 건드리지 않았다. 자습 시간이 끝나는 11시 이후에 과제를 시작했고, 제시간에 끝내지 못할 때는 수면 시간을 줄였다. 공부를 조금이라도 더 하기 위한 고육지책이었다. 이 때문에 과제가 많은 주에는 아침 잠이 많아질 수밖에 없었다. 지각한 날에는 담임 선생님한테 옆구리를 꼬집히는 게 싫어서 차라리 1교시가 시작된 뒤에 교실에 들어갈까 고민하기도 했다.

시험 기간에 수면 시간은 하루 3시간

분주한 아침 시간이 지나가면 이제부터는 본격적으로 수업이 시작된다. 점심시간이라는 약간의 휴식 시간을 제외하고는 최대한 집중해서 수업을 듣는다. 보충이 없는 날에는 4시 30분부터 자습이 시작된다. 저녁 식사를 위한 1시간을 제외하곤 새벽 1시까지 계속 자습을 했다. 나는 그런 생활을 3년간 했다. 시험 기간에는 새벽 2시까지 공부하고 5시에 일어났다. 그런 나를 보면서 친구들이 묻곤 했다.

"너 안 힘들어?"

사실 나는 잠이 많은 편이다. 시험 기간에 하루 3시간씩 잤다는 사람이 지금 농담하는 거냐고 생각할 수도 있겠지만, 사실이다. 중학교 때만 해도 학교를 마치고 집에 오면 제일 먼저 2시간 정도 낮잠을 자고 일어났다. 내가 중학생 되면서 공부방을 끊은 가장 큰 이유도 낮잠 잘 시간이 없었기 때문이다. 낮잠을 안 자면 피곤함을 견디기가 너무 어려웠다. 그러던 내가 고등학교에 와서 갑자기 체질이 변했을 리는 없지 않은가. 실제로 고등학교 1학년 때는 자습 때 엎드려 잔 적이 많았다. 뭘 공부해야 할지 몰라서 멍 때리다가 존 적도 있지만, 무엇보다 늦은 시간까지 낮잠 한숨 안 자고 깨어 있는 게 너무 힘들었다.

힘들어도 버틸 수 있던 것은

그런데 선생님과의 첫 상담 이후 간절한 목표가 생기자 문득 그런 생각이 들었다.

'지금 졸린다고 자는 게 내 목표와 비교해 과연 얼마나 가치 있는 일이지?'

대답은 너무 뻔했다. 너무나도 가치 없는 일이었다. 내가 졸릴 때마다 꾸벅꾸벅 졸면서도 이룰 수 있다면 그걸 목표라고 할 수 있을까? 그때부터 나는 더욱 큰 미래를 위해 잠을 줄여 나갔다. 입에 대본 적도 없던 커피를 하루에 서너 잔씩 마시기 시작했다. 책상에 앉아서 공부하다 잠이 오면 일어서서 책을 봤다. 그래도 졸리면 걸어다니면서 교과서를 읽었다.

그 과정은 너무 힘들었다. 지금 다시 하라고 하면 솔직히 자신이 없다. 그 정도로 그때의 나는 공부에 목숨을 걸었다. 하지만 그런 삶이 싫지 않았다. 힘들지만 싫지 않았다. 그만큼 내 목표가 '쉽게 이룰 수 없고, 아무나 가질 수 없는 가치 있고 짜릿한 성취감을 안겨주는 것'이라는 생각이 들었기 때문이다. 그리고 그런 생각은 틀리지 않은 것 같다. 그 모든 과정을 견디면서 성장했고, 결국에는 전국 1등이라는 짜릿한 결과와 함께 고등학교 생활을 끝마칠 수 있었으니까.

많은 수험생이 공부가 너무 힘들고 잠을 줄이는 건 더더욱 힘들다고 말한다. 멀리 갈 것도 없이 내 주위 후배들만 하더라도 그런 고민으로 내게 상담하는 친구가 꽤 있었다. 그런 친구들이 꼭 알았으면 하는 게 있다. 지금의 힘듦, 어려움, 고통 등 그 모든 것이 본인이 성장하고 있다는 증표이자 명예로운 상처라는 것을. 지금 힘든 만큼 모든 것이 끝났을 때 맛볼 성취감은 말로 표현할 수 없을 것이다. 그런 아름다운 과정을 걷고 있는 당신은 정말 멋있는 사람이다.

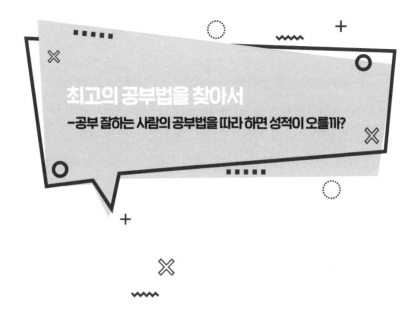

최고의 공부법을 찾아서
-공부 잘하는 사람의 공부법을 따라 하면 성적이 오를까?

    수능이 끝나고 대략 한 달 후 수능 성적표가 나왔다. 곧이어 지원 대학의 합격자 발표도 하나둘 나오기 시작했다.

    3학년 진급을 앞둔 후배들은 합격자 발표를 지켜보며 이제 본인들 차례가 다가왔음을 실감해서인지 선배들에게 입시에 관해 이것저것 묻기 시작했다.

    나 역시 후배들의 질문 공세를 받았다. 정말 많은 후배로부터 다양한 질문을 받았는데, 그중 한 사람도 빠지지 않고 공통적으로 던지는 질문이 하나 있었다.

    "선배는 도대체 어떻게 공부했어요?"

    이번 챕터는 '공부법'에 관한 이야기다.

가장 좋은 공부법이란

공부 잘하는 학생의 공부법에 관심을 두는 사람은 비단 학생들만이 아니다. 개인적인 경험에 비추어 보면 오히려 학부모들이 더 큰 관심을 보인다. 조금이라도 자세히 알아내서 자녀들에게 알려 주려는 것 같다. 공부법에 대한 관심의 밑바탕에는 아마 이런 생각이 깔려 있을 것이다.

'공부 잘하는 사람의 공부법대로 하면 성적이 오른다.'

정말로 그렇게 생각하는가?

수능과 같은 시험에서 승리하기 위해서는 공부 계획을 잘 짜는 것도 중요하지만 반드시 공부법이 뒷받침되어야 한다. 그렇지 않으면 아무리 긴 시간을 투자해도 성적 향상을 크게 기대하기 어렵다. 학원이나 과외 등 외부 도움 없이 혼자 공부하는 사람에게 공부법은 특히 중요하다. 도대체 시험을 준비하는 사람에게 가장 좋은 공부법이란 무엇일까? 답은 바로 '자신에게 가장 잘 맞는 공부법'이다.

너무 당연한 말 아니냐고 생각하는 사람도 있을 것이다. 그런데 사실이다. 이 당연해 보이는 말이 최고의 공부법에 대한 해답이다. 그런데 많은 학생이 이 당연한 말을 자신에게 적용하지 못한다는 게 문제다. 자신에게 잘 맞는 공부법을 찾는 것은 생각만큼 쉽지 않다. 본인에게 맞지 않는 공부법으로 억지로 공부하면 오랜 시간 집중하기가 어려울뿐더러 투자한 시간에 비해 성과도 나오지 않는다. 그러면 의욕과 자신감을 잃어 점점 공부와 멀어지는 악순환에 빠진다. 지금 이 책을 읽는 수험생 중에 책상에 앉기만 하면 졸리고, 책을 펴면 딴생각이 나고, 아무리 공부해도 머리에 남는 게 없고, 죽어라 한 것 같은데 성적이 제자리걸음이라면, 그 이유는 열심히 하지 않아서도 아니고, 머리가 나빠서도 아니다. 본인에게 맞지 않는 공부법으로 공부하기 때문이다.

목표를 향해 나아가려면 자신의 힘을 제대로 쓸 도구를 갖춰야 한다. 하지만 많은 학생이 수험 생활이 끝나는 순간까지도 그 도구를 찾지 못해 미련을 남긴다. 자신에게 맞는 공부법을 찾는 것은 있는 힘을 다해 노력하기에 앞서 꼭 필요한 일이다. 그렇다면 나에게 맞는 공부법은 어떻게 찾을 수 있을까? 담임 선생님과의 상담을 통해서? 전교 1등의 공부 방식 따라 하기로? 답을 말하기 전에 잠시 고등학생 때 내 이야기를 해 보려고 한다.

내가 나만의 공부법을 찾게 된 과정

하위권에서 허덕이던 시절, 나는 하루빨리 성적을 올리고 싶었다. 의욕은 누구보다 앞서 있었지만 공부를 어떻게 해야 하는지 전혀 감이 오지 않았다. 그래서 주변 친구들에게 공부법에 관해 묻고, 그들이 공부하는 모습을 관찰하면서 이런저런 시도를 해 봤다. 영어를 잘하고 싶은 마음에 옆자리 친구가 영단어를 공책에 열다섯 번씩 쓰면서 외우면 잘 외워진다고 하기에 나는 서른 번씩 쓰면서 외웠다. 하지만 그렇게 외우니 쓸 때는 잘 외워지는 것 같아도 막상 다시 보면 기억이 나지 않았다. 같은 반 친구 중에 영단어책을 들고 다니면서 외우는 친구가 있어서 이번에는 나도 영단어책을 한 권 사서 들고 다니며 외워 봤다. 1~2일 차 단어 정도는 잘 외워졌는데 7일 차쯤 가면 1일 차 단어는 다 잊어버리기 일쑤였다. 또한 단어책의 단어를 외워도 그 단어들이 당장 내가 푸는 문제집에 나오지 않아 너무 답답했다. 그러자 그런 방식의 공부가 의미 없게 느껴졌다.

그렇게 고민하던 끝에 한 가지 방법을 찾았다. 내가 푸는 문제집에서 모르는 단어가 나올 때마다 수첩에 그 단어를 적고 그 수첩을 들고 다니며 외워 보기로 한 것이다. 나만의 영단어책을 만든 것이다. 놀랍게도 이 방법은 나에게 매우 잘 맞았다. 덕분에 1년간 많은 단어를 외울 수 있었다. 그 뒤로 영단어 때문에 걱정해 본 적이 없다.

나는 이런 과정을 거쳐 영어 과목에서 기본기를 다질 수 있었다. 그런데 만약 내가 잘 외워지지도 않으면서 단지 다른 친구들이 그렇게 한다는 이유만으로 공책에 쓰면서 외우거나 단어책을 들고 다니며 외우는 방식을 고집했다면 내 단어 실력이 향상될 수 있었을까? 단언컨대 아니었을 것이다. 질문을 조금 바꿔서, 내가 단어를 잘 외우지는 못했지만 공책에 베껴 쓰고, 잘 보지도 않는 영단어책을 사서 들고 다니던 것이 쓸모없는 짓이었을까? 이 질문에도 마찬가지로 난 아니라고 단언할 수 있다. 내가 영어 단어를 공책에 베껴 쓰면서 '아, 단어를 읽기만 하는 게 아니라 쓰면서도 외울 수 있구나' 하는 것을 느끼지 않았더라면, 그리고 영단어책을 읽으면서 '아, 일단 근처에 두고 최대한 자주 들여다보는 게 중요하겠구나'라는 깨달음을 얻지 못했더라면 나만의 영단어책 만들 생각은 하지 못했을 것이다.

우선은 따라 해 보고 천천히 고쳐라

이제 자신에게 잘 맞는 공부법을 어떻게 찾아야 할지 감이 올 것 같다. 우선, 여러 공부법을 배우고 시도해 봐야 한다. 내가 옆자리 친구에게 영어 단어를 어떻게 외우는지 물어보고 그 친구 방식대로 공책에 여러 번 쓰면서 외워 본 것처럼, 일단 무작정 해 봐야 그게 나에게 맞는지 아닌지 판단할 수 있다. 그런데 여기서 그치면 오히려 비효율적인 공부를 하게 될 수도 있다. 그 공부법이 자기에게 안 맞을 수도 있기 때문이다. 따라서 본인 스스로 해당 공부법의 장단점과 효과에 대해 비판적으로 생각해 보고 그 방식을 밀고 나갈지, 아니면 다른 방식을 선택할지 결정해야 한다. 이런 일련의 과정을 거치며 남에게 배운 공부법을 자기에게 최적화된 방식으로 수정하는, 즉 '나만의 공부법'으로 만드는 것이다. 자신의 공부 스타일을 파악한 뒤 전교 1등의 공부법을 조금 바꿔 자신만의 공부법으로 만들면 이제 목표를 향해 노력할 일만 남는다.

'공부 잘하는 사람의 공부법대로 하면 성적이 오른다.'

난 이 말을 딱히 부정하지는 않는다. 실제로 공부를 잘하는 사람들의 공부법을 살펴보면 몇 가지 공통점이 있다. 또 대다수 사람에게 통하는 나름대로 검증된 공부법도 많다. 그러나 이 말만 믿고 누군가의 공부법을 무작정 따라 하면 안 된다. 그런 공부법의 큰 틀 안에서 본인에게 최적화된 방법을 찾아야 한다. 이런 과정을 꼼꼼하게 거치면 뿌듯한 결과와 함께 미련 없이 수험 생활을 마무리할 수 있을 것이다.

하루를 두 배로 늘려 주는 자투리 시간 활용법
-성적은 자투리 시간을 어떻게 쓰느냐에 달려 있다

내가 고등학교 2학년 때 우리 학년의 시험 과목은 총 열 과목이었다. 시험 기간이 다가와 본격적으로 공부를 시작한 학생들은 일반적으로 하루에 두세 과목씩 총 3~4일에 걸쳐 전 과목을 공부하는 사이클을 만들고 시험 당일까지 그 사이클대로 공부했다. 그런데 나는 그렇게 하지 않았다(물론 내 방식이 더 좋다고 이야기하려는 건 절대 아니다. 앞에서 말했듯이 사람마다 각자의 공부법이 있다).

나는 열 과목 시험 범위 전체를 하루에 공부하는 것을 목표로 했고, 실제로 그렇게 했다. 그런 나에게 친구들이 물었다. 하루에 열 과목을 어떻게 다 공부하느냐고. 육체적으로 힘든 것을 떠나 열 과목을 하루에 전부 공부하는 것은 현실적으로 불가능해 보인다. 24시간 자습을 할 수 있는 게 아니고 수업도 들어야 하므로 열 과목 시험 범위 전체를 공부할 시간을 확보하기가 어렵기 때문이다. 교과서를 한 번 쓱 읽어 내려가기에도 빠듯한 시간이다. 그렇다면 고등학교 2학년의 나는 어떻게 그렇게 했을까? 정답은 바로 '자투리 시간'에 있다.

하루에 열 과목을 전부 공부할 수 있는 시간 활용법

하루에 열 과목을 공부하던 그 시절은 내가 살면서 공부를 가장 열심히 한 시기일 것이다. 앞으로도 그보다 열심히 하는 것은 어려우리라 생각한다. 당시 나는 잠을 하루에 3시간만 잤다. 새벽 5시에 일어나 5시 30분부터 바로 공부를 시작했다. 그런데 수면 시간을 아무리 줄여도 하루에 열 과목을 전부 공부하는 건 힘들었다. 그래서 다른 시간에 눈을 돌렸는데, '설마 이 시간에 공부를 하겠어?'라고 생각하는 자투리 시간을 쳐다보기 시작했다.

우리 학교는 매일 6시 30분에 아침 점호를 하는데, 점호에 가장 먼저 나간다는 가정 아래 모든 학생이 나와 점호를 마무리하기까지는 15분 정도가 걸린다. 그 15분 동안 영어를 공부하기로 했다. 시험 범위에 해당하는 영어 지문 하나를 보는 데 걸리는 시간을 재 보니 2~3분이었다. 그 결과 점호 시간에 영어 지문 5개를 볼 수 있다는 결론을 얻었다. 점호 시간에 가장 먼저 도착해 맨 앞줄에 서서 귀마개를 한 채로 영어 지문을 외웠다.

그뿐만이 아니었다. 아침에 밥을 먹으러 갈 때, 밥을 먹고 다시 교실로 갈 때, 교실에 도착해서 조례를 기다릴 때 등등의 자투리 시간에도 귀마개를 한 채 영어 지문을 외웠다. 쉬는 시간에도 종이 치는 순간 바로 귀마개를 하고 지문을 보고, 점심시간에도 밥을 빠르게 먹고 와서 지문을 외웠다. 청소 시간도 예외는 아니었다. 내가 맡은 청소를 다 끝내 놓고 교실 뒤편에서 귀마개를 하고 조용히 지문을 외웠다. 이런 식으로 평상시에 버려지는 시간을 이용해 영어 시험 범위 절반 이상을 해결했다.

물론 누군가는 너무 극단적인 거 아니냐고 생각할지도 모르겠다. 나도 동감한다. 매일 열 과목을 공부하던 시절의 나는 내가 봐도 무서울 정도로 극단적인 생활을 했고, 그런 생활은 아무나 하기 힘든 게 사실이다(지금의 나도 그렇게 살지는 못한다고 확신한다). 그러나 내가 굳이 이 이야기를 꺼낸 이유는 그런 삶을 살라는 게 아니라, 자투리 시간의 무한한 활용 가능성에 대해 말하고 싶어서다.

시간은 쓰고자 하는 만큼 생긴다

학교에 가고 오는 시간, 자리에 앉아 선생님의 조례를 기다리는 시간, 가끔 아무것도 하지 않으며 멍 때리는 시간 등 평범한 일상 속에는 수많은 자투리 시간이 숨어 있다. 영어 어휘가 부족해서 고민인데 시간을 내기가 어렵다면 자투리 시간을 활용하면 된다. 매일 등교하며 5분, 쉬는 시간에 5분, 집으로 오는 길에 5분, 자기 전에 5

분 동안 단어장을 보자. 당장 한 달만 지나도 당신의 어휘력은 눈에 띄게 달라져 있을 것이다. 잘 안 외워지는 수학 공식들을 포스트잇에 적어 책상에 붙여 놓기까지 했는데도 자꾸 잊어버려서 고민인가? 조례 전 5분, 조례가 끝나고 5분, 점심 먹고 5교시 시작하기 전 5분 동안 책상에 있는 포스트잇을 보자. 나중에는 눈만 감아도 그 공식이 생각날 것이다.

그 짧은 자투리 시간에 도대체 뭘 할 수 있는지 의문이 들 수도 있을 것 같다. 그러나 자투리 시간을 하루에 15분씩만 모아도 한 달이면 7시간 30분을 더 공부할 수 있다. 30분을 모으면 한 달에 15시간을 더 공부하는 효과를 얻는다. 비록 대학생이 되고 나서는 과제를 미루다가 여러 날 밤을 지새우기도 하는 나지만, 시간에 관해 해 주고 싶은 말이 있다. 시간은 쓰고자 마음먹는 만큼 주어지는 것이라고.

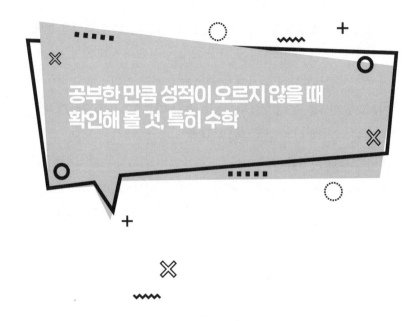

공부한 만큼 성적이 오르지 않을 때 확인해 볼 것, 특히 수학

　요즘 공부가 잘되는 것 같다. 문제집을 풀어도 좀처럼 틀리는 경우가 없고, 자습 시간에 공부하는 게 힘들게 느껴지지도 않는다. 가벼운 마음으로 문제집을 펼칠 수 있고, 오랜 시간 의자에 엉덩이를 붙일 수 있다. 아, 드디어 나도 상위권으로 진입한 걸까? 성적표에 좋은 등급이 찍히길 기대하며 시험 날만 기다린다. 그리고 얼마 후 시험을 치르고 받아 본 성적표. 이럴 수가. 점수가 그대로다. 아니, 오히려 등수가 떨어졌다. 난 분명 열심히 했고 문제집도 잘 푸는데 왜 이러지? 너무 억울하고 답답해서 공부를 잘한다는 선배한테 물어봤다. 그리고 돌아온 대답.

　"네가 아는 것만 공부해서 그래."

우리는 틀린 문제에서 더 많이 배운다

재차 강조하지만 공부는 힘들다. 지루하고 고통스러울 수밖에 없다. 그러나 아주 잠깐이지만 공부가 할 만하고 재미있다고 느껴지는 순간이 있다. 바로 '문제를 맞힐 때'이다.

문제집을 푸는 건 힘들어도 문제집을 채점할 때는 비교적 편한 마음이 든다. 문제를 대부분 맞혔다면 괜히 기분이 좋아지고 공부할 의욕도 샘솟는다. 특히 수학 같은 과목에서 이런 경향이 유독 심하다. 나 역시 고3 때 문제집을 풀 때는 동그라미를 치고 싶은 마음에 한 문제 한 문제에 온 힘을 다했다. 반면에 문제집을 풀었는데 동그라미 개수가 적으면 기분이 나빠질뿐더러 공부 의욕도 뚝뚝 떨어진다. 틀린 문제는 다시 풀어 봐야 하고, 오답 노트도 써야 한다. 기껏 열심히 문제를 풀었는데 할 일이 더 늘어나 버렸으니 당연히 그렇게 느낄 수밖에. 그런데 여기서 큰 문제가 생긴다. 문제집을 열심히 풀었는데 틀린 문제가 많으면 공부 의욕도 떨어지고 기분이 나빠지니 잘못된 선택을 하는 것이다. '맞히는 문제'만 풀기로.

공부 잘하는 학생과 못하는 학생의 문제집을 비교해 보자. 공부를 못하는 학생은 열 문제 중 네 문제를 틀렸다. 본인 성적에 맞춰 기본 개념 수준의 문제집을 택했기에 다행히 반 이상은 맞힐 수 있었다. 어려운 문제도 몇 개 있고 계산 실수 등으로 아쉽게 틀린 문제도 있어서 네 문제를 틀린 것이다. 그렇다면 공부 잘하는 학생은 열 문제 중 몇 문제를 틀렸을까? 공부를 잘하니까 다 맞히지 않았을까? 아니면 사람이니까 실수도 가끔 할 테니 한두 문제? 아니다. 공부를 잘하는 학생도 똑같이 네 문제를 틀렸다. 정확하게 말하면 네 문제를 틀렸어야만 한다.

우리는 정답을 많이 맞히는 것이 공부를 올바르게 하는 징표라고 착각한다. 물론 어떤 문제를 엄청 오랜 시간 끙끙대면서 맞혔다면 그 문제를 통해 많은 것을 배웠을 수 있다. 그러나 우리가 맞힌 문제 대부분은 '이미 알고 있는 것'을 확인하는 것에 지나지 않는다. 즉 문제를 맞혔다는 것은 이미 머릿속에 있는 내용을 잘 끄집어내는 훈련을 했다는 뜻이다. 정말 제대로 된 '배움'은 틀린 문제에서 나온다. 내가 아는 개념을 내가 아는 방식으로 해석해서 '맞힌 문제'가 아닌, 내가 아는 개념을 내가 모르는 방식으로 해석해서 '틀린 문제'로부터 말이다.

아는 것만 공부하지 마라

그러나 우리는 이 사실을 잘 모른다. 어쩌면 이미 알고 있지만 애써 외면하는지도 모른다. 문제를 틀리는 것이 힘 빠지는 일이기도 하고, 그러잖아도 힘든 공부를 조금이나마 편하게 하고 싶기 때문이기도 하다. 고난도라서 오답이 자주 나오는 문제집은 머리가 아프니까 피하고 비교적 거의 다 맞힐 수 있는 문제집을 선택한다. 그러다가 성적이 안 오른다 싶으면 더 어려운 새로운 문제집을 푸는 것이 아니라 이미 푼 문제집을 몇 번이고 반복해서 푼다. 이런 식으로 해서는 큰 폭의 성적 향상을 기대하기 어렵다. 이유는 간단하다. 이미 아는 것만 반복해서 공부하기 때문이다.

내 수학 실력은 고등학교 3학년 때가 전성기였던 것 같다(대학에 와서도 계속 수학을 배우고는 있지만 B학점이나 받을는지 모르겠다). 수학을 가장 잘 풀던 시절인 고3 때도 문제집을 풀면 문제의 절반 정도를 틀렸다. 모의고사에서는 거의 100점을 맞는 수준이었지만 왜 문제 집을 풀면 절반 정도를 틀렸을까? 내가 선택한 문제집은 21번, 30번 과 같은 킬러 문항만을 모아 놓은 것이었기 때문이다. 그러니 형편 없는 정답률이 나올 수밖에 없었다. 너무 어려운 문제만 모아 놓아 서 문제집을 풀 때마다 항상 끙끙대며 고생했다. 2시간 동안 한 문 제를 못 푼 적도 많았다. 고3 때만 놓고 보면 수학 공부가 가장 힘들 었다고 생각한다. 그러나 만약 내가 이렇게 공부하지 않았더라면, '수학을 잘한다는 느낌'을 받고 싶어 이미 충분히 아는 문제를 점검 하고, 이미 아는 개념을 복습하고, 별로 어렵지도 않은 문제집을 풀 며 '동그라미 중독'에 걸려 있었다면, 내 수능 수학 성적은 바뀌었 을지도 모른다.

쉬운 문제에 집착하는 현상은 잠이 많아서 공부를 안 하거나 게임 혹은 다른 취미에 빠져 공부를 놓아 버리는 것과는 다른 방식으로 우리를 망친다. 후자의 경우에는 뭐가 문제인지 잘 알고 있다. 어딘 가 잘못되어 가고 있음을 쉽게 눈치챌 수 있다. 그러나 쉬운 문제에 집착할 때는 그것이 문제라는 생각을 잘 하지 않는다. 더 무서운 점 은 서서히 공부가 망해 가는 것을 눈치채기 어렵다는 사실이다. 그 러니 항상 자기를 성찰하며 되새기자.

'아는 것만 공부하지 마라.'

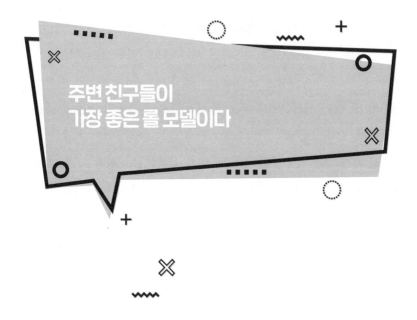

주변 친구들이 가장 좋은 롤 모델이다

앞에서 '가장 좋은 공부법'이란 여러 공부법을 종합해 자신에게 맞게끔 수정하고 보완한 '나만의 공부법'이라고 말했다. 자신에게 잘 맞는 공부법을 찾으려면 우선 여러 공부법을 접해 봐야 한다. 그래야 뭐가 맞고 뭐가 안 맞는지 확인할 수 있기 때문이다.

그런 공부법들은 어디서 접할 수 있을까? 국어 선생님을 무작정 찾아가서 '국어 공부를 어떻게 하면 될까요?'라고 여쭤봐야 할까? 아니면, 공부는 하기 싫지만 대놓고 놀기에는 좀 그럴 때 즐겨 보는 공부 자극 영상을 통해서? 유명한 인강 선생님들 혹은 공부로 성공한 사람들의 조언을 따라 하면서? 결론부터 말하자면, 모두 좋은 방법이다. 그러나 그보다 더 확실한 방법이 있다. 우리 곁에는 이미 아주 훌륭한 스승들이 있다. 그게 누구냐고? 바로 '주위 친구들'이다.

　내가 주위 친구들로부터 공부법을 배우라고 이야기하면, 주위 '공부 잘하는 친구들'의 공부법을 배우라는 뜻으로 오해할 것 같기도 하다. 그러나 스승이 공부 잘하는 친구일 필요는 전혀 없다. 나는 오히려 모의고사 성적만 놓고 보면 나보다 낮은 성적을 받던 친구들에게 더 많은 것을 배웠다. 어떻게 이런 일이 가능할까? 누구나 남들에게 가르쳐 줄 만한 궁극기 하나쯤은 가지고 있기 때문이다.

내가 친구들에게 배운 공부 기술들

　내게 영어 단어 외우는 법을 알려 준 친구는 당시 나보다 영어를 잘하는 친구였다. 그렇지만 지금의 내 공부법 대부분은 성적으로만 놓고 봤을 때 나와 비슷한 혹은 나보다 약간 아래에 있던 친구들에게서 영감을 받아 만들어졌다. 나는 원래 국어의 비문학 문제를 풀 때 지문을 읽으면서 밑줄을 전혀 긋지 않았다. 아무런 표시 없이 문제를 풀었다. 읽자마자 이해가 쏙쏙 돼서 줄을 안 그은 게 아니라, 지문에 표시한다는 생각 자체를 못 했다. 그런데 고등학교 1학년 첫 학기가 끝날 무렵 우연히 다른 친구의 시험지를 봤는데, 시험지가 온통 자기만의 표시로 새까맣게 되어 있었다. 그걸 보고 '아, 저렇게도 풀 수 있구나!' 깨닫고 그 뒤로는 나 역시 표시를 남기기 시작했다. 고등학교 3학년 때는 지문에 메모도 하면서 풀었다.

　영어도 마찬가지였다. 난 영어 시험을 치를 때는 표시하면서 풀긴 했지만 내용을 따로 한글로 메모할 생각까지는 미처 못 하고 있었다. 고등학교 2학년 말에야 반 친구가 영어 시험지에 한글로 내용을 정리하며 푼다는 걸 알게 되었다. 그 후 나도 메모를 하며 풀기 시작했다. 이런 습관은 수능 당일까지 계속됐다.

에이, 겨우 밑줄 긋는 것 가지고, 겨우 한글로 내용 정리하는 것 가지고 스승이니 뭐니 하는 건 좀 아니지 않느냐고 생각할 수도 있을 듯싶다. 그렇지만 나에게 밑줄을 긋기 전과 후, 한글로 내용 정리를 하기 전과 후의 변화는 그야말로 혁명이었다. 스스로 인지하든 안 하든 수험생들은 대체로 변화에 매우 소극적이다. 생각해 보라. 고등학교 1학년 때 A라는 방식으로 문제를 푸는 학생은 졸업할 때까지 3년 내내 그 방식으로 문제를 푼다. 변화를 주면 성적이 떨어질까 봐 무서워서 하던 방식을 고수하게 된다.

모의고사로 실험해 보기

내신 시험에서는 본인 스타일을 고수하는 것이 현명한 선택일지도 모른다. 내신 시험은 한 번 한 번이 매우 중요하기 때문에 공부 방식을 바꾸는 데 위험 부담이 있다. 하지만 모의고사는 그렇지 않다. 이름에서 알 수 있듯이 모의고사는 '모의'고사다. 모의고사의 성적은 공부에 동기를 부여할지는 몰라도 대입이나 인생에 아무런 영향을 끼치지 않는다. 따라서 우리는 그 많은 모의고사를 일종의 '실험'이라 생각하고 여러 가지를 시도해 봐야 한다. 수능에서 최강의

무기를 가지고 최고의 컨디션으로 문제를 풀기 위해.

이런 '실험'의 영감을 얻기 가장 쉬운 스승이 바로 주위 친구들이다. 앞서 내가 이야기한 변화들이 너무 사소해 보일지도 모르겠다. 그러나 수능에서는 그런 사소한 변화 하나가 얼마든지 등급을 바꾸는 역할을 할 수 있다. 물론 인강 선생님이나 학교 선생님들 말씀도 당신을 긍정적인 방향으로 변화시킬 수 있다. 하지만 같은 수험생의 입장으로 똑같은 시험을 대비하고 있는 친구들만큼 생생한 정보원을 찾기 어려운 것도 사실이다. 그러니 본인이 아직 부족하다고 느끼고 무언가 자신을 변화시켜 줄 자극이 필요하다는 생각이 들면 주위를 둘러보자. 변화를 받아들일 준비를 하고 주위를 둘러보면서 다음 말을 항상 기억하자.

'내 주위 모두가 스승이 될 수 있다.'

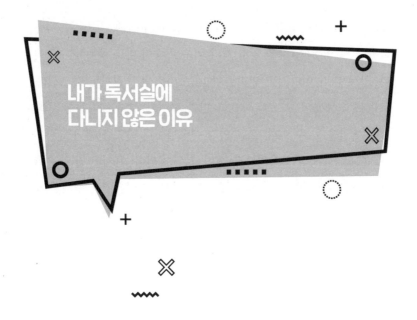

내가 독서실에
다니지 않은 이유

공부를 열심히 하고 싶은 마음은 가득한데 열정만큼 몸이 따라 주질 않는다. 이번 방학 때 정말 마음먹고 공부하려고 야심 차게 목표도 정하고, 하루 시간표도 더는 좋아질 수 없을 정도로 완벽하게 준비했다. 그런데 이게 웬걸, 방학한 지 일주일도 안 돼 몸과 마음이 따로 놀고 있는 자신을 발견한다. 아침에 눈을 떠도 곧장 공부하러 가지 않고 휴대폰부터 들여다본다. 그러다 보면 1시간 정도는 순식간에 지나간다. 이제 정말 마음먹고 공부를 하려니 좀처럼 책상 앞에 앉기가 싫다. 그렇게 뒹굴뒹굴하다 보면 2~3시간이 금세 지나가고 만다. 내일부터는 정말 그러지 말아야지 결심하지만, 다음 날이 되어도 달라지지 않는다. 이러면 안 된다는 걸 잘 알면서도 그런 하루하루를 바꾸기가 좀처럼 쉽지 않다. 이런 상황이 남의 일 같지 않다면 공부 환경을 한 번쯤 돌아볼 때가 됐다는 신호다.

공부가 잘되는 공간을 찾아라

'공부는 환경이 중요하다.'

누구나 들어 봤을 법한 말이고 실제로도 매우 중요한 말이다. 다들 그런 경험 한 번쯤은 있지 않은가. 시험 기간에 공부하려고 마음을 먹었는데 평소에 어지럽혀 놓은 책상이 그날따라 유독 거슬려서 집중이 되지 않는다. 책상을 빨리 정리하고 공부하자고 마음먹지만, 결국 그 정리가 대청소로 이어져 다시 책상 앞으로 돌아왔을 때는 이미 1시간이 훌쩍 지나 있는, 그런 경험. 또 학교에서 야자를 하는데 주위 친구들이 하나둘 잠들기 시작하더니 어느새 깨어 있는 친구가 몇 남지 않았다. 마침 쏟아지는 졸음. 다들 자는데 나도 괜찮지 않을까 하고 편한 자세로 엎드리는, 그런 경험. 우리는 이런 경험을 통해 공부할 때 환경의 중요성을 너무나도 잘 알고 있다.

그렇다면 책상을 매일 깨끗하게 유지하고, 아무도 졸지 않고 열심히 공부하는 도서관에 가서 공부하면 집중을 잘할 수 있을까? 그럴 것 같지만 꼭 그렇지만도 않다. 귀에 딱지가 앉을 정도로 같은 이야기를 계속하는 것 같아 미안하지만, 공부법은 사람마다 제각각이라서 세상에는 무수한 공부법이 존재한다. 환경도 마찬가지다. 당연하게도 사람마다 '공부가 잘되는 환경'이 다르다. 이 환경을 찾았느냐

못 찾았느냐에 따라 공부에 얼마큼 집중할 수 있는지, 하루에 얼마나 공부를 지속할 수 있는지가 결정된다 해도 과언이 아니다.

두 번의 독서실 경험

나는 살면서 독서실에 딱 두 번 가 봤다. 처음 간 건 고등학교 1학년 때 2학기 기말고사를 준비하기 위해서였다. 우리 학교는 기숙사 고등학교이므로 시험 기간에도 기숙사에 있는 게 원칙이지만, 1학년 2학기 기말고사는 신입생 선발 기간과 겹쳐 어쩔 수 없이 시험을 앞두고 일주일 정도 각자의 집에서 공부를 해야만 했다. 참고로 우리 학교 기숙사 자습실은 칸막이 책상을 두고 앞뒤로 한 줄에 5~6명이 앉아서 공부하는 식으로 되어 있다. 그래서 나는 독서실도 당연히 비슷하게 생긴 줄 알았다.

그런데 이럴 수가. 실내 전체를 밝히는 조명 없이 책상에 달린 스탠드로 본인 책상만 밝히는 구조로 되어 있는 것을 보고 뜨악했다. 심지어 각 의자는 커튼으로 가려 놓아 너무나 폐쇄적인 공간이라는 생각이 들었다. 그날 간 독서실은 내 인생 통틀어 가장 폐쇄적인 공간이었던 것 같다. 너무 답답해서 도저히 공부에 집중할 수 없던 나는 거금을 들여 1일권을 끊어 놓고도 1시간 만에 후다닥 짐을 챙겨 도망치듯 빠져나왔다. 그리고 두 번째 독서실은 비슷한 이유로 고등학교 3학년 때 갔는데, 마찬가지로 2시간을 채 버티지 못하고 도망쳐 나왔다.

이처럼 누군가에게는 집중이 잘되는 공간이 누군가에게는 공부를 방해하는 요소로 작용할 수 있다. 기껏 큰맘 먹고 독서실 혹은 도서관에 왔는데 왜 이렇게 공부가 안 되지 하는 생각이 들면 집중력이 약한 본인을 탓하기 전에 본인과 맞지 않는 환경이 아닌지 따져 봐야 한다. 주위에 공부하는 사람이 많아서 샤프 쓰는 소리, 채점하는 소리, 책 넘기는 소리 등이 들려야 집중이 잘되는 사람도 있지만, 그런 소음이 신경 쓰여서 전혀 집중하지 못하는 사람도 있다. 또 누군가는 아침에 눈을 떴을 때 곧바로 정신을 차리고 공부하기 위해 침대 바로 옆에 책상을 두는 걸 선호할 수도 있고, 누군가는 공부 중에 계속 침대에 눕고 싶어져 책상을 침대와 떨어뜨려 놓는 걸 선호할 수도 있다.

이제 공부 환경이 학생마다 상대적이고, 그래서 본인에게 잘 맞는 환경을 찾는 것이 중요하다는 점은 어느 정도 알 듯싶다. 그렇다고 해서 모든 환경이 상대적인 것은 아니다. 웬만하면 갖춰야 하는 환경도 존재한다. 가령 책상을 어질러 놓거나 사물함을 제대로 정리를 안 해 놓는다고 생각해 보자. 가뜩이나 하기 싫은 수학을 공부하려고 마음먹었을 때, 어질러진 책상은 당신의 의욕을 너무나도 쉽게 없애 버릴 수 있다. 사물함을 열었을 때 일일이 뒤져서 찾아야 하는 교과서 역시 공부 의욕을 순식간에 줄여 버린다. 비록 구체적인 환경이 상대적일지라도 공부하기로 마음먹었을 때 바로 책을 펼 수 있는 환경을 갖추지 않는다면 본인이 정말 의욕이 강하지 않는 이상 매번 공부를 시작할 때마다 자신과 사투를 벌여야 할지도 모른다.

공부 장소를 효율적으로 활용하는 법

지금까지 공부 환경의 중요성에 관해 이야기했는데, 여기서 살짝 더 나아가 공부 환경을 좀 더 효율적으로 쓰는 법에 관해 언급하려 한다. 대한민국 고등학생이라면 하루에 최소 두 가지 이상의 환경에서 공부할 확률이 높다. 교실, 독서실, 학원, 집 등 여기저기 옮겨 다니며 공부하는 게 일상이기 때문이다. 그런데 모든 장소에서 똑같은 정도의 집중력을 발휘하긴 쉽지 않다. 가령 나는 평소 저녁 9시까지는 교실에서, 12시까지는 기숙사 자습실에서, 그리고 새벽 1시까지는 기숙사 내 방에서 공부했다. 교실에서는 졸음을 참기가 가장 어려웠고, 기숙사 자습실에서 집중이 가장 잘됐으며, 방에서는 졸음은 별로 오지 않았지만 집중하기가 쉽지 않았다.

이렇듯 환경에 따라 집중력은 달라지기 마련이다. 그렇다면 이 사실을 이용하면 더 효율적인 하루 시간표를 짤 수 있지 않을까? 다시 내 경우를 예로 들자면, 교실에서 자습할 때는 졸음과의 전쟁에서 이기는 게 중요했으므로 국어나 영어 같은 언어 공부를 하기보다는 수학 과목 위주로 공부했다. 개인적으로 수학 문제를 풀 때 졸음이 덜했기 때문이다. 가장 집중이 잘되는 기숙사 자습실에서는 언어 영역을 공부했고, 방에 가서는 하루를 마무리하는 느낌으로 인강을 들었다. 당장 국어 공부가 시급하다고 해서 가장 졸린 공간에서 공부해 봐야 비문학 문제를 풀다가 스르륵 잠드는 자신을 발견할 뿐이다. 따라서 공부할 때는 본인이 '이곳에서 얼마나 집중할 수 있나'를 고려해 계획을 세우는 것이 현명하다.

이것저것 너무 많은 이야기를 늘어놓아 수험생들에게 혼란을 줬을지도 모르겠다. 환경이 중요하다더니 무슨 환경이 좋은지는 안 알려 주고 상대적이라고 이야기하질 않나, 또 그렇게 이야기해 놓고 책상 정리는 무조건 중요하다고 하질 않나, 그러다가 갑자기 공부 계획 이야기를 하질 않나……. 이야기가 잡다하게 느껴졌다면 사과의 말을 전하고 싶다. 나는 공부를 잘하는 데는 '공부 환경'이 매우 중요하다고 믿는다. 내가 느낀 모든 걸 전하고 싶어 이야기 전개에 두서가 없었을지도 모르겠다.

수험생이라면 반드시 본인의 환경에 대해 한 번쯤 고민해 보면 좋겠다. 본인이 집중할 수 있는 환경을 찾고, 그 환경에서 언제든 공부할 수 있게 세팅을 해 놓고, 환경에 따라 달라지는 자신의 집중도를 고려한다면 효율적으로 공부할 수 있을 테니 말이다.

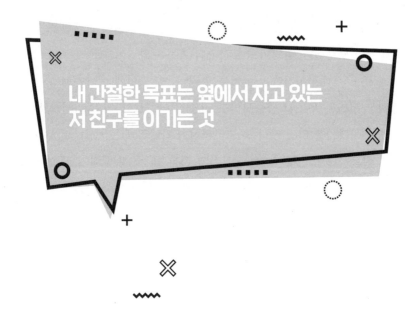

내 간절한 목표는 옆에서 자고 있는 저 친구를 이기는 것

내가 성적이 안 좋았을 때도 어떻게 그렇게 흔들림 없이 공부할 수 있었는지 궁금해하는 사람들이 있다. 무엇이 나로 하여금 공부에 매진할 수 있게 했는지에 관한 질문인데, 나는 '목표'가 있었기 때문이라고 말한다. 그러면 열에 아홉은 '정의로운 검사'라든가 '전교 1등'과 같은 뭔가 거창하지만 한편으로는 부담스러운 목표를 떠올리곤 한다. 그러나 내 목표는 전혀 그런 게 아니었다. 목표가 구체적으로 무엇이었느냐는 질문에 나는 이렇게 답한다.

"옆에서 자고 있는 친구를 이기고 싶었어요."

공부하는 사람은 누구나 '목표'가 있게 마련이다. 누군가는 특정 대학에 들어가겠다는 목표가 있을 테고, 누군가는 전교 몇 등 안에 들어야겠다는 목표가 있을 것이다. 이런 목표는 우리에게 계속 노력할 동기를 부여해 주고 정신적 버팀목이 되어 준다. 이렇듯 마음속에 공부의 '최종 목표'를 품고 사는 것은 여러모로 도움이 된다. 그러나 이런 목표만으로는 부족하다. 어떤 대학에 가고 싶다, 커서 무엇이 되고 싶다와 같은 목표는 당창 다가온 중간고사에서 큰 힘을 발휘하지 못한다. 물론 중간고사도 목표를 이루기 위해 잘 넘어서야 할 하나의 과정이라는 사실을 모르는 사람은 없다. 문제는 최종 목표가 눈앞에 놓인 중간고사와 너무 멀리 떨어져 있다는 사실이다. 중간고사를 위해서는 먼 미래의 목표와 함께 반드시 가져야 하는 목표가 있다. 바로 '눈앞의 목표'다.

눈앞의 목표가 가장 강력한 목표다

고등학교 1학년이 되어 치른 배치 고사에서 뒤에서 2등이라는 충격적인 성적을 받아 들고 좌절하던 그때, 나를 공부하게 한 것은 미래에 검사가 되고 싶다는 꿈도 아니고, 전교 등수를 높여서 좋은 대학교에 가겠다는 의지도 아니었다. 당장 다가올 시험에서 또 꼴찌를 하면 어쩌나 불안해하는 와중에 그런 거창한 목표가 머릿속에 들어올 리 없었다. 그보다 내가 책을 펴고 샤프를 손에 잡을 수 있던 원동력은 '자습 시간에 엎드려 있는 친구들'이었다. 더 정확히는 '나보다 공부를 덜 하고도 성적은 더 좋은 친구들'이었다.

그 전까지 나에게는 '성적이 좋은 학생'이란 수업 시간에 열심히 참여하고 성실한 예습과 복습으로 배운 내용을 자기 것으로 만들어 내는 학생이라는 이미지가 있었다. 그러나 고등학교에서 만난 공부 잘하는 학생들은 대부분 입학하기 전에 이미 고등학교 교과 내용을 배워서 수업을 대충 듣고도 점수를 잘 받았다. 비록 공부는 못했지만 (어쩌면 공부를 못했기 때문에) 수업을 가장 열심히 듣는 학생 중 한 사람이라고 자부하던 나는 그런 상황이 너무 마음에 안 들었다. 나는 자습 시간 4시간 동안 쉬지 않고 공부하는데 그 시간 내내 숙면을 취하는 친구들에게 진다는 게 억울하고 속상했다.

1학년 때 공부 동기는 명확하게 딱 하나였다.

'얘네는 이겨야겠다.'

노력하는 학생이 좋은 성적을 받아야 한다는 내 믿음을 현실에서 보여 주고 싶었다. 그래서 이를 악물고 공부하기 시작했다. 거짓 하나 없이 그때의 나는 국어를 몇 등급 받고 수학을 몇 등급 받아야지 하는 등수와 관련된 목표가 아예 없었다. 그저 수업 시간에 잠을 자고도 좋은 성적을 받는 친구들을 반드시 뛰어넘어야겠다는 생각 하나로 중학교 때에 비해 절반도 안 되는 수면 시간을 지키고, 해가 뜨기도 전에 기숙사 자습실의 전등을 켜는 등 하루하루를 치열하게 보냈다. 그게 내 목표이자 동기 부여 비법이었다.

목표가 꼭 거창할 필요는 없다

많은 학생이 '목표'에 대해 약간의 오해를 하는 것 같다. 목표는 무언가 고상하고 이상적인 것이 반영되어야 하는, 어떤 '고급스러운 것'이어야 한다고 생각하는 경우가 많을지도 모르겠다. 그러나 목표가 반드시 그런 위대하고 이상적인 것일 필요는 없다. 자신을 보다 성장시키고, 그 목표를 달성했을 때 성취감을 가질 수 있다면 무엇이든 목표가 될 수 있다.

그런 측면에서, 대학교나 장래 희망 같은 거대한 목표와 더불어 지금의 나와 그 거대한 목표를 이어 주는 수많은 '징검다리 목표'를 세우는 일은 매우 중요하다. 조금 저속한 표현일지 모르나, 당장 자신보다 공부를 덜 하는 것 같은데 성적은 더 잘 나오는 '쟤'를 이겨야지 하는 마음도 좋다. 혹은 과목을 떠나 인간 대 인간으로 호감이 가는 선생님이 있다면 그 선생님에게 잘 보이는 것을 목표로 삼아도 좋다. 이번 시험에 다섯 문제를 찍었다면 다음 시험에는 네 문제 이하로 찍어야지 하고 마음먹는 것도 나쁘지 않다. 중간고사를 앞둔 학생을 공부에 미치게 하는 것은 먼 미래의 목표가 아니라 당장 눈앞에 있는 목표다. 이 사실을 잊지 않고 꾸준히 노력한다면 훗날 이룰 더 큰 목표를 향해 흔들림 없이 나아갈 수 있을 것이다.

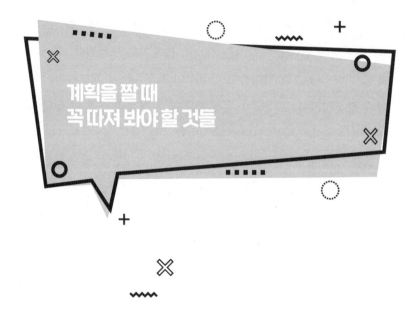

계획을 짤 때 꼭 따져 봐야 할 것들

최근에 나는 생활비를 충당할 목적으로 학원에서 아르바이트를 시작했다. 수시나 정시에 관한 상담을 하거나 입시 준비에 어려움을 겪는 학생들에게 조언을 해 주는 일이다. 1~2등급 향상을 목표로 하는 4~5등급 친구들에게 종종 따로 해 주는 일이 있다. 바로 '주간 계획표' 만들기이다.

사실 처음 같이 상담을 진행하시는 선생님으로부터 계획표를 짜 달라는 부탁을 받았을 때는 '계획표는 보통 본인이 짜야 하는 것 아닌가? 남이 짜 주기도 하나?'라는 생각이 들었는데, 이 일을 시작하고 얼마 지나지 않아 계획표 작성을 돕는 것이 학생들에게 매우 중요한 일이라는 사실을 깨닫게 되었다.

고등학교 1학년 때 공부를 제대로 해 보기로 마음먹은 나는 공부를 잘하고 싶다는 의지는 강했지만 한 번도 공부를 목숨 걸고 해 본 적이 없었기 때문에 방법을 몰라 허둥거렸다. 최근에 나와 함께 주간 계획표를 만들어 나가던 그 학생들도 그때의 나와 같은 상황이란 것을 알게 되었다. 공부에 대한 열정은 누구 못지않게 강렬하지만 그 열정을 언제, 그리고 어떻게 쏟아부어야 하는지에 대해서는 감을 잡지 못하고 있었다.

이번 챕터는 그런 학생들을 위한 것이다. 일주일에 어느 정도나 공부를 하고, 하루에 어떤 과목을 언제, 어떻게 하는 게 가장 효율적인지 이야기해 보고자 한다.

가장 중요한 원칙은 '규칙성'

내가 학생들과 함께 계획표를 짤 때 가장 먼저 하는 것은 기상 시간과 취침 시간 설정이다. 이 일을 하면서 알게 된 사실은 대부분의 학생이 매일매일 정해진 시간에 취침하고 기상한다는 것이다. 기상 시간이 일정한 것은 아무래도 등교 시간 때문일 테고 취침 시간이 일정한 것은 나름대로 규칙적인 생활의 중요성을 알고 있기 때문일 것이다.

그런데 기상 시간과 취침 시간을 규칙적으로 설정하면 규칙적인 생활이 완성될까? 그것만으로는 부족하다. 8시간을 잔다고 하면 수면 시간을 제외하고도 우리에게는 16시간이라는 시간이 남아 있다.

그 시간을 어떻게 채우느냐에 따라 1년 후, 2년 후가 달라진다. 하루가 한 달이 되고, 한 달이 한 학기가 되고, 그렇게 잘 보낸 하루하루가 쌓이면 상상도 못 한 어마어마한 결과가 만들어진다. 그래서 내가 계획표를 짤 때 가장 중요시한 원칙은 바로 '규칙성'이다.

나는 고3 수험 생활을 할 때 아침마다 비문학 지문을 푸는 것으로 하루 공부를 시작했다. 국어가 수능의 첫 교시이기 때문에 아침에 국어 공부를 하는 습관이 수능에 조금이라도 도움이 되지 않을까 하는 생각에서였다. 그리고 오전 수업을 듣고 점심시간이 되면 도서관에 가서 수학 문제집을 풀었다. 나머지 자습 시간은 그때그때 컨디션에 따라 조금씩 변화를 주면서 공부했지만, 자기 전에 일본어 공부와 국어 연계 교재 문학 작품 공부로 하루를 마무리한다는 나만의 규칙은 한 번도 어겨 본 적이 없다.

시간대별로 과목을 특정해 놓고 매일 같은 시간에 그 과목을 공부하는 게 너무 지루하게 느껴진다면 적어도 낮 시간대는 국어, 저녁에는 수학과 같은 식의 큰 틀이라도 정해 놓는 것이 좋다. 이렇게 규칙적인 시간표가 중요한 이유는 공부가 습관이 될 확률이 높기 때문이다.

특정 시간대에 특정 공부를 하는 행위의 반복을 통해 얻어 낸 습관은 좀처럼 깨지지 않는다. 즉 하루 이틀 피치 못할 사정으로 늘 하던 공부를 잠시 안 하더라도 금세 본인의 페이스를 되찾을 수 있다. 내가 간혹 과제에 파묻혀 살다가 늦잠으로 인해 비문학 문제를 며칠 풀지 않더라도 과제가 끝난 후 다시 평소 페이스대로 비문학을 풀 수 있던 이유도 여기에 있다.

과목당 공부 시간은 2시간을 넘지 않게

계획표를 작성할 때 지켜야 할 두 번째 사항은 '단기성'이다. 많은 학생이 공부 계획을 세울 때, 특히 시험 기간 계획을 세울 때 다음과 같은 생각을 한다.

'오늘은 국어 하고, 내일은 수학 하고······.'

그렇게 시작한 국어 공부. 처음 1시간은 나름대로 집중이 잘되는 것 같다. 암기도 잘되고, 내용도 잘 이해된다. 그런데 2시간이 가까워지면 서서히 글자가 날아다니기 시작한다. 암기는커녕 책을 제대로 읽고 있는지도 모를 지경이다. 그래도 꿋꿋이 읽어 나간다. 드디어 마지막 페이지를 읽은 후 책을 덮는다. 그런데 아뿔싸, 처음 1시간 동안 읽은 내용 말고는 기억이 나지 않는다.

개인적인 생각이지만 보통 사람의 집중력은 생각보다 형편없는 것이 분명하다. 대부분 어느 과목을 2시간 이상 집중력을 유지하면서 공부하는 것은 매우 어려운 일이다. 이것은 의지나 능력의 문제가 아니라 생물학적인 조건의 문제다. 올림픽 출전을 앞둔 국가 대표가 고된 훈련을 하루 종일 할 수 없는 것처럼 수험생도 긴 시간 집중력을 유지하는 일은 불가능하다.

따라서 한 과목을 3~4시간 연속해서 공부하기로 계획한다면 처음 1~2시간을 제외한 나머지 시간은 허공에 버리는 것과 다름없다. 그러므로 계획을 세울 때는 과목당 공부 시간을 짧게는 1시간, 길어야 1시간 30분 단위로 끊는 게 좋다. 아니면 같은 과목 내에서 단원을 확 바꾸는 것도 집중력을 유지하는 괜찮은 방법이다. 예컨대 미적분을 1시간 공부하고 확률과 통계를 1시간 공부하는 식의 시간표를 짜는 것이다. 물론 모의고사를 준비할 때는 정해진 시간에 맞춰 문제를 풀어 봐야 하고 과목당 범위가 넓고 문제도 많아 필연적으로 한 과목을 오래 공부할 수밖에 없다. 그런 경우를 대비해 계획표를 짤 때는 모의고사 준비하는 날과 시간을 따로 할애하고, '과목 공부'와 '모의고사 공부'를 구분할 것을 추천한다.

충분한 휴식은 필수

마지막으로 계획표를 짤 때 고려해야 할 점은 '휴식'이다. 1년 동안 단 하루도 쉬지 않고 공부할 수 있는 학생은 아마 없을 것이다. 나는 2주에 한 번씩 집으로 가는 기숙사 생활을 했다. 그런데 학교 일정상 귀가일이 한 주 밀리면 3주 차는 지칠 대로 지쳐서 정말 죽을 맛으로 하루하루를 버텼다.

공부를 열심히 하는 것 못지않게 쉬는 것 역시 중요하다. 그런데 간혹 과연 사람이 이 정도만 쉬고 공부를 계속할 수 있을까 싶을 정도로 휴식 시간을 줄이는 학생들이 있다. 시간을 줄이고 질을 높이는 휴식, 즉 짧게 푹 쉬면 괜찮지 않으냐고 물을 수도 있겠다. 답은 '아니다'이다. 휴식은 질도 중요하지만 양도 중요하다. 월요일부터 토요일까지 열심히 살았다면 일요일 하루 정도는 쉬어도 된다. 아니, 쉬어야 한다.

나는 일요일 저녁에 집에서 학교로 돌아와 다음 주 금요일 집에 가는 날까지 12일을 매일 열심히 공부했다. 금요일 저녁에 집으로 와서 다시 학교에 들어가기 전까지는 어떻게 살았을까? 정말 솔직하게 이야기해서 책을 펴 본 날이 고등학교 3년 내내 채 3일이 되지 않은 것 같다. 정리하면, 나는 12일을 공부하고 2일을 푹 노는 생활을 반복했다.

공부를 잘하니 그래도 되지 않았을까 생각할 수도 있지만, 성적이 안 좋던 고등학교 1학년 때도 마찬가지였다. 당연히 놀고 싶어서 논 것도 있지만 어느 정도 공부를 위한 측면도 있었다. 공부를 하다 보면 누구나 자연스럽게 공부를 하지 않는, 침대에 누워서 하루 종일 스마트폰을 가지고 놀던 시간이 그리워진다. 그리고 이런 그리움은 공부에 매진하는 기간이 길어지면 길어질수록 점점 커지게 되고, 나중에는 공부를 하다가도 눈에 유튜브가 아른거리는 상황을 맞게 된다. 당연한 이야기지만, 그렇게 집중이 안 되는 수십 시간의 공부보다는 깔끔하게 하루를 푹 쉬면서 기분 전환을 하고 다시 새롭게 출발하는 것이 낫다. 수험 생활의 구성 요소에는 '공부'도 있지만 '휴식'도 있다는 사실을 무시하지 않았으면 좋겠다.

공부를 오랫동안 할 수 있던 비법

지금까지 공부 '계획표'를 잘 짜는 데 도움이 될 만한 몇 가지 요소를 이야기해 봤다. 마지막으로, 계획표와는 별개로 공부를 오랫동안 덜 지치며 할 수 있는 방법을 하나 이야기하고 싶다. '좋아하는 과목'을 만들고, 이를 적극적으로 활용하는 것이다.

수능 과목 중에 좋아하는 과목이 하나도 없고 다 싫어하는데 어떡하느냐 하는 사람도 걱정할 필요는 없다. 표현 자체는 좋아하는 과목이라고 했지만, 꼭 좋아하는 과목일 필요는 없다. 그저 수능 과목 중에서 '그나마' 다른 과목에 비해 집중이 잘되고 컨디션이 조금 안 좋더라도 문제없이 공부할 수 있는 그런 과목을 하나 정하면 된다. 그런 과목을 하나 정했다면, 이제 공부하기 싫을 때 혹은 집중이 안 되는 시간대에 그 과목을 적절히 활용해 주면 된다.

나에게 그런 과목은 수학이었다. 조금 졸리더라도 수학 문제를 풀면 그나마 졸지 않고 문제를 풀 수 있고, 영어나 국어 같은 과목에 비해 조금 더 오래 집중력을 유지할 수 있었다. 그래서 평상시에는 일부러 수학 공부를 조금씩 아껴 가면서 하고, 다른 과목을 보다 효율적으로 공부하기 위해 활용할 때가 많았다. 예를 들어 한 주가 끝나 가는 토요일 아침 자습 시간에는 졸음을 참기 어려울 때가 많았다. 그래서 토요일은 항상 수학으로 공부를 시작하고, 1~2시간 후에 잠이 깨면 바로 영어나 국어 공부로 넘어갔다. 그렇게 수학 공부를 잠시 아껴 두었다가 점심 먹고 졸음이 몰려올 때쯤 다시 수학을 공부했다.

자습실에서 공부를 처음 시작할 때도 마찬가지였다. 보통 장소를 이동한 뒤에 공부를 다시 시작하려고 하면 왠지 꺼려지고 평소보다 집중이 안 될 때가 많다. 그래서 자습실로 이동한 직후에 첫 공부는 항상 수학을 하고, 후에 집중력이 조금 돌아왔을 때 언어 과목을 공부해 효율적으로 시간을 쓸 수 있었다.

공부를 많이 하려고 노력하는 것도 좋지만 요령 없는 과도한 스퍼트는 빠르게 지치는 결과를 불러일으킬 수 있다. 따라서 본인의 집중력과 체력, 그리고 평소에 얼마만큼의 휴식이 필요한지를 파악한 뒤 그에 맞게 계획을 세우면 하루하루를 효율적으로 보낼 수 있고, 그 열정과 노력이 수능일까지 이어질 것이다.

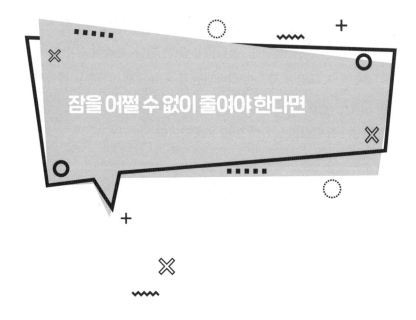

잠을 어쩔 수 없이 줄여야 한다면

'잠을 대체할 수 있는 것은 잠뿐이다'라는 말이 있듯이 충분한 수면은 건강에 필수적이다. 하지만 정해진 기간에 목표한 지점까지 도달해야 하는 특수한 상황에서는 불가피하게 수면 시간을 조절할 수밖에 없다. 공부를 잘하는 방법은 많지만 가장 중요한 것 중 하나는 일단 많이 하는 것이다. 시간은 누구에게나 공평하게 주어지기 때문에 남들보다 공부를 많이 하려면 수면 시간을 조절해 시간을 확보하는 수밖에 없다. 수험생들의 수면 시간 조절에 대한 집착은 공부를 향한 열정의 표현이라고 생각한다. 이번 챕터는 내가 3년간 잠과 싸우면서 얻은 '잠과의 싸움에서 이기는 법'에 관한 이야기다.

나는 평소에 새벽 1시에 자서 6시에 일어났다. 그러다 시험 기간이 되면 새벽 2시에 자고 5시에 일어나는, '3시간 수면'을 생활화했다. 이 말을 하면 대부분 놀라면서 "그게 돼?"라고 묻는다.

사실 대학생이 된 지금의 나도 고등학생 때의 내게 묻고 싶다. 어떻게 그렇게 살았느냐고. 지금은 3시간은커녕 하루에 5시간만 자도 온종일 비몽사몽으로 정신을 못 차린다. 그런데 수험생들은 '3시간 수면'에 대해 조금 다른 반응을 보인다. 그들은 "그게 돼요?"라고 묻지 않고 "어떻게 했어요?"라고 묻는다. 수험생들에게 잠을 줄이는 일이 얼마나 중요한지 잘 알기에 그들의 반응에 공감이 간다.

잠과의 전쟁 1-일어나자마자 몸을 강제로 움직이기

잠과 싸워 이기기 위한 첫 번째 방법은 '일어나자마자 몸을 강제로 움직이는 것'이다. 나는 고등학교 3년간 기숙사에 살면서 매일 아침 6시 20분에 울리는 기상송과 함께 잠에서 깼다. 6시 30분에 건물 밖 공터에서 전교생이 모이는 아침 점호가 시작되는데, 걸어 나가는 데 1~2분 걸리므로 늦지 않게 가려면 일어나자마자 몸을 움직여야 했다. 제시간에 못 일어나면 점호 중간에 전교생과 선생님의 시선을 받으며 입장하는 민망함을 감수해야 했다.

점호는 대략 5분 동안 진행되는데, 정말 너무 피곤한 날에는 반쯤 정신이 나간 상태로 나가서 꾸벅꾸벅 졸다가 점호가 끝나자마자 방으로 돌아와 바로 잠들기도 했다. 하지만 대부분은 기상과 동시에 일어나 몸을 움직이려고 했다. 점호가 끝나면 잠이 조금 깨긴 하지만 100% 정신을 차렸다고는 할 수 없는 상태다. 그래서 점호를 마치고 방으로 돌아오면 침대에 눈길도 주지 않고 바로 샤워를 했다. 샤워를 하고 학교 갈 준비를 하면 웬만큼 졸리지 않는 이상 나름대로 상쾌한 정신으로 아침 자습을 할 수 있었다.

시험 기간에는 평소보다 더 일찍 일어나야 하기 때문에 스마트폰 앱을 사용해 방에서 1분 정도 걸어가야 있는 안내문을 사진으로 찍어야만 알람이 꺼지게끔 설정을 했다. '스마트폰 흔들기', '사칙 연산 문제 풀기' 등 잠을 깨우는 여러 기상 앱을 사용해 봤는데, 어느 순간부터 눈 깜짝할 새에 스마트폰을 쉰 번 흔들고 다시 잠들거나, 두 자릿수 곱셈을 몇 초 만에 풀어 버리고 다시 눈을 감는 일이 자주 벌어져서 아침 알람은 무조건 사진 찍기 기능을 고수했다.

아침에 일어나자마자 몸을 움직여야 한다는 것은 매우 힘들고 귀찮은 일이다. 아침에 5분, 10분 더 자는 게 뭐가 그리 대수인가 생각할 수도 있다. 하지만 아침잠을 조절하지 못해 공부 시간을 확보하지 못하면 당장은 아니더라도 짧게는 몇 개월 후, 길게는 1~2년 후에 더 힘들고 귀찮은 일이 생길 수 있다. 그러니 혼자서 아침에 일어나지 못해 고민이라면 기상과 동시에 몸을 강제로 움직이는 환경을 조성해 놓을 것을 추천한다.

잠과의 전쟁 2-걸으면서 공부하기

두 번째 방법은 '많이 걷기'다. 사실 일어나자마자 몸을 움직이면서 잠을 깨는 것처럼 꼭 걷기가 아니더라도 몸을 움직이는 일이라면 무엇이든 통한다고 생각한다. 그러나 공부하면서 몸을 격렬하게 움직이는 데는 한계가 있을 테니 걷는 것 정도가 적당할 듯싶다. 공부를 본격적으로 시작했을 무렵 나는 졸음이 너무 쏟아지면 일어서서 공부했다. 그런데 얼마 안 돼 사람이 서서도 잘 수 있다는 걸 직접 경험했다. 그 뒤부터 '걸으면서 공부하기'를 시도했다. 아무래도 걸으면서 자기는 어려운지 고등학교 3년간 걷는 도중에 잠든 적은 없었다. 내가 하루에 3시간만 자면서 공부할 수 있던 가장 큰 비결 중 하나는 걸으면서 책을 읽은 것이라고 생각한다.

공부하는 곳의 구조상 걸으면서 책을 보기가 불가능할 수도 있고, 걸으면서 책에 집중하는 데 어려움을 느끼는 학생들도 있을 것이다. 그런 학생들은 무리하게 걸으면서 공부하지 말고 '많이 걸어 다니기'만 하면 된다.

나는 잠을 깨기 위해 간간이 커피도 마시고, 물을 마시기 위해 식수대에 자주 들락거리기도 했다. 특히 시험 기간에 정말 견디기 어려울 만큼 졸음이 쏟아질 때는 5~10분 간격으로 물을 마시러 가기도 했다. 그런 나를 본 친구가 차라리 텀블러를 사는 게 어떻겠느냐고 했다. 그런데 물을 마시는 것보다는 식수대까지 갔다가 오는 행위 자체가 중요하기 때문에 텀블러는 필요하지 않았다. 졸음이 너무 쏟아진다면 본인의 물병을 복도 끝에 놔둔다거나, 책을 둔 사물함과 먼 곳에서 공부하면서 책이 필요할 때마다 걸을 수 있도록 환경을 조성해 보자. 잠은 결코 호락호락한 상대가 아니다. 가만히 앉아서 정신력만으로 잠을 몰아내기란 거의 불가능하다.

잠과의 전쟁 3-입을 끊임없이 움직이기

마지막 방법은 '입이 놀지 않게 하기'다. 입을 놀지 않게 한다고 해서 자습 시간에 옆자리 친구와 떠들라는 뜻은 아니다. 말하면서 입을 움직이는 게 아니라 입에 무언가를 계속 넣음으로써 입을 놀지 않게 하는 것이다. 앞서 이야기했듯이 난 졸릴 때 식수대까지 걸어가 물을 마셨는데 물을 한 번에 삼키지 않았다. 물을 정말 조금씩 넘기며 최대한 오래 입에 머금고 있었다. 오물거리는 입을 남에게 보이면 창피하므로 누군가 지나갈 때는 꿀꺽 삼키기는 했지만 말이다. 어찌 됐든 물을 입에 넣으면 최대한 천천히 마시는 데 집중하며 입을 움직였다. 이 방법은 잠을 깨는 데 꽤나 효과가 있었다.

만약 물이 싫다면 다른 음료수를 마셔도 괜찮고, 액체가 싫다면 다른 음식을 먹어도 된다. 나는 고등학교 3학년 자습 시간에 졸음이 쏟아지거나 집중이 안 될 때는 막대 사탕처럼 만들어진 달고나를 입에 물고 공부하기도 했다.

공부를 반드시 책상 앞에 반듯하게 앉아서 하라는 법은 없다. 고등학교 생활을 돌아보면, 난 앉아서보다 서서 혹은 돌아다니면서 공부한 시간이 더 많은 것 같다. 잠은 시간에 쫓기는 수험생들에게 최대의 적이다. 그런데 잠은 스스로 뺨을 몇 번 치며 정신 차리자고 다짐하는 것으로 물러설 만큼 호락호락한 상대가 아니다. 그러니 잠을 참아야 하는 상황에 졸음이 쏟아진다면 내 방식을 참고해서 본인만의 방법을 찾아 적극적으로 물리치도록 노력해 보자.

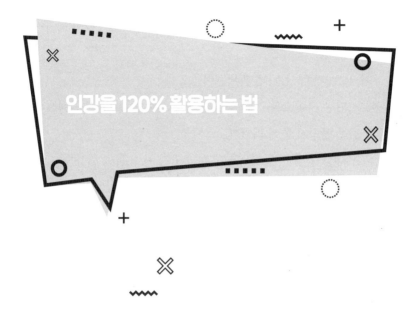

인강을 120% 활용하는 법

    바로 위 선배들의 수능이 끝나고 한 달 뒤 찾아온 우리의 수능 전 마지막 겨울 방학. 기숙 학원에 들어가는 친구도 있고, 1년 내내 풀 문제집을 왕창 사 두는 친구도 있으며, 부족한 과목을 보충하려고 새로운 학원을 알아보는 친구도 있었다. 그렇게 하나둘 각자의 방식대로 수능을 준비하던 시기에 나는 고민에 빠졌다.

    '인강, 들어야 할까?'

    나는 고등학교 2학년이 끝날 때까지 인강을 한 번도 듣지 않았다. 그런데 수능이 1년밖에 남지 않은 상황에서 주위 친구들이 너나없이 인강을 듣는 모습을 보면서 '나도 인강을 들어야 하나?' 하는 갈등에 빠졌다.

그렇게 고민하던 중 같은 반 친구들이 나에게 휴대폰을 보여 주며 말을 걸었다.

"야, 너 이거 해서 돈 벌면 되겠다."

어느 인강 사이트의 '1년 수강권' 홍보 화면이었다. 화면에서 다음과 같은 문구가 눈에 띄었다.

'SKY 대학 합격 시 300% 환불, 수능 만점 시 1000% 환불!'

내가 인강을 구매하기로 결정한 순간이었다.

내가 인강을 듣기로 결정한 이유

구매를 하긴 했지만 인강을 들을 생각은 없었다. 인강 없이 고등학교 2년을 보냈기에 고3 때 인강이라는 신문물을 받아들이는 데 약간의 거부감이 있었다. 또 인강 없이도 모의고사 성적을 어느 정도 유지하고 있어서 '큰 도움이 되겠어?'라고 생각했다.

그런데 이런 내 신념은 겨울 방학이 시작되고 며칠 지나지 않아 깨지고 말았다. 그 덕에 지금 인강에 대해 고민하는 친구들에게 할 이야기가 생겼다.

겨울 방학이 시작되고 나는 늘 하던 대로 혼자서 공부했다. 인강은 열어 볼 생각도 하지 않았다. 그러던 중 두 가지 문제에 봉착했다. 첫 번째는 조금 인간미 없게 들릴지도 모르겠지만, 공부에 쓸 만한 콘텐츠가 더 이상 남아 있지 않다는 사실이었다. 이미 전 과목 5년 치 모의고사를 한 번 이상 풀어 본 데다 수학은 풀 문제집이 얼마 남아 있지 않았다. 게다가 개념 공부를 끝낸 사회 탐구 과목은 더 완벽한 수준으로 만들고 싶은데 어떻게 공부해야 할지 감이 없어 고민이 많았다.

두 번째 문제는 혼자 하는 공부에 나 역시 지쳐 가고 있었다는 점이다. 혼자 하는 공부는 분명히 힘든 일이다. 문제를 잘 푸는 것만으로 공부가 끝나는 게 아니라, 본인이 푼 문제를 검토하면서 문제점을 찾고 앞으로 신경 써야 할 게 뭔지, 무엇을 어떤 방식으로 보완해야 할지 스스로 피드백을 해야 하기 때문이다. 더군다나 겨울 방학이 시작된 이후 매일 16시간 동안 자습을 반복하며 혼자 모의고사와 문제집을 푸는 일이 너무 끔찍해 미칠 지경이었다.

그렇게 힘든 시기를 겪던 나는 많은 사람이 인강을 듣는 데는 뭔가 이유가 있지 않을까 생각하고 인강을 활용해 보기로 했다. 그런데 인강 초보자이다 보니 어이없는 실수를 저질렀다. 1년 수강권을 구매하면서 함께 산 15장의 '교재 쿠폰'을 새 학기가 시작되기 전 모두 써 버린 것이다. 구매 당시에는 몰랐는데, 내가 산 교재는 전년도 수능을 위한 것이어서 몇몇 교재는 눈물을 머금고 새로 구매해야 했다. 솔직히 그대로 써도 상관없을 만큼 바뀌는 부분은 많지 않았으나 수험생 입장에서는 사소한 변화에도 신경 쓰이는 것이 사실이다.

어리숙하게 발을 들여놨지만 그 후로는 하루 공부 시간의 절반 정도를 할애할 만큼 인강을 적극적으로 활용했다. 수능 당일 아침에도 인강 교재로 최종 정리를 하고 시험장에 들어갔을 정도로 큰 도움을 받았다.

인강의 두 가지 장점

인강은 어떤 점에서 우리를 도울 수 있을까? 내가 '힘든 시기'를 극복하기 위해 인강을 들었다는 것을 생각하면 답은 쉽게 나온다. 내가 생각하는 인강의 장점은 학생 스스로 하는 피드백 과정에서 시행착오와 수고를 상당히 덜어 준다는 것, 그리고 더 이상 혼자 공부하지 않아도 된다는 것이다. 이 두 가지가 내가 느낀 인강의 가장 큰 장점이다.

먼저, 학생 스스로 하는 피드백 과정의 수고를 덜어 준다는 게 무슨 의미인지 알아보자. 수능 공부의 큰 틀은 보통 다음과 같다. 기출 문제를 풀어 보면서 한국교육과정평가원(이하 평가원)의 출제 경향을 분석하고, 그에 맞춰 본인의 약점과 문제점을 파악하며, 평가원의 요구와 의도에 맞게 본인의 실력을 단련시킨다. 이런 큰 틀 속에서 수험생들은 구체적으로 어떤 일을 해야 할까? 우선 기출문제를 풀어 봐야 한다. 여기까지는 누구나 하는 것이고 그렇게 어려운 일도 아니다.

그런데 정작 문제는 그 뒤부터다. 문제를 풀어 본 수험생은 '출제 경향을 분석하고', '본인의 문제점을 파악한 뒤', '평가원이 요구하는 바를 알아내서', '본인을 어떻게 단련시킬지 방법을 찾아' 단련해 나가야 한다. 물론 본인이 직접 평가원 스타일을 알아내 거기에 맞게 공부하는 것이 가장 좋다. 사실 단련법만 안다면 단련하는 것 자체는 큰 문제가 아닐 수도 있다. 그러나 단련법을 알아내기 위해서는 시행착오와 실수를 각오해야 한다. 그러잖아도 시간에 쫓기는 수험생에게는 상당히 버거운 과정이다. 그런데 인강을 활용한다면 이런 과정을 상당 부분 손쉽게 건너뛸 수 있다. 이미 이런 과정을 속속들이 잘 아는 베테랑 강사가 단련법을 알려 주므로 수험생은 단순히 그 단련법을 실행만 하면 된다. 이는 결코 무시할 수 없는 인강의 '정말 큰 강점'이다.

다음으로, 혼자 공부하지 않아도 된다는 장점의 의미는 다음과 같다. 이야기 나눌 사람이 아무도 없는 독서실이나 방에서 혼자 쓸쓸하게 공부를 하면서도 나에게 농담을 건네고 가끔은 쓴소리도 해 주는 선생님과 함께하는 느낌을 받을 수 있다는 것이다. 비록 양방향 소통은 아니지만 혼자 있다는 느낌은 상당히 줄어든다.

두 번째 장점에 대해서는 뭐가 그렇게 큰 장점인가라는 생각이 들 수도 있다. 그런데 내 경우에는 생각보다 큰 장점이었다. 고3이 되면 본인이 원하든 원하지 않든 그 전까지와는 비교도 안 될 정도로 자습 시간이 늘어난다. 당장 하루에 4~5시간만 자습을 한다고 쳐도 그 시간 동안 '혼자서' 문제를 풀고 분석하다 보면 얼마 못 가 지치게 마련이다. 그럴 때 중간중간 인강을 들으면 강사의 농담에 긴장도 풀리고 어느 정도 잠도 깰 수 있다.

대체로 인기가 있는 인강은 수험생이 쉽게 이해할 수 있게끔 난이도 조절이 잘되어 있어서 비교적 편하게 공부에 임할 수 있다. 혼자서 2~3시간 이상 집중해서 공부하지 못하는 학생도 인강은 5시간 이상 들을 수 있는 경우가 많다. 자습 시간이 많아지는 고등학교 3학년 때 그 시간을 잘 활용할 수 있게 해 주는 것은 인강의 커다란 장점이다.

인강이 독이 되는 경우

내가 생각하는 인강의 장점에 관해 이야기했는데, 오해하지 않았으면 좋겠다. 인강을 홍보할 의도는 없다. 단순히 수험생들에게 이런 공부 도구가 있고, 이 도구의 특징이 무엇인지 내 의견을 전하고 싶었을 뿐이다. 그런 의미에서 단점에 관해서도 이야기해 볼까 한다. 거의 모든 도구가 그렇듯이 인강도 잘못 활용하면 오히려 독으로 작용할 수 있다.

인강은 앞서 이야기했듯이 공부를 '편하게' 할 수 있게 도와준다. 그러나 그로 인해 수능을 잘 보기 위해서는 반드시 해야만 하는 '편하지 않은' 공부를 소홀히 할 수 있다. 구체적인 예를 들어 보자. 인강은 본인이 집중하든 안 하든 강의를 틀어 놓기만 하면 진도율이 계속해서 올라간다. 이것이 인강 공부와 혼자 하는 공부의 가장 큰 차이점이다. 인강을 틀어 놓고 졸더라도 혹은 해당 강의를 이해하지 못하더라도 정해진 시간 동안 영상을 재생하기만 하면 진도율은 올라간다. 그러면 우리는 공부를 했다는 '착각'에 빠진다. 더 큰 문제는 그 뒤에 벌어진다.

이렇게 적당히 집중하면서 대충 이해해도 '진도'가 나가는데 왜 굳이 어렵게 스스로 문제를 풀어 보고 혼자서 오답 분석을 하겠는가. 결국 인강에 맛을 들이면 하루의 거의 모든 시간을 오로지 인강에만 쏟아붓게 되고 자신의 힘으로 문제집을 푸는 시간은 점점 줄어든다. 당연하게도 이런 식의 공부는 성적을 올려 주지 못할 확률이 매우 높다. '공부'를 많이 한 게 아니라 '인강 시청'을 많이 한 것이기 때문이다.

앞서 이야기했듯이 인강을 통해 우리는 기출문제를 어떻게 분석해야 하는지, 어떤 식으로 수능에 대비해야 하는지를 손쉽게 배울 수 있다. 군이 큰 노력을 들이지 않고 따로 연구하지 않아도 된다. 그렇다고 인강이 나의 오답을 분석해 주고 나의 실력을 키워 주지는 않는다. 이는 반드시 내가 해야만 하는 일이다. 따라서 인강을 활용해 공부할 때는 다음과 같은 점을 주의해야 한다.

먼저, 인강이 절대 공부의 주가 되어서는 안 된다는 점이다. 인강은 어떻게 단련할지에 대한 '방법론'을 알려 줄 뿐 나를 대신해서 학습까지 해 주지는 않는다. 배운 방법을 자기 것으로 만들어 실전에서 쓸 수 있게 하는 것은 오로지 나의 몫이다. 이를 위해서는 인강과는 별개로 혼자만의 공부 시간이 필요하다. 따라서 인강을 시청하더라도 혼자만의 공부 시간과의 비율이 최소한 5 대 5 이상은 넘지 않게끔 해야 한다. 특히 수학은 더더욱 혼자만의 공부 시간이 중요하다는 점을 염두에 두었으면 좋겠다.

인강은 공부를 쉴 때 보는 것

두 번째 주의할 점은 인강을 '쉬어 가는 타임'으로 활용해야 한다는 것이다. 인강도 어디까지나 '수업'인데 쉬어 가는 타임이라고 하니 의아해하는 사람도 있을 듯싶다. 그런데 인정할 건 인정했으면 좋겠다. 수학 한 문제에 30분씩 투자하면서 직접 푸는 것보다는 그 어려운 수학 문제를 30분 동안 풀이하는 강의를 듣는 게 훨씬 쉬운 건 사실이지 않은가. 과목에 따라 차이는 있겠지만, 대체로 직접 문제를 풀기보다 강의 듣기가 더 쉬운 것은 명백한 사실이다. 따라서 혼자만의 공부와 밸런스를 맞추면서 인강을 최대한 활용하기 위해서는 인강을 '쉬고는 싶지만 공부는 해야 할 때' 시청하는 것이 현명하다.

실제로 나는 자습 시간에 컨디션이 좋을 때는 인강을 거의 듣지 않고 혼자 문제를 풀었다. 인강은 주로 다음과 같은 경우에 들었다. 본래는 선생님의 수업 시간이었으나 자습으로 바뀌어 공부할 시간이 애매하게 생긴 경우, 공부는 해야겠는데 문제가 잘 안 풀리는 경우, 공부가 하기 싫은데 쉬는 시간이 많이 남아 어쩔 수 없이 해야하는 경우 등 주로 집중력이 저하될 때 선생님과 수업하는 느낌을 받을 수 있는 인강을 들으며 집중력을 되찾으려 노력했다.

인강은 잘만 활용한다면 굳이 유명한 학원에 다니지 않고도 높은 성적을 올릴 수 있게 해 주는 유용한 도구임이 분명하다. 그러나 사용하기에 따라서는 오히려 본인 공부의 페이스를 잃고 열심히 공부했다는 착각만 들게 하는 동영상 시청에 그칠 우려도 있다. 따라서 본인의 공부 습관을 점검하면서 인강을 올바르게 활용해야 한다.

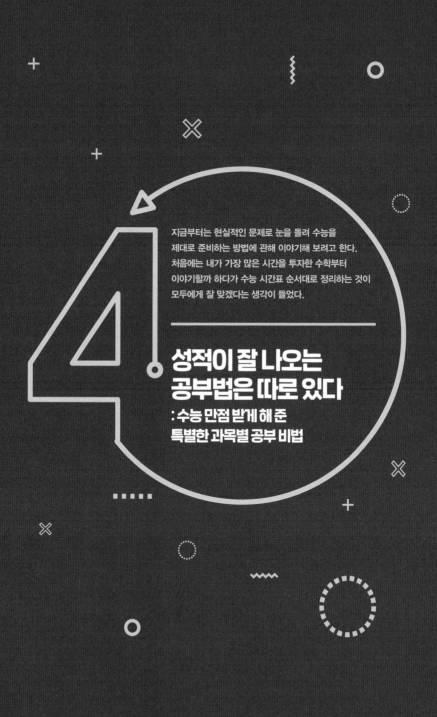

지금부터는 현실적인 문제로 눈을 돌려 수능을
제대로 준비하는 방법에 관해 이야기해 보려고 한다.
처음에는 내가 가장 많은 시간을 투자한 수학부터
이야기할까 하다가 수능 시간표 순서대로 정리하는 것이
모두에게 잘 맞겠다는 생각이 들었다.

4. 성적이 잘 나오는
공부법은 따로 있다
: 수능 만점 받게 해 준
특별한 과목별 공부 비법

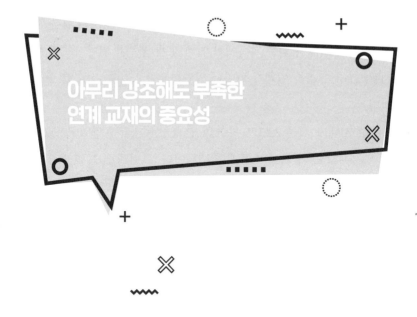

아무리 강조해도 부족한
연계 교재의 중요성

　본격적으로 수능에 대한 공부법을 이야기하기 전에 반드시 알아
야 하는 게 하나 있다. 바로 연계 교재를 활용하는 방법이다. 수능
문제를 내고 관리하는 평가원이 감수한 공식적인 수능 연계 교재가
있는데, 바로《수능특강》과《수능완성》이다. 평가원은 의무적으로
해당 교재에서 일정 비율 이상을 반드시 수능에 연계시켜야 한다(연
계율은 해마다 달라지므로 반드시 확인해 봐야 한다). 직접 연계, 간접 연계
를 포괄해 수능의 '연계'라는 개념에 익숙하지 않은 수험생들을 위
해 연계 교재에 나온 내용이 실제 시험에는 어떻게 연계되는지를
알려 주기 위해 이 챕터를 마련해 보았다.

　과목별로 다시 한번 자세하게 다룰 내용이니 이번 챕터를 집중해서 읽을 필요는 없다. '아, 연계가 이렇게 되는구나' 정도의 감을 익히고, 직접 연계가 되는 과목에서 연계 교재 공부가 얼마나 중요한지를, 그리고 간접 연계가 얼마나 악랄한지를 느끼는 정도면 충분하다.

참고로 내가 치른 2020년 수능의 연계율은 대략 70%였고, 2021년 수능에서도 이 비율이 유지될 예정이다. 그런데 2022년 수능에서는 50%로 줄어든다니, 이 점에 유의해서 읽어 주었으면 한다.

간접 연계의 함정

연계율만 봤을 때는 '연계 교재만 열심히 보면 반 이상 먹고 들어가는 거 아냐?'라고 생각할 수 있겠지만, 실상은 그렇지 않다. 먼저 '간접 연계'가 무엇인지 알아봄으로써 연계 교재의 쓴맛을 느껴 보도록 하자.

165쪽 지문은 내가 실제로 고등학교 3학년 6월 모의고사에서 만난 것이다. 첫 문장을 읽고 꽤 기뻐한 기억이 난다.

'어, 이거 수특(《수능특강》)에서 본 건데!'

그러나 10초 정도 더 읽었을까. 비슷해 보이지만 《수능특강》에서 본 내용과는 전혀 다른 내용이란 걸 깨닫고 절망에 빠졌다.

간접 연계란 《수능특강》 교재에서 지문을 그대로 가져오는 것이 아니라 연관된 소재 혹은 개념을 수능에 연계해 새로운 문제로 내는 것을 말한다. 166쪽 예시에서 보듯이 《수능특강 독서》 교재에서

[27~31] 다음 글을 읽고 물음에 답하시오.

전통적인 통화 정책은 정책 금리를 활용하여 물가를 안정시키고 경제 안정을 도모하는 것을 목표로 한다. 중앙은행은 경기가 과열되었을 때 정책 금리 인상을 통해 경기를 진정시키고자 한다. 정책 금리 인상으로 시장 금리도 높아지면 가계 및 기업에 대한 대출 감소로 신용 공급이 축소된다. 신용 공급의 축소는 경제 내 수요를 줄여 물가를 안정시키고 경기를 진정시킨다. 반면 경기가 침체되었을 때는 반대의 과정을 통해 경기를 부양시키고자 한다.

금융을 통화 정책의 전달 경로로만 보는 전통적인 경제학에서는 금융감독 정책이 개별 금융 회사의 건전성 확보를 통해 금융 안정을 달성하고자 하는 ㉠미시 건전성 정책에 집중해야 한다고 보았다. 이러한 관점은 금융이 직접적인 생산 수단이 아니므로 단기적일 때와는 달리 장기적으로는 경제 성장에 영향을 미치지 못한다는 인식과, 자산 시장에서는 가격이 본질적 가치를 초과하여 폭등하는 버블이 존재하지 않는다는 효율적 시장 가설에 기인한다. 미시 건전성 정책은 개별 금융 회사의 건전성에 대한 예방적 규제 성격을 가진 정책 수단을 활용하는데, 그 예로는 향후 손실에 대비하여 금융 회사의 자기자본 하한을 설정하는 최저 자기자본 규제를 들 수 있다.

이처럼 전통적인 경제학에서는 금융감독 정책을 통해 금융 안정을, 통화 정책을 통해 물가 안정을 달성할 수 있다고 보는 이원적인 접근 방식이 지배적인 견해였다. 그러나 글로벌 금융 위기 이후 금융 시스템이 와해되어 경제 불안이 확산되면서 기존의 접근 방식에 대한 자성이 일어났다. 이 당시 경기 부양을 목적으로 한 중앙은행의 저금리 정책이 자산 가격 버블에 따른 금융 불안을 야기하여 경제 안정이 훼손될 수 있다는 데 공감대가 형성되었다. 또한 금융 회사가 대형화되면서 개별 금융 회사의 부실이 금융 시스템의 붕괴를 야기할 수 있게 됨에 따라 금융 회사 규모가 금융 안정의 새로운 위험 요인으로 등장하였다. 이에 기존의 정책으로는 금융 안정을 확보할 수 없고, 경제 안정을 위해서는 물가 안정뿐만 아니라 금융 안정도 필수적인 요건임이 밝혀졌다. 그 결과 미시 건전성 정책에 ㉡거시 건전성 정책이 추가된 금융감독 정책과 물가 안정을 위한 통화 정책 간의 상호 보완을 통해 경제 안정을 달성해야 한다는 견해가 주류를 형성하게 되었다.

거시 건전성이란 개별 금융 회사 차원이 아니라 금융 시스템 차원의 위기 가능성이 낮아 건전한 상태를 말하고, 거시 건전성 정책은 금융 시스템의 건전성을 추구하는 규제 및 감독 등을 포괄하는 활동을 의미한다. 이때, 거시 건전성 정책은 미시 건전성이 거시 건전성을 담보할 수 있는 충분조건이 되지 못한다는 '구성의 오류'에 논리적 기반을 두고 있다. 거시 건전성 정책은 금융 시스템 위험 요인에 대한 예방적 규제를 통해 금융 시스템의 건전성을 추구한다는 점에서, 미시 건전성 정책과는 차별화된다.

거시 건전성 정책의 목표를 효과적으로 달성하기 위해서는 경기 변동과 금융 시스템 위험 요인 간의 상관관계를 감안한 정책 수단의 도입이 필요하다. 금융 시스템 위험 요인은 경기 순응성을 가진다. 즉 경기가 호황일 때는 금융 회사들이 대출을

늘려 신용 공급을 팽창시킴에 따라 자산 가격이 급등하고, 이는 다시 경기를 더 과열시키는 반면 불황일 때는 그 반대의 상황이 일어난다. 이를 완화할 수 있는 정책 수단으로는 경기 대응 완충자본 제도를 ⓐ들 수 있다. 이 제도는 정책 당국이 경기 과열기에 금융 회사로 하여금 최저 자기자본에 추가적인 자기자본, 즉 완충자본을 쌓도록 하여 과도한 신용 팽창을 억제시킨다. 한편 적립된 완충자본은 경기 침체기에 대출 재원으로 쓰도록 함으로써 신용이 충분히 공급되도록 한다.

27. 윗글을 통해 알 수 있는 것은?

① 글로벌 금융 위기 이전에는, 금융이 단기적으로 경제 성장에 영향을 미치지 못한다고 보았다.
② 글로벌 금융 위기 이전에는, 개별 금융 회사가 건전하다고 해서 금융 안정이 달성되는 것은 아니라고 보았다.
③ 글로벌 금융 위기 이전에는, 경기 침체기에는 통화 정책과 더불어 금융감독 정책을 통해 경기를 부양시켜야 한다고 보았다.
④ 글로벌 금융 위기 이후에는, 정책 금리 인하가 경제 안정을 훼손하는 요인이 될 수 있다고 보았다.
⑤ 글로벌 금융 위기 이후에는, 경기 변동이 자산 가격 변동을 유발하나 자산 가격 변동은 경기 변동을 유발하지 않는다고 보았다.

28. ㉠과 ㉡에 대한 설명으로 적절하지 <u>않은</u> 것은?

① ㉠에서는 물가 안정을 위한 정책 수단과는 별개의 정책 수단을 통해 금융 안정을 달성하고자 한다.
② ㉡에서는 신용 공급의 경기 순응성을 완화시키는 정책 수단이 필요하다.
③ ㉠은 ㉡과 달리 예방적 규제 성격의 정책 수단을 사용하여 금융 안정을 달성하고자 한다.
④ ㉡은 ㉠과 달리 금융 시스템 위험 요인을 감독하는 정책 수단을 사용한다.
⑤ ㉠과 ㉡은 모두 금융 안정을 달성하기 위해 금융 회사의 자기자본을 이용한 정책 수단을 사용한다.

29. 윗글을 바탕으로 할 때, <보기>의 A~D에 들어갈 말을 바르게 짝지은 것은?

─────<보 기>─────

미시 건전성 정책과 거시 건전성 정책 간에는 정책 수단 운용에서 입장 차이가 존재한다. 경기가 (A)일 때 (B) 건전성 정책에서는 완충자본을 (C)하도록 하고, (D) 건전성 정책에서는 최소 수준 이상의 자기자본을 유지하도록 하여 개별 금융 회사의 건전성을 확보하려 한다.

	A	B	C	D
①	불황	거시	사용	미시
②	호황	거시	사용	미시
③	불황	거시	적립	미시
④	호황	미시	적립	거시
⑤	불황	미시	사용	거시

2020년 6월 모의고사에 연계되어 나온 문제

165

[01~05] 다음 글을 읽고 물음에 답하시오.

경기가 침체되었을 때 이를 극복하기 위해 사용하는 전통적인 통화 정책은 특정한 단기 금리를 정책 금리*로 정하고 이를 통해 시중에 통화량을 확대하여 소비 및 투자를 촉진시킬 수 있는 유동성을 공급하는 금리 중시 통화 정책이었다. 정책 금리를 낮춰 시장 금리*도 낮아지면 기업은 낮은 이자로 은행에서 대출할 수 있기 때문에 투자와 생산을 늘리게 된다. 가계 역시 금리가 낮아지면 대출을 통해 소비를 늘릴 여력이 발생한다. 투자와 소비가 늘면 고용과 생산이 증가하고, 다시 소비와 투자가 촉진되면서 경제 전체가 선순환을 그리게 된다.

그러나 글로벌 금융 위기를 극복하기 위해 여러 국가에서 정책 금리를 낮추었지만, 투자나 소비가 늘어나지 않는 상황이 발생하였다. 이를 유동성의 함정 이라고 한다. 이러한 상황이 발생한 이유를 국채* 투자의 사례를 통해 이해해 보자. 일반적으로 채권 가격은 그 채권의 이자율과 역의 관계를 가지며 반대 방향으로 변동한다. 간단히 설명하자면, 채권에 대한 선호도가 높아져 채권을 사고자 하는 사람이 많아지면 가격은 올라가지만, 채권을 판매하는 입장에서는 사고자 하는 사람이 많기 때문에 굳이 높은 이자를 줄 필요가 없는 것이다. 따라서 이자율이 낮아졌다는 것은 채권 가격이 높아졌다는 것을 의미한다. 이미 비싸진 채권에서 얻을 수 있는 수익률이 낮기 때문에 민간에서는 채권 매입과 같은 투자를 기피하고, 위기에 대한 부담감으로 소비도 위축되면서 시중에 돈이 충분하게 공급되어도 돈을 그냥 쌓아 두는 현상이 나타나는 것이다. 이처럼 전통적인 통화 정책이 효과를 발휘할 수 없는 상황에서 위기 극복을 위해 비전통적인 통화 정책을 시행하게 되었는데 이를 양적 완화라 한다.

양적 완화는 금리 조정만으로 경기를 부양할 수 없을 때, 신용 완화나 국가의 채권 매입 등을 통해 시중의 통화량을 더욱 확대하는 정책이다. 적극적인 통화 공급을 하기 때문에 헬리콥터에서 돈을 뿌리는 행위로 비유하기도 한다. 이러한 양적 완화 정책은 다음과 같이 구분된다. 우선 '신용 완화 정책'으로, 이는 은행의 대출 등 신용 공급을 확대하고, 부실한 은행이나 기업이 발행한 채권을 중앙은행이 매입을 하여 해결하는 방법이다. 그리고 '버냉키식 양적 완화 정책'은 초저금리 상태에서 중앙은행이 국채 등의 안전 자산을 매입함으로써 경기를 부양하고자 하는 것이다. 중앙은행이 국채를 매입하면 시중에 매입할 수 있는 채권이 줄어들면서 채권 가격은 상승하고 통화량은 늘어난다. 따라서 금리 하락이 유도되면서 가계, 기업 및 금융 기관 등이 자본을 조달하는 비용을 낮춰 유효 수요*를 증대시키는 효과를 가져온다. 마지막으로 'ⓐ명시적 통화 재정책'이 있다. 이는 극심한 유효 수요 부족 시 정부가 재정 적자를 감수하고 국채를 발행하는 방식이 아닌 중앙은행이 가진 화폐 발행 권한을 통해 상환 부담 없는 통화를 시장에 공급하는 것이다. 이러한 방식은 ⓑ채권 발행을 통해 조달한 재정 지출과 같이 정부의 재정 적자*는 발생하지만 원리금 상환 부담이 없어 공공 부채가 발생하지 않는다. 또한 ⓒ일반적인 양적 완화 방식과 달리 정부의 재정 적자는 발생하지만 상환 부담이 없어 시중의 통화량 증대가 영구적이란 특징도 있다. 한편 경기 부양을 위한 '질적 완화 정책'도 있는데, 이는 중앙은행이 유동성을 공급하는 것과 달리 중앙은행 자산의 질적인 구성 변화를 통해 금융 안정을 가져오고자 하는 방식이다. 즉 중앙은행의 자산이나 부채 규모에는 변동이 없지만 위험도가 낮은 국채와 같은 안전 자산 대신 위험도가 높은 주식과 같은 위험 자산의 비중을 확대하는 것이다. 또한 '신용 완화 정책'과 달리 '질적 완화 정책'은 부실 자산이 아닌 투자 수익률이 불확실적인 위험 자산을 매입하여 경

2020년 《수능특강 독서》에 실린 경제 관련 지문

'통화 정책'이라는 소재를 다루었는데, 실제 모의고사에서는 이를 연계해 '통화 정책'이라는 큰 갈래를 유지한 채 또 다른 이야기를 하고 있는 것처럼 말이다.

간접 연계된 문제에서 연계 교재의 효과를 기대하는 것은 어렵다. 교재에서 A라는 주제의 문제를 냈다면 모의고사는 그와 비슷하지만 전혀 다른 B라는 주제로 문제를 내기 때문에 사실상 연계가 아닌 완전히 새로운 지문을 보는 것과 다름없기 때문이다.

직접 연계의 힘 1-영어의 경우

그러나 직접 연계는 다르다. 직접 연계는 실제 시험에서 우리에게 드라마틱한 도움을 준다. 다음의 예시를 통해 직접 연계의 위력을 알아보도록 하자.

168쪽의 《수능완성 영어》(2020) 8강의 2번 문제에 나온 지문과 169쪽의 2020년 수능 영어 영역 32번 문제를 보면 알겠지만 연계 교재 속 지문이 거의 그대로 쓰였다. 심지어 정답(①번)에 해당하는 선택지까지 본래 지문과 동일하다.

나는 연계 교재를 어느 정도 눈에 익힌 채 시험을 쳤기 때문에 수능 당일 32번 문제를 보자마자 정답을 체크하고 넘어갔다. 10초도 안 걸린 듯싶다. 본래 영어 32번이면 상당히 어려운 축에 속하는 문제라서 푸는 데 2~3분은 족히 걸렸을 것이다. 이를 10초 만에 풀게 해 주는 직접 연계의 힘이 얼마나 대단한지 감이 올 것이다.

01
▸ 9049-0037

(A), (B), (C)의 각 네모 안에서 어법에 맞는 표현으로 가장 적절한 것은?

A dramatic form of blindness occurs in a pathological condition called *blindsight*, which involves damage to the brain's visual cortex. Patients with this damage show the striking behavior of accurately reaching for and grasping an object placed in front of (A) | it / them |, even while having no conscious visual experience of the object. If you place a hammer before the patient and ask, "Do you see something in front of you?" the patient will answer, "No, I don't." But (B) | ask / asking | the patient to reach for and grasp the hammer and the patient who just said it was invisible will do so successfully! This seemingly bizarre phenomenon happens because the condition of blindsight leaves intact subcortical retina-to-brain pathways that can guide visual behavior, even in the absence of (C) | conscious / consciously | seeing the hammer.

*visual cortex 시각 피질 **subcortical 피질 하부의 ***retina 망막

	(A)	(B)	(C)
①	it	ask	conscious
②	it	asking	conscious
③	them	ask	conscious
④	them	asking	consciously
⑤	them	ask	consciously

02
▸ 9049-0038

다음 글의 밑줄 친 부분 중, 어법상 틀린 것은?

The Swiss psychologist Jean Piaget frequently analyzed children's conception of time via their ability to compare or ① estimate the time taken by pairs of events. In a typical experiment, two toy cars were ② shown running synchronously on parallel tracks, one running faster and stopping further down the track. The children were then asked to judge ③ whether the cars had run for the same time and to justify their judgement. Preschoolers and young school-age children confuse temporal and spatial dimensions: Starting times are judged by starting points, stopping times by stopping points and durations by distance, though each of these errors does not necessitate ④ the others. Hence, a child may claim that the cars started and stopped ⑤ to run together (correct) and that the car which stopped further ahead, ran for more time (incorrect).

*synchronously 동시에

29. 다음 글의 밑줄 친 부분 중, 어법상 틀린 것은?

Speculations about the meaning and purpose of prehistoric art ① rely heavily on analogies drawn with modern-day hunter-gatherer societies. Such primitive societies, ② as Steven Mithen emphasizes in *The Prehistory of the Modern Mind*, tend to view man and beast, animal and plant, organic and inorganic spheres, as participants in an integrated, animated totality. The dual expressions of this tendency are *anthropomorphism* (the practice of regarding animals as humans) and *totemism* (the practice of regarding humans as animals), both of ③ which spread through the visual art and the mythology of primitive cultures. Thus the natural world is conceptualized in terms of human social relations. When considered in this light, the visual preoccupation of early humans with the nonhuman creatures ④ inhabited their world becomes profoundly meaningful. Among hunter-gatherers, animals are not only good to eat, they are also *good to think about*, as Claude Lévi-Strauss has observed. In the practice of totemism, he has suggested, an unlettered humanity "broods upon ⑤ itself and its place in nature."

* speculation: 고찰 ** analogy: 유사점

*** brood: 곰곰이 생각하다

30. 다음 글의 밑줄 친 부분 중, 문맥상 낱말의 쓰임이 적절하지 않은 것은? [3점]

Suppose we know that Paula suffers from a severe phobia. If we reason that Paula is afraid either of snakes or spiders, and then ① establish that she is not afraid of snakes, we will conclude that Paula is afraid of spiders. However, our conclusion is reasonable only if Paula's fear really does concern either snakes or spiders. If we know only that Paula has a phobia, then the fact that she's not afraid of snakes is entirely ② consistent with her being afraid of heights, water, dogs or the number thirteen. More generally, when we are presented with a list of alternative explanations for some phenomenon, and are then persuaded that all but one of those explanations are ③ unsatisfactory, we should pause to reflect. Before ④ denying that the remaining explanation is the correct one, consider whether other plausible options are being ignored or overlooked. The fallacy of false choice misleads when we're insufficiently attentive to an important hidden assumption, that the choices which have been made explicit exhaust the ⑤ sensible alternatives.

* plausible: 그럴듯한 ** fallacy: 오류

[31~34] 다음 빈칸에 들어갈 말로 가장 적절한 것을 고르시오.

31. The role of science can sometimes be overstated, with its advocates slipping into scientism. Scientism is the view that the scientific description of reality is the only truth there is. With the advance of science, there has been a tendency to slip into scientism, and assume that any factual claim can be authenticated if and only if the term 'scientific' can correctly be ascribed to it. The consequence is that non-scientific approaches to reality — and that can include all the arts, religion, and personal, emotional and value-laden ways of encountering the world — may become labelled as merely subjective, and therefore of little _____ in terms of describing the way the world is. The philosophy of science seeks to avoid crude scientism and get a balanced view on what the scientific method can and cannot achieve.

* ascribe: 속하는 것으로 생각하다 ** crude: 투박한

① question ② account ③ controversy
④ variation ⑤ bias

32. The Swiss psychologist Jean Piaget frequently analyzed children's conception of time via their ability to compare or estimate the time taken by pairs of events. In a typical experiment, two toy cars were shown running synchronously on parallel tracks, _____. The children were then asked to judge whether the cars had run for the same time and to justify their judgment. Preschoolers and young school-age children confuse temporal and spatial dimensions: Starting times are judged by starting points, stopping times by stopping points and durations by distance, though each of these errors does not necessitate the others. Hence, a child may claim that the cars started and stopped running together (correct) and that the car which stopped further ahead, ran for more time (incorrect).

* synchronously: 같은 시간에

① one running faster and stopping further down the track
② both stopping at the same point further than expected
③ one keeping the same speed as the other to the end
④ both alternating their speed but arriving at the same end
⑤ both slowing their speed and reaching the identical spot

이 문제지에 관한 저작권은 한국교육과정평가원에 있습니다.

2020년 수능 영어 영역

169

이처럼 직접 연계는 연계 교재에서 공부한 내용이 시험에 그대로 나온다. 그러면 연계 교재를 어떻게 공부하느냐에 따라 10월 모의고사 성적이 낮아도 수능에서는 매우 높은 성적을 받는 일이 가능해진다(10월 모의고사는 수능과 연계가 되지 않기 때문이다).

그런데 아쉽게도 모든 영역에서 직접 연계가 되는 것은 아니며, 직접 연계가 되는 문제의 수가 아주 많은 것도 아니다. 시험장에서 직접 연계의 위력이 체감되는 과목은 아마 국어의 문학과 영어가 전부일 것이다. 다른 과목에서 직접 연계가 아예 안 되는 것은 아니다. 심지어 수학 영역에서 연계 교재의 문제를 거의 그대로 활용해 출제된 적도 있기는 하다. 하지만 그 빈도와 체감 정도가 국어의 문학과 영어에 비해서는 현저히 떨어지는 것이 사실이다.

그렇다면 문학과 영어는 어느 정도까지 연계가 될까? 먼저 영어 영역부터 이야기해 보면, 수능 연계율이 70%인 2021년까지의 수능을 기준으로 일곱 문제 정도가 연계 교재의 지문을 활용해 출제된다. 연계 교재에 실린 지문이 총 700개 정도라는 점을 감안하면 지문 100개당 1개의 효율이지만, 실제 수능에서 문제를 확실히 맞히게 해 준다고 생각하면 나쁘지 않은 거래다.

실제로 내가 치른 2020년 수능 영어 영역에서 연계의 위력은 엄청났는데, 그 어렵다는 빈칸 추론에서만 두 문제가 연계되고 순서에서 한 문제가 연계되었다. 이 세 문제를 전부 푸는 데 1분이 채 걸리지 않았다. 그 덕에 20분을 남겨 놓고 문제를 다 풀 수 있었다.

연계 교재에 실린 지문이 그대로 출제되더라도 문제 유형까지 동일하게 출제되는 경우는 별로 없다. 즉 연계 교재에서 문법 문제이던 지문이 실제 수능에서는 같은 지문이지만 빈칸 추론 문제나 문장 삽입 문제로 나올 수 있다는 뜻이다. 또 주의해야 할 점은 주로 41번과 42번을 담당하는 이른바 '장문 유형의 지문'들은 길이 때문에 두 문단 중 한 문단만 임의로 잘려서 연계되기도 한다. 즉 연계 교재에서 장문 유형 문제라고 해서 장문 문제로만 나오는 것이 아니라는 뜻이다.

직접 연계의 힘 2-문학의 경우

국어의 문학 영역은 영어처럼 지문을 외우더라도 문제를 뚝딱 풀수 있는 행운은 따르지 않을 확률이 높다. 작품이 그대로 나올 뿐 문제까지 그대로 나오지는 않기 때문이다. 그래도 작품 공부를 열심히 해서 시어의 뜻이나 소설의 줄거리를 미리 파악해 둔다면, 수능에서 분명히 큰 도움이 되고 시간도 꽤 단축할 수 있을 것이다.

문학은 60% 이상의 작품이 연계된다. 수능에 5개의 문학 작품이 나온다면, 그중 3개는 연계 교재에 있는 작품이라는 뜻이다. 이때 주의해야 할 점은 작품이 그대로 연계된다고 해도 연계 교재에 나온 '특정 부분'이 나오리라는 보장은 없다는 사실이다. 무슨 뜻이냐고? 다음 예시를 살펴보자.

172~173쪽은 2020년 《수능특강 문학》에 나온 안서우의 〈유원십이곡〉 문제이고, 174~175쪽 32~36번은 2020년 6월 모의고사에 연계되어 나온 문제다. 자세히 보면 《수능특강 문학》에는 〈유원십이

문장(文章)을 흥쟈 흥니 인생식자(人生識字) 우환시(憂患始)*요
공맹(孔孟)을 비호려 흥니 도약등천하(道若登天下) 불가급(不可及)*이로다
이내 몸 쓸 듸 업스니 성대농포(聖代農圃)* 되오리라　　　　　　〈제1장〉

청산(靑山)은 무스 일노 무지(無知)흥 날 ▽트며
녹수(綠水)는 엇지흥야 무심(無心)흥 날 ▽트뇨
무지(無知)타 웃지 마라 요산요수(樂山樂水)홀가 흥노라　　　　　〈제2장〉

홍진(紅塵)에 절교(絶交)흥고 백운(白雲)으로 위우(爲友)흥야
녹수청산(綠水靑山)에 시름 업시 늘거 가니
이 듕의 무한지락(無限之樂)을 헌〻홀가* 두려웨라　　　　　　　〈제3장〉

경전(耕田)흥야 조석(朝夕)흥고 조수(釣水)흥야 반찬(飯饌)흥며
장요(長腰)의 하겸(荷鎌)흥고* 심산(深山)의 채초(採樵)흥니*
내 생애(生涯) 잇뿐이라 뉘라셔 다시 알리　　　　　　　　　　〈제4장〉

내 생애(生涯) 담박(澹泊)흥니 긔 뉘라셔 차〻오리
입오실자(入吾室者)* 청풍(淸風)이오 대오음자(對吾飮者)* 명월(明月)이라
이내 몸 한가(閑暇)흥니 주인(主人) 될가 흥노라　　　　　　　　〈제5장〉

인간(人間)의 벗 잇단 말가 나는 알기 슬희여라
물외(物外)에 벗 업단 말가 나는 알기 즐거웨라
㉠슬커나 즐겁거나 내 분인가 흥노라　　　　　　　　　　　　　〈제6장〉

영산(嶺山)의 백운기(白雲起)흥니 나는 보미 즐거웨라
강중(江中) 백구비(白鷗飛)흥니 나는 보미 반가웨라
즐기며 반가와흥거니 내 벗인가 흥노라　　　　　　　　　　　　〈제7장〉

　　　　　　　　　　　　　　　　　　　　　－ 안서우, 「유원십이곡(榆院十二曲)」

＊인생식자 우환시: 사람은 글자를 알게 되면서부터 근심이 시작됨.
＊도약등천하 불가급: 도는 하늘로 올라가는 것과 같아서 미치기 어려움.
＊성대농포: 태평성대의 시절에 농사를 지음. 강호(江湖)에서 생활함.
＊헌〻 홀가: 다른 사람이 시끄럽게 떠들까.
＊장요의 하겸흥고: 허리춤에 낫을 차고.

*채초ᄒ니: 나무를 하니.
*입오실자: 나의 집에 들어오는 것.
*대오음자: 나와 대작할 수 있는 것.

www.ebsi.co.kr
정답과 해설 101쪽

9001-0261

01 윗글의 시상 전개에 대한 설명으로 적절하지 <u>않은</u> 것은?

① 〈제1장〉의 '성대농포'에 대한 다짐은 〈제2장〉에서 화자 자신을 '청산', '녹수'와 동일시하는 태도로 이어지고 있다.

② 〈제2장〉의 '요산요수'하는 태도는 〈제3장〉에서 '녹수청산에 시름 업시' 살아가는 모습으로 구체화되고 있다.

③ 〈제4장〉에 묘사되어 있는 '내 생애'가 〈제5장〉의 '담박ᄒ니'라는 평가로 연결되어 화자의 삶의 특성이 나타나고 있다.

④ 〈제5장〉에 화자의 벗으로 제시되어 있는 '청풍'과 '명월'은 〈제6장〉에서 '인간의 벗'으로 압축적으로 제시되고 있다.

⑤ 〈제6장〉의 '즐거웨라'에 내포되어 있는 화자의 태도는 〈제7장〉에서 '영산의 백운'과 '강중 백구'를 대하는 태도로 드러나고 있다.

9001-0262

02 ㉠에 대한 이해로 가장 적절한 것은?

① 부재하는 대상을 향한 변치 않는 마음을 나타내고 있다.

② 경제적 어려움을 극복하고자 하는 의지를 나타내고 있다.

③ 사치하지 않고 소박하게 살고자 하는 다짐을 나타내고 있다.

④ 아름다운 경치를 완상할 때 느낄 수 있는 이중적 감정을 나타내고 있다.

⑤ 속세의 일을 잊고 자연과 조화를 이루며 사는 것에 대한 만족감을 나타내고 있다.

2020년 《수능특강 문학》

30. 윗글과 <보기>에 대한 이해로 적절하지 <u>않은</u> 것은? [3점]

>──────<보 기>──────
> 현실에서의 통화 정책 효과는 경기에 대해 비대칭적인
> 것으로 알려져 있다. 통화 정책은 경기 과열을 억제하는 데는
> 효과적이지만 경기 침체를 벗어나는 데는 효과가 미미하기
> 때문이다. 경기 침체를 극복하기 위해 중앙은행의 정책 금리
> 인하로 은행이 대출을 늘려 신용 공급을 확대하려 해도,
> 가계의 소비 심리가 위축되었거나 기업이 투자할 대상이
> 마땅치 않을 경우 전통적인 통화 정책에서 기대되는 효과는
> 나타나지 않게 된다. 오히려 확대된 신용 공급이 주식이나
> 부동산 등 자산 시장으로 과도하게 유입되어 의도치 않은
> 문제를 일으킬 수 있다.
> 경제학자들은 경제 주체들이 경기 상황에 대해 비대칭적
> 으로 반응하기 때문에 나타나는 이러한 현상을 '끈 밀어올
> 리기(pushing on a string)'라고 부른다. 이는 끈을 당겨서
> 아래로 내리는 것은 쉽지만, 밀어서 위로 올리는 것은 어렵
> 다는 것에 빗댄 것이다.

① '끈 밀어올리기'를 통해 경기 침체기에 자산 가격 버블이
　발생하는 경우를 설명할 수 있겠군.
② 현실에서 경기가 침체되었을 경우 정책 금리 인하에 따른 경기
　부양 효과는 경제 주체의 심리에 따라 달라질 수 있겠군.
③ '끈 밀어올리기'가 있을 경우 경기 침체기에 금융 안정을
　달성하려면 경기 대응 완충자본 제도의 도입이 필요하겠군.
④ 통화 정책 효과가 경기에 대해 비대칭적이라면 경기 침체기
　에는 정책 금리 조정 이외의 방안을 도입할 필요가 있겠군.
⑤ 통화 정책 효과가 경기에 대해 비대칭적이라면 정책 금리
　인상은 신용 공급을 축소시킴으로써 경기를 진정시킬 수 있겠군.

31. 문맥상 의미가 ⓐ와 가장 가까운 것은?

① 나는 그 사람에게 친근감이 <u>든다</u>.
② 그는 목격자의 진술을 증거로 <u>들고</u> 있다.
③ 그분은 이미 대가의 경지에 <u>든</u> 학자이다.
④ 하반기에 <u>들자</u> 수출이 서서히 증가하기 시작했다.
⑤ 젊은 부부는 집을 마련하기 위해 적금을 <u>들기로</u> 했다.

[32~36] 다음 글을 읽고 물음에 답하시오.

(가)
문장(文章)을 ᄒᆞ쟈 ᄒᆞ니 인생식자(人生識字) 우환시(憂患始)오
공맹(孔孟)을 ᄇᆡ호려 ᄒᆞ니 도약등천(道若登天) 불가급(不可
及)'이로다
이 내 몸 쓸 ᄃᆡ 업스니 성대농포(聖代農圃) 되오리라
　　　　　　　<제1장>

홍진(紅塵)에 절교(絶交)ᄒᆞ고 백운(白雲)으로 위우(爲友)ᄒᆞ야
녹수(綠水) 청산(靑山)에 시롬 업시 늘거 가니
이 듕의 무한지락(無限至樂)을 헌ᄉᆞ홀가 두려웨라
　　　　　　　<제3장>

인간(人間)의 벗 잇단 말가 나ᄂᆞᆫ 알기 슬희여라
물외(物外)에 벗 업단 말가 나ᄂᆞᆫ 알기 즐거웨라
슬커나 즐겁거나 내 분인가 ᄒᆞ노라
　　　　　　　<제6장>

유정(有情)코 무심(無心)ᄒᆞᆯ 슨 아마도 풍진(風塵) 붕우(朋友)
무심(無心)코 유정(有情)ᄒᆞᆯ 슨 아마도 강호(江湖) 구로(鷗鷺)
⊙이제야 작비금시(昨非今是)'을 ᄭᆡ ᄃᆞ론가 ᄒᆞ노라
　　　　　　　<제8장>

도팽택(陶彭澤) 기관거(棄官去)'ᄒᆞᆯ 제와 태부(太傅) 걸해귀(乞
骸歸)'ᄒᆞᆯ 제
호연(浩然) 행색(行色)을 뉘 아니 부러ᄒᆞ리
알고도 부지지(不知止)'ᄒᆞ니 나도 몰나 ᄒᆞ노라
　　　　　　　<제9장>

인간(人間)의 풍우(風雨) 다(多)ᄒᆞ니 므스 일 머므ᄂᆞ뇨
물외(物外)에 연하(煙霞) 족(足)ᄒᆞ니 므스 일 아니 가리
이제ᄂᆞᆫ 가려 정(定)ᄒᆞ니 일흥(逸興) 계워 ᄒᆞ노라
　　　　　　　<제11장>
　　　　　- 안서우, 「유원십이곡」 -

* 인생식자 우환시 : 사람은 글자를 알게 되면서부터 근심이 시작됨.
* 도약등천 불가급 : 도는 하늘로 오르는 것과 같아 미치기 어려움.
* 성대농포 : 태평성대에 농사를 지음.
* 작비금시 : 어제는 그르고 지금은 옳음.
* 도팽택 기관거 : 도연명이 벼슬을 버리고 떠남.
* 태부 걸해귀 : 한나라 태부 소광이 사직을 간청함.
* 부지지 : 그만두어야 할 때를 알지 못함.

(나)
어느 날 나는 잠이 들었는데 비몽사몽간이었다. 정신이 산란
하고 병이 아닌데 병이 든 듯하여 그 원기가 상했다. 가슴이
돌에 눌린 듯하여 답답한 게 게으름의 귀신이 든 것이 틀림없
었다. 무당을 불러 귀신에게 말하게 했다.
"네가 내 속에 숨어들어서 큰 병이 났다. …(중략)… 게을러서
집을 수리할 생각도 못하며, 솥발이 부러져도 게을러서 고치지
않고 의복이 해져도 게을러서 깁지 않으며, 종들이 죄를 지어도
게을러서 묻지 않고, 사람들이 시비를 걸어도 게을러서 화를
내지 않아서, 마침내 날로 행동은 굼떠 가고, 마음은 바보가
되며, 용모는 날로 여위어 갈 뿐만 아니라 말수조차 줄어들고
있다. 이 모든 허물은 네가 내게 들어와 멋대로 함이라. 어째서
다른 이에게는 가지 않고 나만 따르며 귀찮게 구는가? 너는
어서 나를 떠나 저 낙토(樂土)로 가거라. 그러면 나에게는
너의 피해가 없고, 너도 너의 살 곳을 얻으리라."
이에 귀신이 말했다.
"그렇지 않습니다. 내가 어떻게 당신에게 화를 입히겠습니까?
운명은 하늘에 있으니 나의 허물로 여기지 마십시오. 굳센
쇠는 부서지고 강한 나무는 부러지며, 깨끗한 것은 더러워지기
쉽고, 우뚝한 것은 꺾이기 쉽습니다. 굳은 돌은 고요함이
이지러지지 않고, 높은 산은 고요하므로 영원한 것입니다.
움직이는 것은 쉽게 요절하고 고요한 것은 장수합니다. 지금
당신은 저 산처럼 오래 살 것입니다. 경우에 따라서는 세상의

이 문제지에 관한 저작권은 한국교육과정평가원에 있습니다.

근면은 화근이, 당신의 게으름은 복의 근원이 될 수도 있지요.
세상 사람들은 세력을 좇다 우왕좌왕하여 그때마다 **시비의
소리**가 분분하지만, 지금 당신은 물러나 앉았으니 당신에 대한
시비의 소리가 전혀 없지 않습니까? 또 세상 사람들은 **물욕**에
휘둘려서 이익을 얻기 위해 날뛰지만, 지금 당신은 걱정이 없어
제정신을 잘 보존하니, 당신에게 어느 것이 흉하고 어느 것이
길한 것이겠습니까? 당신이 이제부터 유지(有知)를 버리고
무지(無知)를 이루며, 유위(有爲)를 버리고 무위(無爲)에 이르며,
유정(有情)을 버리고 무정(無情)을 지키며, 유생(有生)을 버리고
무생(無生)을 즐기면, 그 도는 죽지 않고 하늘과 함께 아득하여
태초와 하나가 될 것입니다. 내가 앞으로도 당신을 도울 것인데,
도리어 나를 나무라시니 자신의 처지를 아십시오. 그래서야
어디 되겠습니까?"
이에 나는 그만 말이 막혔다. 그래서 ⓒ<u>앞으로 나의 잘못을
고칠 터이니 그대와 함께 살기를 바란다</u>고 했더니, 게으름은
그제야 떠나지 않고 나와 함께 있기로 했다.

― 성현, 「조용(嘲慵)」 ―

32. (가)와 (나)의 공통점으로 가장 적절한 것은?

① 대조적 소재를 통해 삶에 대한 글쓴이의 인식을 드러내고 있다.
② 명령적 어조를 통해 세태에 대한 부정적 시각을 진술하고 있다.
③ 공간의 이동을 통해 주어진 삶에 순응해야 함을 드러내고 있다.
④ 구체적인 청자를 설정하여 자연에서 얻은 깨달음을 진술하고
있다.
⑤ 계절의 변화를 통해 과거와 대비되는 현재의 상황을 드러
내고 있다.

33. <보기>를 참고하여 (가)를 이해한 내용으로 적절하지 <u>않은</u>
것은? [3점]

<보 기>

「유원십이곡」은 강호에서의 삶을 추구하는 노래지만, 화자는
강호에 머문 뒤에도 강호와 속세 사이에서 갈등을 반복한다.
이는 강호에서의 만족한 삶이라는 이상에 도달하는 것이 쉽지
않음을 보여 주는 것이다. 그뿐 아니라 화자가 갈등을 반복
하면서도 항상 강호를 선택하는 모습은, 결국 자신의 결정이
가치 있는 것임을 드러내기 위한 것으로 이해할 수 있다.

① <제1장>의 초장에는 화자가 강호를 선택하게 되는 동기가
드러난다.
② <제3장>의 중장에는 강호를 선택한 삶의 모습이 긍정적으로
드러난다.
③ <제6장>의 종장에는 화자 자신이 분수에 맞는 선택을 했음이
드러난다.
④ <제9장>의 중장에는 속세에 미련을 갖게 하는 가치를 언급
함으로써 화자의 갈등이 드러난다.
⑤ <제9장>의 종장에는 갈등하는 화자의 모습이, <제11장>의
종장에는 자신의 선택에 만족하는 화자의 모습이 드러난다.

34. 절교 와 위우 를 중심으로 (가)를 감상한 내용으로 적절하지
<u>않은</u> 것은?

① 화자가 '절교'하고자 하는 대상은 '인간의 벗'으로 볼 수 있다.
② 화자가 '봉우'를 '절교'하고자 하는 대상으로 인식한다고 볼
수 있다.
③ 화자가 '백운'과의 '위우'를 통해 '무한지락'을 느끼고 있다고
볼 수 있다.
④ 화자가 '위우'하고자 하는 '구로'는 '물외에 연하 족'한 곳에
있다고 볼 수 있다.
⑤ 화자가 '물외에 벗'과 '위우'하고자 하는 이유는 '유정코 무심'
하기 때문으로 볼 수 있다.

35. ㉠과 ㉡을 참고하여 (가)와 (나)를 이해한 내용으로 가장
적절한 것은?

① ㉠의 화자는 '공맹을 빈호'기 위해 '성대농포'의 길을 가야 함을
알게 되었다.
② ㉡의 '나'는 '태초와 하나가' 되게 하는 상대방의 제안을 수용
하며 '굳센 쇠'와 같은 변치 않는 삶을 다짐하고 있다.
③ ㉠의 화자는 '녹수 청산'에서의 삶을 즐거워하고, ㉡의 '나'는
'깨끗한 것'을 '길한 것'으로 받아들이고 있다.
④ ㉠의 화자는 현재의 삶이 옳음을 '떠드론가'로 밝히고, ㉡의
'나'는 반성의 태도를 '고칠 터이니'로 드러내고 있다.
⑤ ㉠의 화자는 '풍우 다'한 현실을 긍정적으로 받아들이고,
㉡의 '나'는 '시비의 소리'에 흔들렸던 자신의 잘못을 고치겠다고
다짐하고 있다.

36. <보기>를 참고하여 (나)를 감상한 내용으로 적절하지 <u>않은</u>
것은?

<보 기>

「조용」에서 필자는 '나'와 '게으름 귀신'의 대화라는 구조를
활용하여 게으름에 대한 사색의 결과를 담아내고 있다. 필자는
게으름의 양면성을 드러내어 게으름의 부정적 측면을 경계
하는 한편 게으름의 긍정적 측면을 통해 세태에 대한 비판적
시각을 보여 준다.

① '나'가 무당을 내세워 '귀신'에게 말을 건네는 것에서, 자신의
게으른 생활에 대해 살펴보려는 필자의 모습을 알 수 있겠군.
② '나'가 집안의 대소사를 해결하지 않고 게으름을 피우는 행위를
나열하는 것에서, 게으름의 폐단을 드러내려는 필자의 생각을
알 수 있겠군.
③ '나'가 '멋대로' 행동하는 게으름을 탓하면서도 게으름은 자신의
'허물'이라 여기는 것에서, 게으름의 양면성을 드러내려는
필자의 의도를 알 수 있겠군.
④ '나'가 게으름 덕분에 '물욕'에서 벗어날 수 있다는 '귀신'의
말에서, 게으름의 긍정적 측면을 보여 주려는 필자의 의도를
알 수 있겠군.
⑤ '나'가 게으름 덕분에 세상 사람들과 달리 걱정 없이 살 수
있다는 '귀신'의 말에서, 이익을 얻기 위해 다투는 사람들에
대한 필자의 비판적 시각을 알 수 있겠군.

13
16

곡〉1~7장이 수록되어 있지만, 모의고사에는 1장, 3장, 6장과《수능
특강 문학》에 없던 8장, 9장, 11장이 실렸음을 알 수 있다. 즉 같은
작품의 다른 부분이 나온 것이다.

물론 현대시처럼 작품의 길이가 짧은 경우에는 연계 교재에 실린
부분이 그대로 수능에도 나오겠지만, 고전 시가나 소설처럼 작품의
길이가 길면 '동일한 작품의 다른 부분'이 연계되어 나올 확률이 높
다. 따라서 연계 체감을 목표로 공부할 경우 연계 교재에 실린 부분
만 공부할 것이 아니라, 고전 시가라면 해당 시가의 다른 부분도, 소
설일 경우 최소한 전체적인 줄거리라도 공부하는 것이 좋다.

지금까지 '연계'라는 수능의 독특한 시스템에 대해 간략하게 살
펴보았다. 수능에 기껏해야 다섯 문제에서 일곱 문제밖에 출제되지
않는 연계 문제에서 효과를 보기 위해 그 많은 연계 교재를 공부한
다는 게 비효율적이라는 생각이 들 수도 있다. 그러나 과목별 공부
법을 이야기할 때도 누차 강조하겠지만 '수능에 확실히 도움이 된
다'고 말할 수 있는 것은 연계 교재 공부뿐이다. 지문이 그대로 수능
에 출제되기 때문이다. 연계 교재는 학습 과정에서 실력을 키워 줄
뿐만 아니라 실제 수능에서 부족한 실력을 연계 문제로 메울 수 있
게 해 주기도 한다. 무엇을 망설이는가. 연계 교재 공부는 선택이 아
닌 필수란 점을 잊지 말자.

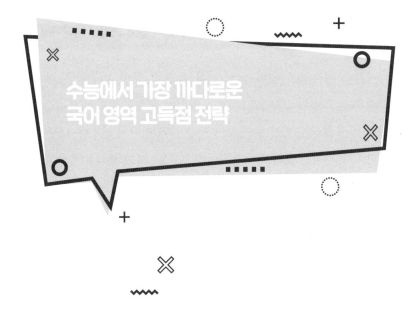

수능에서 가장 까다로운
국어 영역 고득점 전략

국어 영역은 개인적으로 수능 중 가장 까다로운 과목이라고 생각한다. 여러 가지 이유가 있지만, 우선 80분이라는 시험 시간이 대다수 학생에게 너무 짧게 느껴진다는 점, 그리고 수능이라는 인생의 큰 전환점에서 '첫 교시'에 대한 긴장과 부담이 크기 때문이다.

이런 특별한 포지션 때문에 국어 과목은 다른 과목에 비해 시간 부족과 컨디션 조절 실패로 성적이 안 나오는 경우가 많다. 평소 모의고사에서 높은 성적을 받던 학생이 수능 당일 긴장감을 이기지 못해 낮은 점수를 받는 일도 흔하다. 그래서 국어 공부를 할 때는 화법과 작문(이하 화작), 문법, 문학, 비문학 같은 세부 영역에 대한 준비는 물론 '시간 분배'와 '컨디션 조절'도 신경을 써야 한다.

시간 분배-긴가민가한 문제는 붙잡고 있지 말고 과감히 넘어가라

시간 분배는 별것 없다. 국어는 화작, 문법, 문학, 비문학 등 총 4개의 영역으로 나눌 수 있다. 4개의 영역에 시간을 얼마씩 투자할지 미리 정해 놓고 문제를 푸는 것이 시간 분배 전략의 전부다. 너무 간단한 이야기처럼 들려 허무할지도 모르지만, 이는 생각보다 중요하다. 국어라는 과목의 특성과 연관이 있기 때문이다.

다른 과목과 구별되는 국어의 특징 중 하나는 '억울한 오답'이 많다는 것이다. 예를 들어 수학 문제는 모르면 확실히 모르고 맞으면 확실히 맞는 경우가 많다. 하지만 국어 문제에서 오답이 나오는 과정은 다르다.

"아, 3번이랑 5번이랑 고민하다가 3번으로 찍었는데 틀렸어."

모의고사 날 채점 시간만 되면 한 사람쯤 기다렸다는 듯이 외치는 대사다. 문제는 아깝게 틀린 그 문제가 아니다. 그 문제에 시간을 너무 써 버리는 바람에 다른 문제들을 급하게 풀어 틀리는 경우가 많다는 것이다. 자기 이야기가 나온다고 놀란 친구들이 있을지도 모르겠다. 괜찮다. 나도 그랬다. 이제부터 고쳐 나가면 된다.

지금까지 국어 과목의 어려운 점만 말해서 가뜩이나 하기 싫은 국어 공부가 더 싫어졌을지도 모르겠다. 하지만 좋은 점도 분명히 있다. 국어는 다른 과목과는 달리 잘 보면 답이 보인다. 선지가 모두 정답처럼 보여 짜증이 날 때도 있는 반면, 운이 좋은 날에는 마킹을 하다가 문득 명확한 정답이 보여 한 문제를 구제할 때도 있다. 수학 문제는 몇 번을 다시 보더라도 갑자기 답이 보이는 일은 절대 없다.

영어 영역이나 탐구 영역도 마찬가지다. 그런 점에서 국어 과목은 다른 과목에 비해 자비롭다.

시간 분배는 이런 국어의 특징을 활용해야 한다. 모르는 문제나 긴가민가한 문제는 표시만 해 두고 다음 문제로 과감하게 넘어가고, 문제를 다 푼 뒤 답안지에 마킹을 하면서 다시 푼다. 나는 실제로 화작 12분, 문법 8분, 비문학 35~40분으로 문제 푸는 시간을 정해 놓았다. 문학 문제는 답이 2개인 것 같으면 우선 넘어갔다가 마지막 문제까지 풀고 다시 돌아와 풀었다. 그래도 시간이 남으면 처음으로 돌아가 헷갈리는 문제를 다시 한번 확인했다. 이런 규칙을 정해 놓고 고등학교 3학년 내내 이를 익히려는 훈련을 했다. 물론 수능 당일에도 이 규칙을 따라 시험을 쳤다. 국어 과목에서 높은 점수를 받고 싶다면 자신이 잘하는 영역에는 적은 시간을, 취약한 영역에는 많은 시간을 할애해 국어 시험 전용 시간표를 짜 놓고 움직여야 한다. 이는 최상위권으로 도약하기 위한 기초적인 발판이다.

1교시라서 더 중요한 컨디션 조절

다음은 컨디션 조절이다. 구체적인 공부법은 이야기하지 않고 공부 외적인 것만 길게 설명한다고 원망하지 않았으면 좋겠다. 수능 국어 영역에서 고득점을 받으려면 특히 신경 써야 하는 부분이라고 생각하기 때문이다. 수학이나 영어와는 달리 국어 과목에서는 공부법만큼이나 시험 스킬 및 컨디션 같은 공부 외적인 요인이 결과에 큰 영향을 끼친다.

컨디션은 육체적 컨디션과 심리적 컨디션이 있다. 육체적 컨디션은 긴장해서 배가 아프다든지, 잠을 못 자서 머리가 아프다든지 하는 것이고, 심리적 컨디션은 수능에 대한 긴장감 혹은 실전에서 집중하지 못하고 잡생각에 시달리는 것 등을 의미한다. 이 부분은 사람마다 그리고 상황에 따라 너무 많은 경우의 수가 있어서 내가 명확한 답을 줄 수 있는 영역은 아니다. 그럼에도 누구에게나 유용한 팁이 하나 있다. 최대한 다양한 상황을 시뮬레이션해 보는 것이다.

나는 모의고사를 칠 때마다 수능 당일 최고의 컨디션을 유지하기 위한 방법을 찾으려고 다양한 실험을 해 봤다. 1교시 국어 영역을 칠 때마다 배가 아파 고민이던 나는 3월 모의고사 때는 아침을 안 먹으면 괜찮을까 싶어서 아침밥을 굶는 실험을 해 봤다. 결과는 배가 고파서 문제에 집중을 못 하고 배는 배대로 아팠다.

4월 모의고사에서는 가장 어려운 비문학을 풀기 전 책상에 2분 정도 엎드려 있었다. 이렇게 하면 평소에 못 풀던 문제가 잘 풀리지 않을까 싶어서였다. 이 실험 역시 실패로 돌아갔다.

7월에는 집중이 더 잘될까 싶어 시험 직전에 커피를 한 잔 마셔 봤다. 이건 그나마 효과가 있어서 수능일 수학 시험 전에 커피를 한 잔 마셨다.

시험 칠 때마다 중간중간 문제 푸는 순서를 바꿔 보기도 했다. 국어 시험을 예로 들면, 순서대로 풀어도 보고, 비문학을 맨 먼저 풀기도 하고 맨 마지막에 풀기도 했다. 여러 실험을 해 봤지만 그다지 효과가 없어 결국에는 1번부터 순서대로 풀기로 했다.

6월과 9월 모의고사에서는 실험을 하지 않고 늘 하던 방식대로 했다. 평가원이 내는 문제라 실제 수능을 시뮬레이션해 보기 위해서였다. 10월 모의고사 때는 수능일에 입을 옷을 입고 시험을 쳤다.

유별나게 보일지 모르겠으나 나는 이런 실험이 나름대로 도움이 되었다고 생각한다. 여러 번에 걸친 시뮬레이션 끝에 나는 나한테 가장 잘 맞는 문제 푸는 순서나, 수능 당일 아침에 이런 것들을 하고 시험을 쳐야겠다는 행동 요령 등을 얻을 수 있었다. 그 덕분에 시험장에서 긴장을 줄이고 문제에 집중할 수 있었다. 다른 과목이라면 이런 공부 외적인 요소가 당락을 좌우하지 않겠지만, 국어 과목에서는 충분히 가능하다고 본다.

나는 원래 모의고사 때 국어 시간마다 긴장을 해서 배가 아프고 손이 떨려 시험에 좀처럼 집중하기가 어려웠다. 그래서 6월 모의고사까지만 해도 비문학 문제 몇 개는 버린 적이 많았다. 그런 와중에 7월에 경찰대 시험을 본 적이 있다. 시험장에 들어가기 전까지는 역시나 긴장이 많이 됐다. 그런데 시험을 치는 동안 문득 '떨어지면 수능에 더 집중하면 되겠지'라는 생각이 들면서 긴장이 풀렸다. 그 후 매우 편한 마음으로 시험을 쳤다. 아마 내 인생에서 가장 긴장하지 않고 친 시험이었을 것이다. 그렇게 실전 시험을 한 번 치르고 나니 놀랍게도 모의고사에서 더 이상 긴장하지 않게 되었다.

이런 예는 지극히 개인적인 에피소드라서 일반화하기는 어렵다. 하지만 수능 이전에 자신만의 룰을 만들고 그에 따라 시험 치르는 훈련을 한다면 수능 당일 컨디션을 조절하는 데 큰 도움이 되리라 믿는다. 혹시 시험을 볼 때 심리적인 요인으로 실력 발휘를 못 하는 친구들이 있다면 한국사능력검정시험이나 토익 같은 공인 시험을 한 번쯤 응시해 볼 것을 추천한다. 내가 그런 것처럼 수능일 멘탈 관리에 큰 도움이 될지도 모른다.

문법 공부는 한 달 안에 끝내자

이제 본격적으로 국어 영역에 관해 이야기해 보자. 수능과 관련해서 내가 줄 수 있는 팁은 두 가지다. 첫째는 어떻게 공부할지에 대한 공부법이고, 두 번째는 실제 시험에 도움이 될 만한 실전 팁이다. 우선 공부법부터 시작해 보자.

지금부터 하는 이야기는 2020년 수능과 2021년 수능 기준이라는 점을 우선 밝혀 둔다. 교육 과정이 바뀌면 국어 영역 비중이나 문제 유형이 바뀔 수 있다. 실제로 2022년 수능부터 국어 영역에 새롭게 선택 과목이 추가된다. 기존의 독서(비문학)와 문학 영역은 유지되지만, 화작 그리고 언어와 매체(2021년 수능의 문법과 비슷하다)는 둘 중 하나를 선택해서 보는 것으로 변경된다. 구체적인 변경 사항은 포털 사이트에서 검색해 보기 바란다. 하지만 출제 방식이 바뀌더라도 공부법의 큰 틀은 달라지지 않으리라는 게 내 생각이다. 1번부터 10번까지 열 문제가 출제되는 화작 영역은 실전 팁에서 살펴보기로 하고, 먼저 문법에 관해 이야기해 보자.

문법은 늘 시간에 쫓기는 국어 시험에서 그나마 우리에게 숨 쉴 틈을 주는 영역의 하나다. 개념을 잘 숙지할수록 시간을 줄일 여지가 많기 때문이다. 비문학은 정답률을 높일 수는 있어도 시간을 줄이기는 쉽지 않다. 문법 영역에서 우리가 할 일은 간단하다. 개념을 외우고, '문법적 감각'을 유지한 채 문제를 읽는 것이다.

그렇다면 문법 개념 공부는 언제 시작하는 게 좋을까? 내가 가장 추천하는 시기는 2학년 겨울 방학이다. 이 시기는 아마 수능을 잘 보기로 마음먹은 학생들이 가장 열심히 공부할 때가 아닐까 싶다. 그런 시기에 하루 1~2시간만 꾸준히 투자하면 한 달 안에 국어 문법의 모든 개념을 훑을 수 있다. 물론 시작이 약간 늦은 친구들은 3학년 여름 방학이나 학기 중에 해도 상관없다. 단, 못해도 한 달 안에는 진도를 끝내도록 하자. 그 이상 걸린다는 건 매일 꾸준히 하지 않았다는 뜻이다.

문법 개념 자체를 공부하는 것은 그리 어렵지 않다. 혼자 자습서를 보고 해도 된다. 혼자 공부하는 게 어려우면 인강이나 학원의 힘을 빌려도 괜찮다. 어쨌든 그렇게 한 달을 보내고 나면 필기가 완료된 문법책이 한 권 남게 된다. 이제부터 남은 일은 수능을 치기까지 2주에 한 번, 문법에 자신이 없다면 1주에 한 번씩 '자기만의 문법책'을 처음부터 끝까지 읽는 걸 반복하면 된다. 마치 탐구 과목의 개념을 외우듯이 문법 개념을 일정한 기간을 두고 계속 반복해서 외워 주면 수능 때 개념을 몰라 시간을 허비할 걱정은 안 해도 된다. 이때 가장 이상적인 공부는 우리가 구구단을 의식하지 않아도 내뱉을 수 있듯이 문법 문제에서도 특별한 노력 없이 문법 개념이 보이는 경지에 이르는 것이다. 나는 이를 '문법적 감각을 기르는 것'이라고 표현한다.

내가 생각하는 '문법적 감각'이란 예컨대 이런 것이다. 평범한 국어 문장을 읽더라도 문장 속에서 이게 부사어인지 관형어인지, 합성어인지 파생어인지, 단어를 읽을 때 음운 변동은 뭐가 일어나고 총 몇 번 일어나는지 등을 신경 쓰면서 읽도록 습관을 기르는 것이다. 말로만 들어서는 조금 어려워 보일지 모르나, 실제로 문법 공부를 해 보면 금방 이 단계까지 갈 수 있다. 그리고 이런 단계에 쉽게 이르는 방법 중 하나는 개념을 외울 때 예문도 함께 외우는 것이다. 예를 들어 관형사와 관형어의 차이를 공부했다면 이 둘의 차이를 알 수 있는 예문도 머릿속에 함께 넣어 두는 식이다. 시험 당일 문법적 감각을 날카롭게 세우는 데 큰 도움이 될 것이다.

수능일이 다가올수록 비문학 공부 비중을 높이다 보면 이런 문법적 감각이 약해질 수 있다. 따라서 수능을 2~3주 앞두고는 문법 문제를 하루에 30~50개씩 푸는 것을 추천한다. 나는 실제로 수능 2주 전에 국어 문법 기출문제집을 새로 사서 매일 50개씩 풀었다. 덕분에 수능 당일에 큰 어려움 없이 문법 문제를 풀 수 있었다.

문학 공부는 닥치고 연계 교재

수험생 중에 문학을 걱정하는 친구는 그리 많지 않은 듯싶다. 만약 있다면 너무 걱정하지 말라고 이야기해 주고 싶다. 우리에게는 '연계 작품'이라는 든든한 아군이 있기 때문이다. 따라서 문학 공부의 시작은 당연히 '연계 교재'다.

수능은 이론상으로 모든 영역과 과목에 연계 교재가 존재하고, 일정 비율 이상은 필수적으로 연계가 된다. 국어 과목에도 영역별로 《수능특강》 교재가 네 권(화작, 문법, 비문학, 문학)이나 있다. 그러나 안타깝게도 연계가 체감되는 수준은 아니다. 나는 《수능특강》 네 권과 《수능완성》을 모두 공부해 봤지만, 딱 한 영역을 제외하고는 연계 체감을 전혀 느끼지 못했다. 그리고 그 '딱 한 영역'이 바로 문학이었다.

문학의 연계 체감은 엄청나다. 특히 고전 시가나 고전 소설에서 공부한 작품이 연계된다면 문제 푸는 시간을 짧게는 1~2분, 길게는 5분까지 단축할 수 있다. 실제로 내가 치른 2020년 수능에 나온 문학 작품의 절반 이상이 연계된 작품이었고, 그 덕분에 나는 평소 모의고사 때보다 5분 정도를 단축할 수 있었다. 국어 영역은 80분이라는 짧은 시간 동안 쫓기듯 문제를 풀어야 하기 때문에 1~2분을 무시할 수 없다. 그런 점에서 문학 연계의 효과는 정말 크다. 물론 이런 극적인 효과를 얻기 위해서는 시험장에 들어가기 전에 준비가 완벽하게 되어 있어야 한다. 연계 작품을 완벽하게 분석해 놔야 한다는 뜻이다.

"아니, 그걸 언제 다 외워요?"

연계 작품을 분석하는 것은 간단하다. 만약 작품이 시라면 그 시의 주제가 뭔지, 시적 상황은 무엇인지, 화자는 누구이고 청자는 누구인지, 반어법이나 역설법 등 눈여겨볼 만한 표현법은 없는지 등을 보면 된다. 분량이 몇십 페이지나 되는 소설은 막막할 수도 있는데 소설은 오히려 분량이 많기 때문에 더 간단하다. 등장인물이 누구이고 성격은 어떠한지, 소설의 배경은 언제이며 시점은 무슨 시점인지, 문체에 특이한 사항은 없는지, 소설에서 핵심적인 소재는 무엇인지, 시간의 흐름대로 흘러가는지 액자식 구성인지 등을 거시적으로 파악해 놓으면 된다. 물론 각 수능 특강 교재 자체에는 이런 것들이 친절하게 정리되어 있지 않다. 그래서 인강을 듣지 않더라도 연계 교재 공부는 이런 것들이 모두 정리되어 있는 인강 교재를 참고하기를 추천한다.

연계 교재에서 공부해야 할 점을 나열해 봤는데, 분명히 이렇게 말하는 사람이 있을 것이다.

"아니, 연계되는 시랑 소설만 해도 몇십 개는 되는데, 그 많은 작품의 세부 특징을 언제 다 외워요?"

언제 다 외우는지에 대한 답은 간단하다. 수능 전에 다 외우면 된다. 수능 일주일 전에 다 외우면 좋고, 한 달 전이면 더 좋다. 어쨌든 우리는 그걸 외워서 시험장에 가야 한다. 너무 많다고? 전혀 그렇지 않다.

이와 관련해서 해 주고 싶은 이야기가 두 가지 있다. 첫 번째, 막상 외우다 보면 그렇게 어렵지 않다는 사실을 알게 될 것이다. 시 전체를 외우는 것도 아니고, 소설 전체를 외우는 것도 아니다. 시를 천천히 감상하면서 특징적인 부분만 체크하면 된다. 소설을 훑어보면서 큰 덩어리만 머릿속에 집어넣으면 된다. 이런 과정을 서너 번 반복하면 제목만 들어도 그 시 내용이 거의 완벽하게 떠오르고, 시의 특징은 더더욱 분명하게 떠오른다.

내가 고등학교 3학년이 되고 나서 얼마 후 어느 국어 선생님이 이런 말씀을 하셨다.

"10월쯤 되면 옆에서 친구가 툭 치면서 '선상탄!(당시 연계 교재에 있던 고전 시가로, 조선 시대 박인로가 배 위에서 임진왜란의 비애를 한탄하며 지은 시)' 하고 외치면 그 시가의 특징이 달달 나와야 해."

그 당시에는 농담인 줄 알았다. 그런데 정말 10월이 되니 애들이 서로 툭툭 치면서 고전 시가의 특징을 외우고 있었다. 선생님 말씀이 맞았다. 10월에는 모든 연계 작품을 외우고 있어야 한다. 공부를 열심히 했다는 증거이기 전에 수능 국어를 준비하는 학생이 갖춰야 할 '기본'이기 때문이다.

두 번째는 국어의 문학만큼 너그러운 과목은 거의 없다는 이야기를 해 주고 싶다. 수능을 공부하면서 수능 문제의 정답을 맞히는 데 확실히 도움이 되는 공부라고 자신할 수 있는 게 몇이나 될까? 수학 문제집을 몇십 권, 아니 몇백 권을 풀어도 '수능에 바로 이 문제가 나올 거야'라고 말할 수 있는 사람은 없다. 비문학 연계 교재를 몇십 번씩 읽어서 모든 본문을 달달 외우고 있어도 수능 지문에는 '간접 연계'라는 명목으로 처음 보는 지문이 나온다. 그런데 문학은 어떤가. 고3 때 보던 그 교재에서 토씨 하나 빼지 않고 '그대로' 나온다. 이런 과목은 국어의 문학과 나중에 언급할 영어가 유일하다. 이런 황금 같은 기회를 외면하고 국어 시험을 보는 것은 너무 안타까운 일 아닐까?

아무리 봐도 애매한 문학 문제를 맞히는 요령

연계 교재를 완벽하게 공부했다면 이제 남은 건 하나다. 문학 문제를 잘 푸는 훈련이다. 내용을 아는 것과 문제를 푸는 것은 다른 차원이다. 문학 수업만 듣고서 문학 공부를 제대로 하고 있다고 생각하는 학생들이 있는데, 그건 착각이다. 수학 개념을 배운 후에 수학 문제 푸는 법을 배우듯이, 문학 역시 문제 푸는 법을 익히는 과정이 필요하다. 물론 선생님이 문학 작품을 설명해 주실 때 간접적으로 소설이나 시를 어떻게 분석해야 하는지 배울 수 있겠지만, 수능을 준비하는 입장에서는 그런 분석과 더불어 문제를 어떻게 풀지에 대한 고찰도 필요하다. 그렇다면 문학 문제를 푸는 훈련은 어떻게 해야 할까?

2009년에 당시 숭실대 문예창작과 교수이던 최승호 시인이 2004년 수능에 출제된 본인 작품의 문제를 풀어 본 적이 있다. 본인이 지은 시에 대한 문제니 당연히 다 맞히지 않았을까? 결과는 놀라웠다. 단 한 문제도 맞히지 못했기 때문이다. 문학 문제와 관련한 논란이 있을 때마다 자주 소개되는 사례이다.

하나의 문학 작품을 두고 여러 사람에게 어떤 이미지가 떠오르느냐고 물으면 당연히 다양한 답이 나온다. 《수능특강》과 같은 공식적인 교재에 실리는 작품에도 다양한 해석이 존재한다. 문학 작품을 해석하는 데 정답은 없다. 그런데 이런 문학을 가지고 논란이 없는 문제를 내려면 어떻게 해야 할까? 바로 '사실에 기반한 문제'를 내는 것이다.

문학 작품의 특정 부분이 사실인지 아닌지를 묻는다면? 비교적 객관적인 답이 나올 것이다. 예를 들어, 화자가 산에 올라 어떤 감정을 느꼈는지에 관해 물으면 다양한 답이 나오겠지만, 화자가 산에 올라갔느냐 아니냐를 묻는다면 답은 하나뿐이다. 놀랍게도 최근의 문학 문제 대부분은 이런 틀 안에서 출제된다. 2020년 수능에 나온 실제 문학 문제를 풀어 보면서 알아보자.

24. 〈보기〉를 참고하여 (나)를 이해한 내용으로 적절하지 <u>않은</u> 것은?

〈보기〉

『어촌기』의 작가는 벗의 말을 인용하여 자신의 생각을 드러내고 있다. 작가는 벗에 관한 이야기가 기록할 만한 가치가 있다는 근거를 벗과의 관계와 그의 성품에 대한 평을 통해 마련하고 있다. 이를 통해 작가는 자신이 추구하는 삶의 방향성과 가치관을 드러내며 벗의 생각에 공감하고 있다.

① 벗이 '영화'와 '이익'을 중시하는 삶을 거부한다는 것을 통해 벗의 가치관을 알 수 있군.
② 작가가 벗의 말을 '즐거워하며' 자신도 살피려 하는 것을 통해 작가는 벗의 생각에 공감하고 있음을 알 수 있군.
③ 작가가 벗을 '아우'로 삼고 있다는 것을 통해 벗이 추구하는 삶의 자세가 작가로부터 전해 받은 것임을 알 수 있군.
④ 벗이 '강태공'과 '엄자릉'을 들어 '내가 감히'라는 말을 언급한 것을 통해 그들의 삶에 미치지 못함을 스스로 인정하는 벗의 겸손한 성품을 알 수 있군.
⑤ 작가가 벗이 '대과에 급제'하여 기대를 받고 있는데도 '마음에 사욕이 없'다고 평한 것을 통해 벗의 말이 기록할 만한 가치가 있다고 여김을 알 수 있군.

문제에서 보다시피 대부분의 문학 문제 선지는 다음과 같은 구조로 이루어져 있다.

'(작품 속의 내용)을 통해 (작품에 관한 주관적인 생각)을 알 수 있군.'

선지 ①번에서 "벗이 '영화'와 '이익'을 중시하는 삶을 거부한다는 것(작품 속의 내용)을 통해 벗의 가치관(작품에 관한 주관적 생각)을 알 수 있군"처럼 말이다.

그럼 이제 문제의 선지를 '객관성'에 초점을 맞춰 분석해 보자.

핵심은 객관성과 사실성

먼저, 작품의 특정 내용이 사실인지를 확인해야 한다. 즉 앞의 1번 보기에서 벗이 '영화'와 '이익'을 중시하는 삶을 거부하고 있는지 확인해야 한다는 뜻이다. 그리고 이런 특정 내용이 사실이라고 판단했으면 작품에 관한 주관적 생각이 사실인지를 따져 봐야 한다. 앞 문제에서는 작품을 통해 벗의 가치관을 알 수 있는지를 따져 주면 된다. 그런데 문제를 풀다 보면 간혹 애매한 경우가 생긴다. 예를 들어 '화자의 외로운 정서를 알 수 있군'과 같은 선지의 경우 '외롭다'라는 감정은 주관적이기 때문에 섣불리 판단을 내리기가 어려울 수 있다.

여기서 우리가 한 가지 기억해 둘 것이 있는데, 수능 문제 지문으로 출제되는 문학 작품 속에는 대개 전체를 관통하는 분위기가 있다는 사실이다. 예를 들어, 대부분의 고전 시가는 대체로 누군가를 그리워하거나 자연을 예찬하는 등 두 가지 상황 가운데 하나인 경우가 많다. 만약 누가 봐도 자연을 예찬하는 내용의 시인데, 선지에서 화자의 외로운 정서를 알 수 있다고 한다면? 당연히 틀린 선지가 되는 것이다.

그리고 마지막으로 만약 작품의 내용도 올바르고 주관적 생각도 합리적이라고 판단되면 '통해'라는 연결 고리를 진단해 줘야 한다. 가령, 앞의 선지 ①번은 벗이 '영화'와 '이익'을 중시하는 삶을 거부하기도 하며, 작품을 통해 벗의 가치관을 알 수 있기도 하고, 결정적으로 영화와 이익을 중시하는 삶을 거부하는 벗의 '모습에서' 그런 벗의 가치관을 알 수 있기 때문에 해당 작품을 올바르게 설명하고 있다. 그런데 만약 벗의 가치관이 영화와 이익을 거부하는 것과는 거리가 먼, 탐욕적인 가치관을 가졌지만 작품의 특정 부분에서만 영화와 이익을 거부했다면? 이 경우 영화와 이익을 거부한 것도, 그리고 벗의 가치관을 알 수 있는 것도 사실이지만, '통해'라는 연결 고리가 잘못되었으므로 해당 선지는 오답이 된다. 이런 점을 고려해서 직접 문제를 풀어 보기 바란다.

이렇게 사실성을 따져 가면서 문학 선지를 분석하는 훈련을 하는 것이 '문학 문제를 푸는 훈련'이다. 다양한 기출문제나 사설 문제를 풀면서 이런 훈련을 해 줌으로써 문제를 풀 때 지문을 제대로 이해했음에도 '자신의 독특한 생각'이 섞여 들어가 어이없이 오답을 고르는 실수를 방지할 수 있다. 오답이 거의 없이 문학을 해결하면 비문학에 쏟을 시간을 벌 수 있다.

기억하자. 문학 공부에서 중요한 것은 딱 두 가지다. 연계 교재, 그리고 객관성.

비문학에서 가장 중요한 것은 패턴

국어 공부에서 가장 어려운 부분 혹은 가장 중요한 부분이 뭐라고 생각하느냐는 질문에 대부분의 사람이 '비문학'이라고 답할 것이다. 비문학 성적이 곧 국어 성적이라고 할 수 있을 만큼 비문학이 수능 국어의 점수를 좌우한다. 비문학을 공략하기 위해서는 어떻게 해야 할까?

'책을 많이 읽어라', '어려운 지문들의 구조를 분석하며 읽어라', '길고 복잡한 지문에 익숙해져라' 등은 수험생들에게는 너무 추상적이고 이상적으로 들릴 것이다. 물론 책을 많이 읽고 평소에 다양한 지문을 분석하는 훈련을 해 두면 어찌 됐든 비문학을 읽는 데 도움이 된다. 하지만 당장 수능이 급한 수험생들이 시험과 상관없는 책을 읽으면서 비문학 공부를 하는 건 좀처럼 상상하기 힘든 일이다. 그래서 나는 비문학 공략법을 묻는 학생들에게 다음과 같이 설명한다.

'수능 국어의 문제 패턴을 분석하고 그 패턴을 인지하면서 지문을 읽어라.'

아마 무슨 말인지 한 번에 와닿지 않을 것이다. 지금부터 실제 수능 지문들과 함께 비문학 공부법을 자세히 알아보자.

면역적 거부 반응은 면역 세포가 표면에 발현하는 주조직 적합 복합체(MHC) 분자의 차이에 의해 유발된다. 개체마다 MHC에 차이가 있는데 서로 간의 유전적 거리가 멀수록 MHC에 차이가 커져 거부 반응이 커진다.

(중략)

그런데 이종 이식은 동종 이식보다 거부 반응이 훨씬 더 심하게 일어난다.

26. 윗글에서 알 수 있는 내용으로 적절하지 <u>않은</u> 것은?

① 레트로바이러스는 숙주 세포의 역전사 효소를 이용해 RNA를 DNA로 바꾼다.
② 포유동물은 과거에 어느 조상이 레트로바이러스에 의해 감염된 적이 있다.
③ 이종 이식을 하는 것만으로도 바이러스 감염의 원인이 될 수 있다.
④ 면역 세포의 작용으로 인해 장기 이식의 거부 반응이 일어난다.
⑤ 동종 간보다 이종 간이 MHC 분자의 차이가 더 크다.

위에 예를 든 문제는 실제 내가 시험장에서 마주친 '장기 이식'을 소재로 한 지문에서 일부분을 발췌한 것이다. 원래는 공백 포함 1768자나 되는 긴 지문이다. 하지만 가벼운 마음으로 책을 읽는 학생들에게 악명 높은 수능 국어, 그것도 과학 지문의 악랄한 맛을 보여 주고 싶은 마음은 없기 때문에 설명에 필요한 부분들만 임의로 골라 실었다.

우선 눈치챘는지 모르겠지만 ⑤번은 정답이 아니다. 즉 윗글을 통해 알 수 있는 내용이란 뜻이다. 그런데 지문 어디에도 '동종 간보다 이종 간이 MHC 분자의 차이가 더 크다'라는 내용은 없다. 그런데 어째서 ⑤번을 윗글에서 알 수 있는 내용이라고 유추할 수 있는 것일까?

우선 천천히 지문을 분석해 보도록 하자. 우리가 문제를 풀 때 분석해야 할 정보는 크게 두 가지다. 첫 번째는 '개체마다 MHC에 차이가 있는데 서로 간의 유전적 거리가 멀수록 MHC에 차이가 커져 거부 반응이 커진다'라는 문장이다. 이 문장의 정보들을 우리는 다음과 같이 도식화할 수 있다.

유전적 거리↑ → MHC 차이↑ → 거부 반응↑

그다음 주목할 정보는 '이종 이식은 동종 이식보다 거부 반응이 훨씬 심하게 일어난다'이다.

해당 지문 전체에서 ⑤번 문제의 정오 여부를 알아내기 위해 필요한 정보는 내가 발췌한 부분이 전부이다. 더 자세히 말하자면 긴 지문 중에서 '거부 반응'과 관련한 정보는 여기에 골라 놓은 것이 전부란 뜻이다. 그래서 우리는 다음과 같은 결론을 자연스럽게 얻을 수 있다.

'아, 거부 반응이 커지는 경우는 유전적 거리가 멀 때 MHC 차이가 커져서 거부 반응이 커지는 건데, 이종 이식이 동종 이식보다 거부 반응이 훨씬 크니까 거꾸로 생각하면 이종 간이 유전적 거리도 멀고 그래서 MCH 차이도 크겠구나!'

물론 실전에서는 상식적으로 이종 간의 유전적 거리가 동종 간의 유전적 거리보다 멀다는 걸 생각해 내고, 그래서 첫 번째 문장의 정보만 활용해서 문제를 푸는 것도 가능하다고 본다. 그러나 보다 논리적으로 들어가 보면 이런 과정을 거쳐야 완벽하게 문제를 맞혔다고 할 수 있다.

자, 그런데 여기서 주목할 점은 내가 임의로 적은 (중략)이라는 말에서 짐작하듯이 저 문장들, 즉 관련 정보들이 붙어 있지 않고 꽤 멀리 떨어져 있다는 사실이다. 실제 지문은 (중략) 전후 문장 사이에 거의 여섯 줄이나 다른 이야기를 한다.

우리는 이를 통해 비문학 문제가 출제되는 하나의 방식을 캐치할 수 있다.

'일부러 정보들 사이의 거리를 벌리고 멀리 있는 정보들을 융합해야 풀 수 있게끔 문제를 낸다.'

그럼 이제 우리가 배워야 할 것은 간단하다.

'아, 정보들 사이에 거리가 있더라도 비슷한 정보를 매개로(예시에서는 거부 반응) 정보를 이어 줘야 할 수도 있겠구나!'

바로 이런 점을 의식하면서 비문학 글을 읽어야 한다. 실제로 나는 저 문제를 시험장에서 풀 때 이런 생각을 하면서 접근했다. 이게 내가 생각하는 '기출 분석'의 방법이고 '비문학을 대비하는 법'이라고 생각한다.

기억하라.

'먼저 문제의 패턴을 파악한 다음, 그 패턴을 통해 행동 요령(예를 들어 멀리 떨어져 있는 정보를 이어 줘야 할 수도 있겠구나)을 정해 놓은 뒤 읽는다.'

이것이 바로 수능 비문학의 파훼법이다.

내가 비문학 문제를 풀 때 신경 쓴 원칙 7

1. 반대 상황을 항상 신경 쓴다. 예를 들어 통화량이 증가할 때의 상황을 다룬 지문이라면 '통화량이 감소하면 어떻게 될까?'를 스스로 질문하고 지문 속에서 답을 찾으면서 읽는다.

2. 비례·반비례 관계는 무조건 문제로 나온다. 예를 들어 '질량이 커지면 무게가 커진다'라는 내용의 지문에서 이런 관계식들은 문단을 띄어서 주어지는 경우가 많다. 1문단에 질량이 커지면 무게가 커진다는 말이 나오고, 3문단쯤 가서 무게가 커지면 힘이 커진다는 이야기가 나온다. 최종적으로 시험 문제에는 '질량이 커지면 힘이 커지는가?'를 확인하는 내용이 나온다.

3. 정보를 다루는 데 자신이 없다면 시험지에 따로 중요한 내용을 메모하거나 지문에 표시하면서 내용을 정리한다.

4. 두 가지 대상을 비교할 때는 차이점만 비교하는 것이 아니라 무엇을 기준으로 차이가 생기는지, 그리고 어딘가에 존재할 공통점을 반드시 확인하면서 읽어 나가야 한다.

5. 1문단에서는 주로 구체적인 문제가 나오기보다는 글이 흘러가는 방향을 알려 준다. 따라서 1문단을 '앞으로 이런 얘기를 하겠구나' 예상하면서 읽으면 새로운 정보에 빠르게 반응할 수 있다.

6. 단순히 나열하면서 두 가지 대상을 비교하는 함정을 조심해야 한다. '역사에 대한 영화적 독해와 영화에 대한 역사적 독해는 영화와 역사의 관계에 대한 두 축을 이룬다'라는 문장이 나오면 역사에 대한 영화적 독해와 영화에 대한 역사적 독해가 비교 대상으로 놓일 가능성을 염두에 둬야 한다.

7. 과거의 이론이 나오면 현재의 이론과 비교하는 경우가 많다. '고전', '과거', '옛날' '17세기 초'와 같은 시간을 나타내는 지표들이 나올 경우, 보다 최근의 이론과 비교할 수 있다는 점을 생각하면서 글을 읽어 나가야 한다.

이 모든 팁의 핵심은 글을 보다 효율적으로 읽고 정답을 빠르게 찾아내는 것이다. 이런 행동 요령 없이 글을 읽으면 긴 지문에서 어느 부분이 중요하고 문제로 나올 확률이 높은지 모르므로 지문 전체를 집중해서 읽어야 한다. 그러나 중요한 부분이 무엇이고 어떤 정보가 주로 출제되는지 알고 있다면 필요한 부분에 집중하므로 긴 지문일지라도 적은 힘으로 공략할 수 있다. 앞에 적힌 팁 외에 이런 공략을 도와줄 자신만의 행동 요령을 찾아보는 것도 좋다.

국어 시험 실전 팁 1―지문이 여러 개면 하나씩 해치우자

마지막으로 내가 시험을 칠 때 실제로 사용한 '실전 팁'을 공유하려고 한다. 이 실전 팁들은 내가 국어 시험을 볼 때 큰 도움이 되었지만, 사람에 따라 사용하기 껄끄럽거나 잘 맞지 않을 수도 있다. 그러니 본인의 상황에 맞춰 활용하도록 하자.

먼저 지문이 여러 개 나올 때 대처하는 법이다. 국어 영역에서 화작과 문학 파트는 하나의 지문을 이용해서 문제를 내는 경우가 거의 없다. 언제나 (가), (나) 가끔은 (다)까지 2~3개의 제시문이나 문학 작품을 한 번에 주고, 여러 글을 종합해서 문제를 풀게 한다. 그런데 제시문이 여러 개 나올 때는 당연하게도 문제 역시 (가)에 대한 문제, (나)에 대한 문제 등 여러 종류로 나온다. 첫 번째 실전 팁은 이런 사실에 착안해서 문제를 더욱 효율적으로 푸는 방식에 대한 내용이다. 실제 수능 문제를 보면서 자세히 알아보자.

[4~7] (가)는 토론의 일부이고, (나)는 청중으로 참여한 학생이 '토론 후 과제'에 따라 쓴 초고이다. 물음에 답하시오.

(가)

사회자: 이번 시간에는 '인공 지능을 면접에 활용하는 것이 바람직하다.'라는 논제로 토론을 진행하겠습니다. 찬성 측이 먼저 입론해 주신 후 반대 측에서 반대 신문해 주십시오.

찬성 1: 저희는 인공 지능을 면접에 활용하는 것이 바람직하다고 생각합니다. 인공 지능을 활용한 면접은 인터넷에 접속하여 인공 지능과 문답받는 방식으로 진행됩니다. 지원자는 시간과 공간에 구애받지 않고 면접에 참여할 수 있는 편리성이 있어 면접 기회가 확대됩니다. 또한 회사는 면접에 소요되는 인력을 줄여, 비용 절감 측면에서 경제성이 큽니다. 실제로 인공 지능을 면접에 활용한 ○○회사는 전년 대비 2억 원 정도의 비용을 절감했습니다. 그리고 기존 방식의 면접에서는 면접관의 주관이 개입될 가능성이 큰 데 반해, 인공 지능을 활용한 면접에서는 빅데이터를 바탕으로 한 일관된 평가 기준을 적용할 수 있습니다. 이러한 평가의 객관성 때문에 많은 회사들이 인공 지능 면접을 도입하는 추세입니다.

반대 2: 기존 면접에서는 면접관의 주관이 개입될 여지가 있다고 하셨는데요, 회사의 특수성을 고려해 적합한 인재를 선발하려면 오히려 해당 분야의 경험이 축적된 면접관의 생각이나 견해가 면접 상황에서 중요한 판단 기준이 돼야 하지 않을까요?

찬성 1: 면접관의 생각이나 견해로는 지원자의 잠재력을 판단 **[A]** 하기 어렵습니다. 오히려 오랜 기간 회사의 인사 정보가 축적된 데이터가 잠재력을 판단하는 데 적합하기 때문에 인공 지능 면접이 신뢰성도 높습니다. 회사 관리자들을 대상으로 한 설문 조사에서도 잠재력 파악에 인공 지능을 활용한 면접을 신뢰한다는 비율이 높게 나왔습니다.

사회자: 이번에는 반대 측에서 입론해 주신 후 찬성 측에서 반대 신문해 주십시오.

반대 1: 저희는 인공 지능을 면접에 활용하는 것이 바람직하다고 보지 않습니다. 먼저 인공 지능을 활용한 면접은 기술적 결함이 발생할 수 있습니다. 이로 인해 면접이 원활하지 않거나 중단되어 지원자들에게 불편을 줄 수 있고, 지원자들의 면접 기회가 상실될 수 있습니다. 또한 인공 지능을 활용한 면접은 당장의 비용 절감 효과에 주목해서는 안 되고 장기적인 관점에서 보아야 합니다. 현재의 경제성만 고려하면 미래에 더 큰 경제적 가치를 창출할 인재를 놓치게 돼 결국 경제적이지 않습니다. 마지막으로 인공 지능의 빅데이터는 왜곡될 가능성이 있습니다. 빅데이터는 사회에서 형성된 정보가 축적된 결과물로서 특정 대상과 사안에 치우친 것일 수 있습니다. 이러한 이유로 △△회사는 인공 지능을 활용한 면접을 폐지했습니다.

찬성 1: △△회사는 인공 지능을 활용한 면접을 폐지했지만, 통계 자료에서 보다시피 인공 지능을 면접에 활용하는 것은 확대되고 있는 추세이지 않습니까? **[B]**

반대 1: 경제적인 이유로 인공 지능 면접이 활용되고 있지만, 인공 지능을 활용한 면접의 한계가 드러난다면 이를 폐지하는 기업들이 늘어나게 될 것입니다.

토론 후 과제: 논제에 대한 자신의 입장을 밝히고, 이를 확장하여 '인간과 인공 지능의 관계'에 대해 주장하는 글 쓰기

(나) 학생의 초고

인공 지능을 면접에 활용하는 것은 바람직하지 않다. 인공 지능 앞에서 면접을 보느라 진땀을 흘리는 인간의 모습을 생각하면 너무 안타깝다. 미래에 인공 지능이 인간의 고유한 영역까지 대신할 것이라고 사람들은 말하는데, 인공 지능이 인간을 대신할 수 있을까? 인간과 인공 지능의 관계는 어떠해야 할까?

인공 지능은 인간의 삶을 편리하게 돕는 도구일 뿐이다. 인간이 만든 도구인 인공 지능이 인간을 평가할 수 있는지에 대해 생각해 볼 필요가 있다. 도구일 뿐인 기계가 인간을 평가하는 것은 정당하지 않다. 인간이 개발한 인공 지능이 인간을 판단한다면 주체와 객체가 뒤바뀌는 상황이 발생할 것이다.

인공 지능이 발전하더라도 인간과 같은 사고는 불가능하다. 인공 지능은 겉으로 드러난 인간의 말과 행동을 분석하지만 인간은 말과 행동 이면의 의미까지 고려하여 사고한다. 인공 지능은 빅데이터를 바탕으로 결과를 도출해 내는 기계에 불과하므로, 통계적 분석을 할 뿐 타당한 판단을 할 수 없다. 기계가 타당한 판단을 할 것이라는 막연한 기대를 한다면 머지않아 인간이 기계에 예속되는 상황이 벌어질지도 모른다.

인공 지능은 사회적 관계를 맺을 수 없다. 반면 인간은 사회에서 의사소통을 통해 관계를 형성한다. 이 과정에서 축적된 인간의 경험이 바탕이 되어야 타인의 잠재력을 발견할 수 있다.

4. (가)의 입론을 쟁점별로 정리한 내용으로 적절하지 <u>않은</u> 것은?

> [쟁점 1] 인공 지능을 활용한 면접은 편리한가?
> ▶ 찬성 1 : 때와 장소에 얽매이지 않고 면접에 참여할 수 있는 점을 들어 입장을 분명히 밝히고 있다.
> ▶ 반대 1 : 기술적 결함으로 인한 문제 상황을 제시하여 지원자가 오히려 불편할 수 있음을 강조하고 있다. ………… ①

> [쟁점 2] 인공 지능을 활용한 면접은 경제적인가?
> ▶ 찬성 1 : 면접에 소요되는 인력을 줄임으로써 경제적 효과가 큼을 비용 절감의 사례를 통해 강조하고 있다. … ②
> ▶ 반대 1 : 경제적 가치를 창출할 인재를 놓치게 되는 점을 들어 장기적으로는 경제적이지 않음을 밝히고 있다. … ③

> [쟁점 3] 인공 지능을 활용한 면접에서의 평가는 객관적인가?
> ▶ 찬성 1 : 면접관의 주관에 영향을 받지 않고 일관된 평가 기준을 적용할 수 있어 객관적임을 밝히고 있다. ………… ④
> ▶ 반대 1 : 빅데이터에 근거하지 않고 왜곡된 정보를 바탕으로 평가하므로 객관적이지 않음을 강조하고 있다. … ⑤

2020년 수능 국어의 4~7번 문제

198

5. [A], [B]에 대한 설명으로 가장 적절한 것은?

① [A]의 반대 2는 상대측이 제시한 근거의 적절성에 의문을 제기하며 적합한 사례를 요구하고 있다.

② [A]의 찬성 1은 상대측의 이의 제기에 대해 반박하며 자료를 통해 자신의 주장이 타당함을 강조하고 있다.

③ [B]의 찬성 1은 상대측의 진술 내용에 이의를 제기하며 사실 관계를 확인할 수 있는 자료를 추가로 요청하고 있다.

④ [B]의 반대 1은 상대측이 제시한 근거 자료의 출처를 확인하고 새로운 정보를 통해 향후 전망을 제시하고 있다.

⑤ [A]의 찬성 1과 [B]의 반대 1은 모두 상대측이 언급한 의견에 이의를 제기하고 실현 가능한 방안을 추가하고 있다.

6. 다음은 (가)에 청중으로 참여한 학생이 (나)를 쓰기 위해 작성한 과제 학습장의 일부이다. (나)에 반영되지 <u>않은</u> 것은?

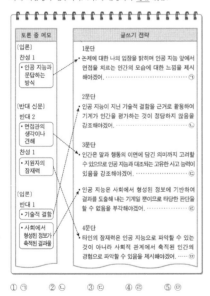

① ㉠ ② ㉡ ③ ㉢ ④ ㉣ ⑤ ㉤

7. <보기>를 바탕으로 (나)의 끝 부분에 새로운 문단을 이어 쓴다고 할 때, 그 내용으로 가장 적절한 것은?

<보 기>

○ 친구의 조언 : 1문단에서 제기한 첫째 물음에 대해 너의 입장을 드러내야 할 것 같아. 둘째 물음에 대해서는 2문단에 썼던 두 단어를 활용하여 인간과 인공 지능의 관계를 드러내는 게 좋겠어.

① 인공 지능은 인간의 고유한 영역을 대신할 수 없다. 인공 지능과 인간의 의사소통을 통한 사회적 관계 형성은 불가능하다.

② 인공 지능은 인간을 대신하기보다는 보조하는 도구이어야 한다. 그러므로 인간은 인공 지능과 공존할 수 있는 길을 모색해야 한다.

③ 인공 지능은 인간보다 우위에 있을 수 없다. 그러나 인공 지능이 지속적으로 발전하고 있으므로 인간이 객체가 되는 날이 머지 않았다.

④ 인공 지능은 인간을 대체할 수 없다. 인간의 삶을 결정하는 주체는 인간이고 인공 지능은 인간이 이용하는 객체일 뿐임을 명심해야 한다.

⑤ 객체인 인공 지능을 이용하는 인간의 태도가 무엇보다 중요하다. 인간은 인공 지능과의 소통을 통해 자신의 삶을 주체적으로 이끌어 가야 한다.

[8~10] (가)는 학교 신문에 실을 글을 쓰기 위해 학생이 작성한 메모이고, (나)는 이에 따라 쓴 초고이다. 물음에 답하시오.

(가) 학생의 메모

[작문 상황]

○ 목적 : 지역 방언 보호에 대한 관심 촉구

○ 주제 : 지역 방언의 보호가 필요하다.

○ 예상 독자 : 우리 학교 학생들

[독자 분석]

○ 지역 방언이 사라져 가는 실태를 잘 모름. ·················· ㉠

○ 지역 방언의 가치에 대한 인식이 부족함. ·················· ㉡

(나) 학생의 초고

세계에서 언어가 사라져 가는 현상은 우리나라 지역 방언에서도 벌어지고 있다. 특히 지역 방언의 어휘는 젊은 세대 사이에서 빠르게 사라져 가고 있는 실정이다. 일례로 한 조사에 따르면 우리 지역의 방언 어휘 중 특정 단어들을 우리 지역 초등학생의 80% 이상, 중학생의 60% 이상이 '전혀 사용하지 않는다.'라고 답했다. 또한 2010년에 유네스코에서는 제주 방언을 소멸 직전의 단계인 4단계 소멸 위기 언어로 등록하였다.

2020년 수능 국어의 4~7번 문제

199

198~199쪽은 전형적인 화작 영역의 문제다. (가)에서의 토론 내용을 바탕으로 (나)라는 초고를 제시문으로 주었다. 이때 우리는 일반적으로 (가)를 읽은 다음 (나)를 읽고, 4번부터 문제를 풀어 나간다. 그런데 4번 문제는 (가)에 대한 문제이고, 4번을 풀기 위해서는 결국 (가)를 다시 읽어야 한다. 방금 읽은 제시문이 (나)였기 때문에 (나)의 잔상이 강하게 남아 있어 답이 바로 눈에 안 들어온다. 따라서 나는 이 문제를 다음과 같은 방식으로 풀 것이다.

먼저, 제시문이 2개인 걸 확인하고 제시문을 읽기 전에 문제부터 훑어본다. 문제를 쓱 보니 4번과 5번은 오직 (가)와 관련된 문제다. 6번은 (가)와 (나)의 내용을 함께 묻고 있으며, 7번은 (나)에 관해서만 묻고 있다.

사실 실제 수능이었다면, 4번과 5번이 오직 (가)에 대해 묻고 있다는 사실만 캐치하는 것으로 충분하다. 이 사실을 캐치했다면 나는 이제 (가) 제시문을 읽어 나가면서 4번 문제를 해치울 것이다. (가)를 다 읽고 (나)를 읽기 전에 5번 문제를 푼다. 그 뒤 (나) 제시문을 읽고 남은 6번과 7번을 풀면 된다.

이 팁은 문학 문제에서 특히 힘을 발휘한다. 보통 문학 문제는 작품을 읽었을 때 떠오르는 이미지가 문제 풀이에 큰 영향을 미치는 경우가 많다. 그런데 만약 (가), (나)순으로 읽으며 문제를 푼다면 (나)의 이미지가 강하게 남은 상태에서 문제를 푸는 꼴이 된다. 그래서 (가)에 대한 문제를 풀 때 (나)와 헷갈려서 실수하는 일이 종종 생길 수 있다. 화작에서 시간을 더 줄이고 싶거나 문학에서 실수를 자주하는 수험생들은 이 방법을 한번 고려해 보자.

이번에는 오직 문학 영역에 대한 팁이다. 바로 〈보기〉에 관한 이야기다. 문학 문제는 작품과 함께 대부분 〈보기〉를 제시한다. 앞서도 언급했지만 문학 작품을 읽었을 때 떠오르는 생각은 사람마다 다르다. 따라서 하나의 문학 작품으로 우리는 무수히 많은 '정답'을 떠올릴 수 있다. 얼핏 문학으로 하나의 정답을 맞혀야 하는 문제를 낸다는 것이 웃기는 일처럼 여겨질지도 모르겠다. 그러나 수능에는 문학 문제가 나오고 우리는 하나의 정답을 찾아야 한다. 그걸 가능하게 하는 것이 바로 〈보기〉다. 작품을 읽고 떠오르는 생각은 정말 끝도 없이 많지만, 〈보기〉라는 분석틀을 줌으로써 그 생각의 범위를 문제에 맞게 축소시킨다. 이것이 바로 〈보기〉의 역할이다.

22. 〈보기〉를 바탕으로 [A]를 감상한 내용으로 적절하지 <u>않은</u> 것은? [3점]

〈보기〉

17세기 가사 『월선헌십육경가』는 월선헌 주변의 16경관을 그린 작품으로 자연에서의 유유자적한 삶을 읊으면서도 현실적 생활 공간으로서의 전원에 새롭게 관심을 두었다. 그에 따라 생활 현장에서 볼 수 있는 풍요로운 결실, 여유로운 놀이 장면, 그리고 생업의 현장에서 느끼는 정서 등을 다양한 표현 방법을 통해 현장감 있게 노래했다.

① 전원생활에서 목격한 풍요로운 결실을 '만경 황운'에 비유해 드러냈군.

② 전원생활 가운데 느끼는 여유를 '내노리 호쟈스라'와 같은 청유형 표현을 통해 드러냈군.
③ 전원생활의 풍족함을 여문 '블근 게'와 살진 '눌은 둙'과 같이 색채 이미지에 담아 드러냈군.
④ 전원생활에서의 현장감을 '밤블이 블가시니'와 '아젹믈이 미러오니'와 같은 묘사를 활용해 드러냈군.
⑤ 전원생활의 여유를 즐기면서도 생업의 현장에서 느끼는 고단함을 '생리라 괴로오랴'와 같은 설의적인 표현으로 드러냈군.

　그렇다면 문학 문제를 잘 맞히는 방법도 얼추 보이는 듯싶다. 〈보기〉에서 이야기하는 방식대로 작품을 읽어 나가야 한다는 것이다. 우리가 작품을 먼저 읽고 〈보기〉를 읽는다고 생각해 보자. 그렇다면 출제자의 의도대로 작품을 이해하지 못할 확률이 높다. 작품이 고전 시가나 고전 소설이라면 더더욱 무슨 말인지 모를 것이다. 어떻게든 작품을 다 읽었다 하더라도 〈보기〉를 읽고 문제를 풀려면 결국 〈보기〉의 틀대로 다시 한번 작품을 들여다봐야 한다. 이런 방식은 1분 1초가 중요한 수능에서 엄청난 시간 낭비다.

　〈보기〉를 먼저 보고 문제를 풀면 시간을 크게 아낄 수 있다. 〈보기〉를 통해 작품에 대한 힌트를 얻는 동시에, 문제 풀기에 최적화된 방식으로 생각의 방향을 설정할 수 있다. 그런 상태로 작품을 분석하면 출제자의 의도를 잘 파악해 문학 문제를 효율적이면서 정확하게 풀 수 있다.

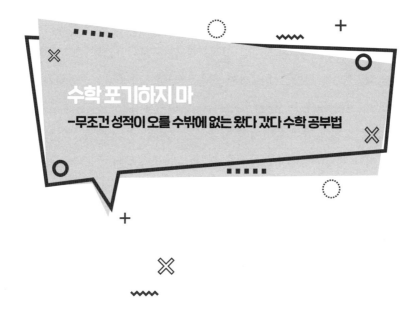

수학 포기하지 마
-무조건 성적이 오를 수밖에 없는 왔다 갔다 수학 공부법

수학은 고등학교 3년을 통틀어 내가 가장 많은 시간을 투자한 과목이다. 다른 과목과는 비교도 안 될 정도였다. 수많은 시행착오를 겪기도 했다. 그런 만큼 해 주고 싶은 말도 많다. 본격적인 이야기에 앞서 우선 그 '시행착오'에 관한 에피소드를 들려주고 싶다.

전교 꼴찌에서 두 번째라는 내 처참한 실력을 알기 전부터 나는 수학을 정말 잘하고 싶었다. 자습 시간 중 상당한 시간을 수학에 할애했고, 시험 기간에도 수학 공부를 열심히 했다. 이만큼 노력했으니 당연히 수학 성적도 오를 것이라는 막연한 기대감이 있었다. 그런 생각으로 중간고사를 맞이했다. 그런데 세상에, 시험 문제가 너무 어려웠다. 서술형 답안지의 절반을 깨끗한 백지로 제출할 수밖에 없었다. 내가 어려워한 만큼 다른 친구들도 어려워했겠지 생각하니 조금은 위로가 됐다. 하지만 성적표를 받아 보니 127명 중 87등이 찍혀 있었다. 기말고사 때까지 계속 노력했으나 끝내 '중상위권의 벽'을 넘지 못하고 4등급이라는 성적에 만족해야만 했다.

물론 3개월 만에 꼴찌에서 87등까지 올라간 것도 큰 성장이고, 1학기가 끝날 무렵에는 4등급을 찍었으니 그 정도면 충분하다고 생각할 수도 있다. 그러나 앞에서 말했듯이 난 수학에 정말 '압도적으로 많은 시간'을 투자했다. 우리 학교의 그 누구보다 더 많이, 더 열심히 공부했다고 할 수 있을 만큼 매달렸다. 내가 들인 노력이나 시간을 생각하면 결과가 영 마음에 들지 않았다. 그런 찝찝한 기분으로 여름 방학을 맞이했다. 어떻게든 여름 방학을 역전의 발판으로 삼겠다고 다짐하며 문제집을 갈아 치웠다. 그리고 그때부터 '꽤 괜찮은 수학 공부법'을 터득하게 되었다.

어쩌다 발견한 꽤 괜찮은 수학 공부법

공부를 못하던 아이가 공부를 잘하려면 어떻게 해야 할까? 여러 가지 방법이 있겠지만 나는 공부를 잘하는 친구에게 물어봐야겠다고 생각했다. 그래서 1학년 때 반에서 '수학 좀 한다' 하는 친구들에게 수학을 어떻게 공부하는지 물어보고 친구들이 푸는 것과 같은 문제집을 풀기 시작했다. 사실 지금 생각해 보면 문제집을 '푼다'라는 표현을 쓰기도 부끄러울 정도였다. 당시 나는 가장 쉬운 파트도

한 페이지 다섯 문제 중 한두 문제를 겨우 푸는 수준이었기 때문이다. 조금만 어려워도 풀 엄두가 안 나 별표를 치고 넘어가거나 답지를 보기 일쑤였다. 결국 당시의 내가 한 건 '수학 공부'가 아니었다. 어려운 문제에 스트레스만 받고, 다시 금방 잊어버리고 활용하지도 못할 풀이들을 보면서 '감탄'만 하는 그런 활동이었다. 수학에 그렇게 많은 시간을 투자하고도 성적이 오르지 않은 이유를 알 만하지 않은가?

1학년 여름 방학 때 그런 문제점을 깨달은 나는 집 근처 서점에 가서 학생들이 많이 보는 '수학 개념서'를 골라 달라고 부탁해서 《수학의 정석》과 《개념원리 RPM》(이하 《개념원리》)을 추천받았다. 흰 바탕에 제목만 덩그러니 있는 《수학의 정석》은 생김새가 무섭게 느껴져 그나마 덜 투박한 표지로 된 《개념원리》를 선택했다. 집으로 돌아온 나는 머리를 끙끙대며 혼자 개념을 이해하고 문제를 풀어 보려고 노력했다. 그런데 아무리 기본 개념서라고 해도 그 당시 내게는 쉽지 않았다. 수학 공부를 하는 수험생들이라면 다들 잘 알겠지만 시중에 나온 문제집은 대개 단원별로 문제의 난이도를 A, B, C 혹은 1, 2, 3단계로 나누어 놓는다. C단계나 3단계로 갈수록 문제의 난도가 올라간다. 《개념원리》도 문제를 Level 1과 Level 2로 구분해 놓았다. 공부를 처음 시작한 나는 Level 1 문제에서도 열 문제 중 한두 문제는 꼭 틀렸고, Level 2 문제는 손도 못 대는 경우가 많았다. 손도 못 댄 문제들은 답지를 봐도 이해가 잘 안 됐다.

그때 중요한 결정을 내렸다. 일단 손도 대기 힘든 《개념원리》 문제들은 내버려 두고 다른 문제집의 쉬운 문제들을 푸는 게 낫겠다고 생각한 것이다. 다시 무작정 서점으로 향했다. 지금 생각해 보면 그때 《개념원리》를 내버려 두고 다른 책을 구하러 서점에 간 게 나에게는 수학 공부의 큰 전환점이었다. 만약 그때 답지를 보며 문제를 풀고 대충 이해하고 넘어갔다면 내 수학 실력은 계속 제자리걸음이었을 것이다.

서점으로 다시 가서 사장님에게 이번에는 《개념원리》보다 약간 더 어려운 문제집이 있는지 물었다. 약간 더 어려운 문제집의 Level 1 문제가 《개념원리》 Level 2 문제보다는 풀 만할 것 같았다. 사장님이 《블랙라벨》이나 《일품》을 추천해 주지 않으셨다는 사실에 지금도 감사함을 느낀다. 만약 고난도 문제가 수두룩한 《블랙라벨》이나 《일품》을 사 왔다면 한동안 수학을 포기했을지도 모른다. 내가 추천받은 책은 《쎈》과 《자이스토리》였다. 당장 문제 푸는 게 급하던 나는 망설임 없이 두 권을 모두 사서 집으로 돌아왔다.

《개념원리》는 잠시 밀어 놓고 지금까지 공부한 범위를 《쎈》과 《자이스토리》에서 찾아 풀었다. 다행스럽게도 이번에는 두 문제집 모두 난이도가 적당해서 A단계는 물론이고 B단계 역시 어느 정도 오답은 있어도 그럭저럭 해 볼 만하고 충분히 붙들고 있을 수 있었다. 그렇지만 C단계 문제들은 너무 어려워서 여전히 손도 못 대는 수준이었다. 그래서 다시 서점에 가야 하나 고민하던 중 책장에 꽂아 둔 《개념원리》가 눈에 들어왔다. 그 안에는 전에 손도 못 댄 Level 2 문제가 가득했다. 일주일 동안 《쎈》과 《자이스토리》로 단련했으니 지금이라면 혹시나 풀 수 있지 않을까 하는 마음으로 다시 《개념원리》를 펼쳐 들었다.

다행스럽게도 내 예상은 맞아떨어졌다. 그 전까지 쩔쩔매던 Level 2 문제가 생각보다 술술 풀렸다! 물론 아직 다 맞히는 경지에는 이르지 못했지만 대부분의 문제를 내 손으로 풀 수 있었다. 손을 못 댈 정도의 문제는 거의 없었다. 《개념원리》에 남겨 둔 Level 2 문제를 3일에 걸쳐 다 풀어 갈 무렵 이번에는 《쎈》과 《자이스토리》의 C단계 문제에 도전해 봤다. 신기하게도 전혀 손을 못 대던 때와는 달리, 한두 문제는 나름대로 건드려 볼 만하고 몇몇 문제는 풀어내기도 했다. 그때 직감적으로 깨달았다.

'이거다!'

안 풀리는 문제는 일단 넘어가라

내 수학 공부법의 핵심은 간단하다. '어려운 문제는 일단 제쳐 두고 넘어갔다가 쉬운 문제를 모두 정복하고 나중에 다시 돌아오는 것'이다. 《개념원리》는 책 이름에 걸맞게 개념에 초점을 맞춘 문제가 실려 있다. 개념만 알면 Level 1 문제는 대부분 맞힐 수 있다. 문제가 안 풀릴 때는 개념 설명을 다시 읽으면서 설명해 놓은 개념에 문제를 대입하면 풀린다. 그러나 Level 2는 당장은 건드리기 어렵다. 그럴 때는 《개념원리》보다 약간 더 어려운 《쎈》과 《자이스토리》 A단계와 B단계 문제를 풀면서 실력을 기른다. 두 문제집 모두 A, B, C 등 세 단계로 나뉘어 있는데, A단계는 《개념원리》의 Level 1과 비슷하다. 하지만 B단계는 Level 1보다 어렵다. 몇몇 문제의 난도는

Level 2와 비슷하다. 그래도 《개념원리》의 Level 1을 풀었다면 못 풀 정도는 아니다.

이때 C단계 문제에서 막힌다. 그러면 다시 《개념원리》 Level 2로 돌아가 어려워서 제쳐 둔 문제들을 해치운다. 그리고 다시 《쎈》과 《자이스토리》의 C단계로 넘어온다. 건드릴 수 있는 문제가 1~2개 보인다. 실력이 어느 정도 생긴 것 같은 느낌이 들지만 아직 버겁다. 그때 과감하게 최고 수준의 문제를 자랑하는 《일품》을 산다. 《일품》의 A, B단계는 어느 정도 풀어 볼 만하지만 C단계에서 막힌다. 그러면 다시 《쎈》과 《자이스토리》의 C단계로 돌아간다. 그리고 이 과정을 반복한다.

원칙 1-적절한 난이도의 문제집을 두 권 이상 구비할 것

이때 지켜야 할 두 가지 룰이 있다. 첫 번째는 '문제집의 난이도' 다. 이 글을 읽는 모든 친구가 1학년 여름 방학 때의 나처럼 《개념원리》부터 시작해야 하는 생초보는 아닐 것이다. 본인의 레벨에 맞는 문제집으로 이 사이클을 시작해야 한다. 문제집은 '너무 쉽지도, 너무 어렵지도 않은' 것으로 골라야 한다. 너무 쉬운 문제집으로 공부하면 당장 맞히는 문제가 많으니 '나 정말 열심히 하고 있고 잘하는구나' 착각하기 쉽다. 그러나 시험 성적은 냉정하다. 아마 원하는 점수를 받기가 쉽지 않을 것이다. 이유는 간단하다.

맞힌 문제는 자신이 특정 내용을 잘 알고 있다고 '확인'시켜 주는 역할만 할 뿐이다. 우리에게 새로운 것을 알려 주지는 않는다. 문제집에서 뭔가를 얻으려면 반드시 '틀린 문제'가 있어야 한다. 그렇다고 한 페이지에 한 문제 정도만 맞히는 어려운 문제집을 풀어서도 안 된다. 그 정도라면 그 문제집에서 뭔가를 배우기에는 아직 이르다는 신호다. 그렇게 어려운 문제집은 재미도 없고 의욕도 떨어진다. 그리고 무엇보다 대충 공부하게 된다는 게 문제다. '어차피 틀릴 거니까' 하면서 포기하거나 답지를 펴 보는 게 습관이 되기 쉽다. 마치 1학년 1학기 때 내가 그런 것처럼.

그러니 본인에게 알맞은 문제집을 고르는 것이 매우 중요하다. 사람마다 차이가 있겠지만 나는 열 문제 중 네 문제를 어렵지 않게 맞히고, 두 문제를 끙끙대면서 맞히고, 두 문제는 대략 시도는 했는데 틀리고, 두 문제는 아예 감을 못 잡는 정도가 가장 알맞은 문제집이라고 생각한다.

원칙 2-어려운 문제라도 풀려고 노력해 볼 것

두 번째 룰은 틀리거나 모르는 문제가 있더라도 어느 정도 '끈기'를 발휘하고 넘어가야 한다는 점이다. 《개념원리》에서 처음 Level 2 문제를 접했을 때 한 문제 풀어 보고 안 풀린다고 바로 《쎈》으로 넘어가지는 말라는 말이다. 적어도 세 문제 정도는 끙끙대 보고, 최소한 끙끙댔다는 표시를 남겨야 한다. 별표든 세모든 상관없다. 《쎈》의 A나 B단계에서 틀린 문제가 있을 때도 마찬가지다. 바로 답지를 보지 말고 우선 다시 풀어서 정답이 나오는지 확인해 보는 것이 중요하다. 그리고 언젠가 다시 《쎈》으로 돌아가 C단계를 도전하기 전 이전에 틀린 문제는 다시 한번 풀어 봐라. 이 정도 '끈기'를 보여 준다면 수학 공부에서 반드시 보답을 받을 것이다.

한 달만 투자하면 수학 공부의 감을 잡을 수 있다

나는 고등학교 1학년 여름 방학 때 이 방법으로 수학 성적을 끌어올렸다. 여름 방학 한 달 동안 수학을 하루에 7시간 이상 공부하고 문제집만 일곱 권 넘게 풀었다. 그 정도로 열심히 했으면 굳이 이런 방법이 아니어도 성적이 오르지 않았겠느냐고 생각할 수도 있겠다. 하지만 내 생각은 다르다. 사람은 생각보다 게을러서 무언가를 할때 계속해서 동기를 부여해 주거나 새로운 느낌을 주지 않으면 금방 질려 버리고 만다. 그런 면에서 나는 내 공부법이 여러 장점이 있다고 믿는다. 문제집을 수시로 바꿔 가면서 공부하면 기분 전환이 되어 문제에 집중하는 효과를 얻을 수 있다. 그리고 어려워서 제쳐둔 문제들을 나중에 풀 때는 '성장'의 쾌감도 맛보게 된다. 내가 한 달이라는 짧은 시간에 그렇게 오랫동안 수학 공부를 할 수 있던 비결이 바로 그것이었다.

나는 가방에 수학 문제집을 서너 권 넣고 다니며 자습 시간에 30분 내지 1시간 동안 문제집을 계속 바꿔 가며 풀곤 했다. 공부를 잘하는 가장 간단하고 확실한 방법은 일단 책을 오래 붙잡고 있는 것이다. 만약 본인이 한 과목에 금방 질려 지속적으로 공부하기가 힘들다면 이런 방법을 써 보는 것도 괜찮다고 생각한다.

어려운 수학 문제에 대처하는 나만의 매뉴얼

"수학을 평소에 어떻게 공부해야 하나요?"라는 질문은 지금까지 이야기한 내 수학 공부 에피소드를 통해 어느 정도 해결되었으리라 생각한다. 여러 번 강조하지만, 내 경험을 참고해서 결국에는 자신에게 딱 맞는 공부법을 찾는 게 중요하다.

이제 실제 시험에 대비하는 일이 남았는데, 아쉽게도 수학에서는 '실전 팁'이랄 게 딱히 없다. 따라서 더욱 철저히 준비해서 시험장에 들어가야 하는 과목이 바로 수학이다.

어떻게 대비하는 것이 가장 현명할까? 내가 생각하는 최고의 비법은 '매뉴얼'을 만드는 것이다.

수학 시험을 칠 때 가장 위험한 상황이 무엇일까? 수학에 아무리 많은 개념이 있다지만 수능을 칠 때쯤이면 기본적인 개념은 모두 익혔을 테니 시험 도중에 개념이 생각나지 않는 경우는 별로 없을 것이다. 그리고 만약 너무 어려운 문제를 만나더라도 그냥 깔끔하게 포기하고 다음 문제에 집중하면 되니, 이것도 사실 위기 상황은 아니다. 정말로 위험한 상황은 애매하게 아는 문제가 나와서 '손이 멈추는 것'이다.

수학 문제들은 난이도에 따라 푸는 방식이 달라진다. 대체로 쉬운 편에 해당하는 3점짜리 문제들은 깊이 고민하지 않아도 외우고 있는 공식에 대입하면 대부분 풀린다. 그러나 난도가 올라갈수록, 특히 4점짜리 대부분은 문제를 보자마자 풀 수는 없다. 수학적 사고력을 발휘해서 풀이에 필요한 아이디어를 떠올려야 풀 수 있다. 중상위권에서 등급을 가르는 문제들은 3점짜리가 아니라 '사고력'을 요구하는 4점짜리다.

문제는 이런 4점짜리 문제를 풀려면 '아이디어'가 필요한데 아이디어가 생각이 안 날 경우 끝도 없이 고민하게 될 수 있다는 것이다. 이런 상황이 29번쯤 가서 생기면 그나마 다행인데 17번쯤부터 막히면 계속해서 끙끙대다가 뒤 번호 문제들은 제대로 구경도 못 해 보고 시간에 쫓기다 시험이 끝나고 만다. 더군다나 평소에 문제를 보자마자 번뜩이는 아이디어가 떠오르는 경험을 하지 못했다면 오래 붙잡고 있어도 시험 시간 내에 아이디어를 떠올리기는 쉽지 않다. 문제의 난도가 높아지면 높아질수록 이런 상황은 더욱 심해진다. 이렇게 되면 아무리 공부를 많이 했더라도 막상 등급을 가르는 중요한 문제들은 그날의 컨디션에 따라 맞히느냐 못 맞히느냐가 결정될 수 있다. 수학 성적이 컨디션에 좌우되는 일을 방지하기 위해 필요한 것이 바로 '매뉴얼'이다.

매뉴얼을 만드는 방법은 간단하다. 평소에 자기가 문제를 어떻게 풀었는지 혹은 문제들이 어떤 방식으로 풀렸는지를 기억하면 된다. 예를 들어 보자. 나는 고등학교 3학년 때 미적분 파트에서는 어려운 킬러 문항 위주로 공부했다. 그렇게 킬러 문항만 집중적으로 두 권 정도 풀어 보니 문제들이 결국에는 비슷한 방식으로 풀린다는 점을 깨달을 수 있었다. 문제에서 주어진 조건을 보고 그래프의 개형을 상상하고, 구체적 수치를 이용해 그래프를 다시 식으로 나타내고, 그 식을 이용해서 문제를 푸는 큰 틀을 따르고 있었다. 그래프의 개형 역시 아무 그래프나 무작위로 문제에 나오는 것이 아니었다. 수학 문제를 낼 때는 보통 일반적인 상황이 아닌 '특수한 상황'을 만든다. 그래서 대부분의 그래프가 서로 접하거나, 극댓값 혹은 극솟값을 중심으로 무언가 특이한 점이 있는 특수한 형태를 띤다. 그래서 나는 이를 바탕으로 내 나름의 매뉴얼을 만들었다.

'미분 킬러 문제는 일단 특수한 상황 위주로 생각하고 그래프부터 그려 보자.'

내가 킬러 문항을 예로 들어서 매뉴얼을 만든다는 게 너무 어렵게 느껴질지도 모르겠다. 그러나 사실 매뉴얼은 별것 없다.

'부정적분 문제가 나오면 양변을 미분해 봐야지.'

'수열의 합 문제가 나오면 일단 첫째 항부터 한 네 번째 항까지는 직접 구해 봐야지.'

이처럼 아주 간단한 행동 수칙이라도 문제를 맞닥뜨렸을 때 멍하니 있지 않고 손을 움직이게 해 준다면 그것이 무엇이든 매뉴얼이 될 수 있다. 수학 시험을 치를 때 생각이 안 날 경우 뭐라도 적어 보는 것과 머리만 끙끙대는 것에는 큰 차이가 있다. 무언가를 적고 있다는 사실은 불안감을 덜어 주지만, 머리로 고민만 하면 '이러다 진짜 아예 생각이 안 나서 못 풀면 어쩌지?'라며 불안감을 증폭시킬 가능성이 크다. 그러니 반드시 기억하자.

'수학 시험에서는 절대 손을 놀게 하지 말자.'

1. 수열 문제가 나오면 네 번째 항 정도까지는 직접 구해 본다.

2. 어려운 수열 문제는 처음부터 끝까지 직접 다 구해서 풀겠다는 마인드를 갖는다(실제 2020년 수능 수학 21번 수열 문제를 나는 20분간 모든 항을 직접 다 구해서 풀었다).

3. 고난도 문제는 절대 아무렇게나 주어진 상황에서 탄생하지 않는다. 항상 특이한 상황을 중심으로 생각하자. 예를 들어 다항 함수 미분 단원의 문제인 경우에는 그래프 2개가 접하거나, 함수의 증가와 감소가 바뀌는 지점 등이 문제의 키포인트가 되는 경우가 많다.

4. 문제에서 일정한 범위(예컨대 몇 번째 항까지 수열의 합 혹은 x의 범위를 주고 그 범위 안에서 무언가를 묻는 경우)를 줬는데 그 범위가 넓을 경우(예를 들어 70번째 항까지의 수열의 합), 무언가 반복되는 양상이 있을 확률이 높다.

5. 함수 문제는 주어진 조건을 보고 그래프를 상상해서 그린 뒤 이를 식으로 나타내거나 식부터 구한 뒤 이를 그래프로 나타내는 방식 둘 중 하나로 대개 풀린다.

6. 〈보기〉를 통해 조건을 주는 문제는 바꿔 말하면 그 조건 이상은 문제를 푸는 데 필요 없지만 또 그 이하로 주어서도 안 된다는 뜻이다. 따라서 문제를 풀 때 〈보기〉의 조건을 지금 풀이가 잘못된 건 아닌지 가이드라인으로 삼거나 반대로 '이 조건은 왜 줬을까?'라고 생각하며 힌트를 찾는다.

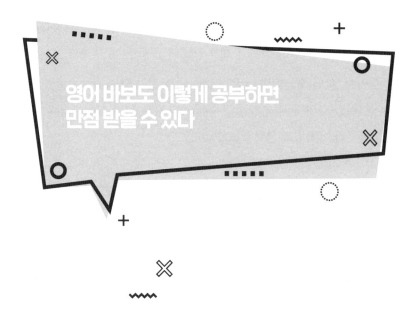

영어 바보도 이렇게 공부하면 만점 받을 수 있다

1교시 국어 영역과 2교시 수학 영역이 끝나고 준비해 온 도시락을 먹는다. 지친 마음을 이끈 채 다시 책상에 앉으면 예비종이 울리고 시험 감독관이 교실에 들어온다. 시험지가 앞에 앉은 친구 자리에 놓이고, 이제 내 자리에 놓인다. 갑자기 긴장감으로 온몸이 짜릿해진다.

'갑자기 듣기가 안 들리면 어떡하지?'

'제발 내가 아는 문법 나와라.'

떨리는 마음으로 시험지를 펼친다. 3교시, 영어 영역이다.

나는 '외고'에 입학한 학생임에도 불구하고 영어를 잘하는 편이 아니었다. 앞에서 말했듯이 1학년 첫 모의고사인 3월 모의고사에서 찍은 문제를 3개나 맞힌 덕분에 겨우겨우 72점을 받아 3등급을 따냈다. 점수를 받아 가라고 내는 문제인 18번 도표 문제를 열심히 '풀어서' 틀릴 정도였다. 수험생들은 내 수준이 어느 정도였는지 대충 짐작할 것이다. 점수가 증명해 주듯이 나는 영어 시험에 약할 뿐만 아니라 어휘력도 형편없는 수준이었다.

1학년 첫 중간고사 기간에 기본 중의 기본 단어인 'however(그러나)'의 뜻을 몰라 새벽 1시에 옆방 친구에게 그 뜻을 물으러 갔다. 방에 룸메이트가 자고 있어 복도에서 공부를 했는데 사전이 옆에 없어 옆방 친구를 찾아간 것이다. 졸업 후에 그 친구를 만났는데 너무 충격적이어서 아직도 생생하게 기억하고 있다고 했다. 괜히 시비 거는 줄로 알았다고 한다.

이렇듯 영어를 못하던 나는 수능 영어 100점을 찍기까지 꽤 오랜 시간이 걸렸다. 바닥부터 시작한 덕분에 외국어 공부에 대한 노하우를 얻을 수 있어 나름대로 좋은 경험이었다고 생각한다. 이번 챕터에서는 그런 노하우를 바탕으로 고등학교 1학년 때의 나처럼 영어 공부가 막막한 친구들에게 조금이나마 도움을 주고자 한다.

영어는 결국 어휘력 싸움

영어 공부에서 가장 근본적인 영역은 누가 뭐래도 '단어'다. 사실 수능 영어에서 단어가 가장 기초라는 걸 모르는 사람은 없다. 너무 당연한 말 아니냐고 생각할 수도 있다. 그런데 내가 말하고 싶은 것은 영어 공부를 하면서 단어 공부를 병행하는 게 아니라, '영어 단어'에 초점을 맞춰서 하는 공부다. 이게 무슨 말이냐고? 더 자세히 이야기해 보자.

고등학교 1학년 때 수능 영어를 처음 공부하면서 요령이 전혀 없던 나는 도대체 뭘 해야 할지 몰랐다. 그래서 일단 남들이 하는 대로 시중에 나와 있는 영단어책을 한 권 사서 꾸준히 읽어야겠다고 마음먹었다. 하지만 열흘을 넘기지 못하고 책장 깊숙한 곳에 처박아 두었다(그 단어책은 그 후 3년 내내 한 번도 보지 않다가 수능 이틀 전에 쓰레기장에 버렸다). 또 멘토 형한테 부탁해서 영어 문법책을 두 권 받아왔는데, 이 역시 무슨 소리인지 도무지 이해가 안 돼서 20페이지를 넘기지 못하고 책장 깊숙이 넣어 버렸다.

이대로는 안 되겠다고 판단한 나는 그냥 문제를 풀면서 익숙해지는 게 낫겠다 생각하고 고1 영어 모의고사 기출문제집을 한 권 사서 일주일에 3~4회씩 꾸준히 풀기 시작했다. 처음에는 모르는 단어가 너무 많아 지문을 읽는 데만 모든 신경을 쏟아부어야 했다. 영어 성적은 평소에 4등급, 운 좋으면 3등급을 왔다 갔다 하는 수준이었다. 생각해 보니 아무것도 하지 않고 문제만 풀고 넘기면 배우는 게 없는 듯싶어 다시 맨 처음 풀던 모의고사로 돌아갔다. 듣기 문제를 제외하고 18번 문제부터 지문과 선지에 나오는 모르는 단어를 전부 수첩에 뜻과 함께 적어 내려갔다. 이때 내 수첩에 가장 먼저 적히는 영광을 차지한 단어가 바로 'however(그러나)'였다.

그런데 수첩에 단어를 적고 외워 가면서 모의고사 문제를 풀다가 문득 깨달은 점이 하나 있었다. 한 번 나온 단어가 반복해서 계속 나온다는 사실이었다. 그렇다. 세상에 존재하는 영단어의 수는 평생 외워도 다 못 외울 만큼 셀 수 없이 많으나, 고등학교 시험에 나오는 단어는 생각보다 한정되어 있다. 따라서 기출문제를 풀면서 모르는 단어가 나올 때마다 수첩에 적어 가며 외우다 보면 결국 모르는 단어는 거의 사라진다.

이렇게 단어를 공부할 때 주의할 점이 있다. 수첩에 꼭 '단어'만 적을 필요는 없다는 것이다. 오히려 단어만 적는 습관은 버려야 한다. 특정 전치사(of, to, at 등)와 함께 쓰이거나 관용적인 표현의 경우 문장 전체를 적어 놓고 외워야 한다. 예를 들어 'consist(구성하다)'라는 단어는 주로 'A consist of B'의 형태로 쓰이며 'A는 B로 구성되어 있다'라는 뜻을 지닌다. 수첩에 'consist 구성하다'라고만 적어 놓으면 '어, of는 뭐지? 에이 별 뜻 없겠지' 생각하고 'A가 B를 구성하다'로 해석할지도 모른다.

또 다른 예를 들어 보자. '계좌'를 뜻하는 'account'라는 단어가 있다. 그런데 이 단어가 다른 단어와 만나 'take into account'의 꼴로 쓰이면 '고려하다'의 뜻이 된다. 이런 단어들은 어울려 다니는 단어들을 통째로 수첩에 적어 둬야 한다.

실제로 나는 단어 공부를 할 때 영어 사전을 검색하면서 'A consist of B'와 같이 특정한 형태로 활용되는 단어들을 반드시 함께 적어 놓고 외웠다. 특이하게 활용되거나 관용적인 표현은 예문 전체를 통으로 적어 놓고 외우기도 했다. 단어만 알고 활용형을 모를 경우 실전에서 '어, 이거 본 단어인데 왜 해석이 안 되지?' 하고 당황할 수 있다. 그러니 처음 공부할 때부터 꼼꼼하게 대비하도록 하자.

내가 고등학교 1학년 때 한 공부는 이게 전부였다. 영어로 된 지문을 읽고 모르는 단어를 전부 수첩에 적은 뒤 외우기. 수첩을 볼 때도 1시간씩 따로 시간을 내 투자하며 머리 아파할 필요가 없다. 학교 가는 길에 5분, 밥 먹고 나서 5분, 쉬는 시간에 5분, 자기 전에 5분. 틈날 때마다 잠깐잠깐 봐 주면 된다. 아무것도 모르는 상태에서 영어 공부를 시작하면 당연히 어렵게 느껴질 수밖에 없다. 지문 해석도 오래 걸리고, 문제 푸는 것 역시 오래 걸리고, 게다가 문법 공부는 또 언제 할지 등등 모든 것이 고민이다. 그러면 영어책을 펴는 것도 싫어진다. 그러니 영어 공부를 시작하기로 마음먹었다면 다른 영역들은 잠시 접어 두고 오로지 단어만 외우겠다는, 살짝 가벼운 마음으로 시작해 보자. 단어 공부만으로도 충분히 성장할 수 있으니 말이다.

문법 공부를 따로 해야 할까?

앞서 말한 방식대로 단어를 열심히 공부하면서 5년 치 정도의 모의고사(일반적인 모의고사집 한 권)를 풀 때쯤에는 지문에서 모르는 단어가 많이 사라진다. 모르는 단어가 나오기는 하지만 그런 단어 1~2개 때문에 해석이 안 된다든가 문제가 안 풀린다든가 하는 경우는 거의 없다. 그리고 성적도 전보다 많이 올라 2~3등급은 왔다 갔다 하는 경지에 이르게 된다. 그런데 이때부터 아이러니한 상황이 발생한다. 지문에 모르는 단어가 하나도 없는데 놀랍게도 해석이 안 되는 것이다. 당황할 필요 없다. 이제 '문장' 공부를 시작할 때가 되었다는 신호다.

수능 영어의 모든 문제를 단순히 '어휘력'만으로 풀 수 있다면 굳이 빈칸 추론, 순서, 장문 독해 같은 다양한 유형의 문제는 필요 없을 것이다. 모든 문제를 '단어' 문제로만 내면 그만이기 때문이다. 그러나 수능 영어는 알다시피 그렇게 출제되지 않는다. 어휘력 외에 '무언가'를 더 갖춰야만 문제를 풀 수 있다. 그 무언가 중 하나가 바로 '문장 읽기 능력'이다. 아무리 아는 단어가 많아도 실제 그 단어가 쓰인 문장을 해석하지 못하면 문제를 풀 수 없다. 따라서 어느 정도 어휘력이 갖춰지는 시기부터는 '문장 해석'에 초점을 맞추어 실전 연습을 해야 한다. 이 과정에서 필요한 것은 '자주 나오는 문법 표현' 익히기와 '끊어 읽기' 훈련이다.

먼저 문법 표현을 익히는 법에 대해서 알아보자. 그 전에 우선 짚고 넘어가야 할 것이 있다.

'수능 영어에서 문법 공부를 따로 해야 할까?'

많은 수험생이 궁금해하는 질문이다. 나 역시 학생들에게 자주 들은 질문이다. 알다시피 수능에서 문법은 단 한 문제가 출제된다. 그런데 그 한 문제를 맞히기 위해 문법책을 보자니 자동사와 타동사, 시제, 가정법, 관계 부사 등등 공부할 게 너무 많다. 이걸 다 공부할 엄두도 안 날뿐더러 한 문제를 위해 이걸 다 해야 한다고 생각하니 시간이 너무 아깝다. 그런 수험생들에게 이렇게 말해 주고 싶다. 문법 공부, 반드시 해야 한다고.

수능에 주로 쓰이는 어휘가 어느 정도 정해져 있는 것처럼 수능에 나오는 문법 문제 영역도 한정되어 있다. 단골손님으로 등장하는 단수-복수 동사의 구분을 포함해 'where-which', 'how-what', 'them-themselves' 등을 구분하는 문제처럼 출제 유형은 반복되는 양상을 보인다. 희소식은 이렇게 '문법 문제'에 나오는 문법 포인트들은 우리가 어려운 문장을 해석하기 위해 알아 둬야 하는 문법 포인트와 여러 부분에서 겹친다는 사실이다.

예를 들어 'where-which'를 구분하는 공부를 해 두면 관계 부사(where)-관계 대명사(which)가 꾸며 주는 말을 명확히 구분할 수 있어 문장을 정확하게 해석하는 데 도움이 된다. 마찬가지로 'them-themselves'를 구분하는 훈련을 통해 문장에서 목적어가 무엇인지 파악하는 실력을 자연스럽게 기를 수 있다.

오답률이 50%가 넘는 문제들은 문법적 표현이 발목을 잡을 때가 많다. 따라서 그런 어려운 문제를 맞히고 높은 성적을 받으려면 문법 공부는 반드시 해야 한다.

기출문제와 예문으로 문법 공부 끝내기

또 한 가지 다행스러운 점은 문법 공부는 문법책을 별도로 사서 공부하면서까지 완벽하게 할 필요는 없다는 사실이다. 문법 표현을 익히는 것으로 충분하다. 문법 표현을 열심히 공부해서 '이 문장에서는 which가 이렇게 쓰였고 이걸 꾸며 주고……'와 같이 문장을 문법적으로 완벽하게 분석하는 경지에까지 도달할 필요는 없다. 실제로 나도 그런 경지에까지 이르지는 못했고, 이르고 싶은 마음도 없었다. 단지 'which(관계 대명사)'가 쓰인 문장을 '자연스럽게' 읽고 넘길 줄 아는 정도면 충분하다.

이를 위해서는 크게 두 가지 준비가 필요하다. 첫 번째는 기출문제를 풀면서 '문법 문제'에 나오는 문법적 내용을 그때그때 정리하는 것이다. 어떤 문법적 내용이 쓰인 문장을 자연스레 읽으려면 최소한 그게 뭔지는 알고 있어야 한다. 'that'이 관계 대명사로 쓰인다는 점 정도는 알아야 해석도 자연스럽게 할 수 있다. 문법 문제의 선지는 5개이므로 본인이 아는 문법이 하나도 없다고 가정하면 해설지만으로도 한 문제당 5개의 문법적 내용을 공부할 수 있다. 꼼꼼하게 공부하고 싶다면 따로 노트를 만들어서 그때그때 문법적 내용을 정리하고 문제에 쓰인 예문을 적어 놓자. 만약 이 정도 노력이 귀찮다면 모의고사 문제 옆 빈 곳에 적당히 적어 두고 문제집 자체를 가끔씩 훑어보자. 이 정도만 해도 수능일에 문법 문제를 맞힐 수 있을 뿐만 아니라 문법에 대한 '감'도 생긴다.

두 번째는 예문을 모으는 작업이다. 영문법은 이론적으로 공부하기보다 문법이 활용된 예문을 읽어야 이해도 잘되고 실력도 빠르게 는다. 관계 대명사가 어떻고 가정법이 어떻고 등등을 이론적으로 공부하는 데 너무 많은 시간을 들일 필요가 없다. 영어 공부를 하다 가정법이 쓰인 문장을 해석하는 게 어려우면 노트를 준비해서 '가정법' 난을 만들고 가정법이 활용된 문장을 해석과 함께 그대로 적어 두자. 만약에 that이 관계 대명사로 활용된 문장이 해석이 잘 안 되면 '관계 대명사 that'과 '접속사 that' 난을 만들어 해석과 함께 문장을 적어 놓자.

이렇게 카테고리별로 문장을 수집하다 보면 모의고사 문제집 한 권만 풀어도 꽤 많은 예문이 모인다. 이 예문들을 꾸준히 읽으며 익숙해지자. 그러면 실전에서 문장을 매끄럽게 해석할 정도의 문법에 대한 '감'이 생길 것이다.

빠른 해석을 도와주는 끊어 읽기 훈련

마지막으로 문장을 해석하는 데 도움이 되는 '끊어 읽기'에 대해 알아보자. 끊어 읽지 않아도 문장을 해석하는 데 지장이 없고 별로 끊어 읽고 싶은 생각이 없다면 과감히 다음 부분으로 넘어가도 좋다. 국어 비문학 파트를 아무런 메모 없이 푸는 사람이 있듯이 끊어 읽기도 필수적인 것은 아니다. 나는 영어를 해석하는 데 끊어 읽기가 도움이 되었다. 끊어 읽기를 어떻게 하는 것이 좋은지 간략하게만 이야기하고 넘어가려 한다.

내가 사용한 끊어 읽기에는 두 가지 룰이 있다. 첫 번째는 문법적 요소 단위로 끊어 읽는 것이다. 간단히 말하면 'that, which, where, what, if' 등 구분을 해 줘야 할 것 같은 문법적 표현 앞에서, 그리고 'and, or 혹은 콤마(,)'를 기준으로 끊어 읽는다. 예를 들어 'He says that……'은 'He says / that……'으로, 'The museum can be famous, with its……'라는 문장은 'The museum can be famous, / with its……'로 끊어 읽는 식이다. 이렇게 하면 의미 단위들을 덩어리로 파악하기가 쉬워 내용이 한눈에 들어오고 해석이 편해진다.

두 번째는 문장의 해석이 어렵거나 문장의 길이가 길다고 해서 끊어 읽기로 난도질을 하지 않는 것이다. 끊어 읽기는 영어식 문장에 익숙하지 않은 수험생이 문장을 쉽게 해석할 수 있도록 도와주는 방식이다. 그러나 끊어 읽기에 중독되어 문장의 중요한 덩어리들마저 주어, 목적어, 동사 단위로 끊어 놓으면 의미를 파악하기가 더 어려워진다.

이런 경향은 31번 이후에 등장하는 고난도 지문에서 더 심해진다. 해석이 잘 안 되니 괜히 잘게 끊어 보는 것이다. 이럴 경우 시험 시간 내내 그 문장을 해석하지 못하게 될 수도 있다. 그러니 문장을 너무 세밀하게 끊어 읽지 않도록 주의하는 것이 좋다.

사실 문법이나 끊어 읽기에 익숙해지려면 상당한 노력이 필요하다. 글로만 봐서는 감을 잡기가 어려울 것이다. 꾸준히 시간을 들여 예문을 모으고, 다시 읽어 보고, 읽는 과정에서 끊어 읽기 연습을 해야 실력이 쌓인다. 따라서 영어 공부는 '이번 한 달 동안 다 끝내야지'라는 식의 단기적인 계획보다는 최소 6개월에서 1년 정도의 시간을 두고 천천히 익숙해지겠다는 마인드로 접근해야 한다.

수능 영어 100점을 위해 필요한 두 가지 능력

이제는 본격적으로 수능 영어 문제를 어떻게 풀지 고민해 볼 시간이다. 수능 영어에는 다양한 유형의 문제가 나온다. 주제나 요지를 찾는 문제부터 어휘력 문제, 빈칸 추론 문제, 순서·삽입 문제 등 종류가 많아서 공부를 어떻게 해야 할지 감을 잡기 어려울 수도 있다. 그런데 다양한 문제 유형에 모두 대응할 수 있는 능력이 두 가지 있다. 수능 영어 공부는 결국 이 두 가지 능력을 기르는 것으로 귀결된다고 생각한다.

그것은 바로 '비슷한 정보를 한 덩어리로 묶어서 생각할 줄 아는 능력'과 '글의 흐름이 바뀌었다는 것을 눈치채는 능력'이다. 수능 영어에서 좋은 점수를 받기 위해서는 시험장에 들어가기 전에 반드시 갖춰야 할 능력이다. 이제부터 그 두 가지 능력에 대해 자세히 알아보자.

말로만 들어서는 무슨 이야기인지 감이 잘 안 올 것이니, 다음 예를 살펴보도록 하자.

I have an apple. It is red and looks delicious. The apple has been famous for its delicious taste for a long time. Its taste is originated from its red color.

조금이라도 이해가 쉬웠으면 해서 최대한 단순한 문장을 만들어 보았다(참고로 사과의 맛이 빨간색에서 나오는 것은 당연히 아니므로 오해하지 않았으면 좋겠다. 이 문장은 예를 들기 위해 임의로 적은 것이다). 예시에 쓰인 총 4개의 문장을 해석해서 정리하면 다음과 같다.

'나는 사과가 하나 있다. 그것은 빨갛고 맛있게 생겼다. 사과는 맛

있는 것으로 오랜 기간 유명했다. 그 맛은 사과의 빨간색에서 유래한다.'

이 정도면 상당히 괜찮게 해석이 된 것 같다.

그런데 만약 이 문장들이 수능 지문에 나왔다고 해 보자. 우리에게 필요한 것은 단순한 '해석'이 아니라 문제를 풀기 위한 '정보'다. 우선 사과를 하나 가지고 있다는 문장은 문장 자체가 통째로 하나의 새로운 정보다. 그리고 그 뒤에 이어지는 사과가 빨갛고 맛있게 생겼다는 것 역시 새로운 정보다. 그런데 맛있는 것으로 유명하다는 문장은 어떨까? 이미 바로 앞 문장에서 사과가 '맛있어 보인다'고 언급했으므로 굳이 맛있다는 정보는 새로울 게 없다. 즉 이 문장은 문제를 풀기 위해 꼼꼼하게 볼 필요가 없다.

마지막 문장을 살펴보면, 사과의 맛이 빨간색에서 유래한다고 한다. 이는 명백히 새로운 정보다. 따라서 문제를 풀기 위해 필요한 정보만을 골라 다시 정리해 보면 다음과 같다.

'나는 사과를 하나 가지고 있다. 그건 빨갛고 맛있다. 맛있는 맛은 빨간색에서 나온다.'

'비슷한 정보는 묶어서 하나로 생각해 버리고, 글 내용이 바뀌면 눈치채고 정보를 받아들인다.'

문제의 유형에 상관없이 수능 영어 지문을 해석하는 기본적인 접근 방식이다.

개념을 소개하기 위해 수능에 결코 나올 리 없는 간단한 문장을 예로 들었다. 이번에는 실제 수능 문제를 가지고 이 기술을 실전에 어떻게 적용할 수 있는지 살펴보자.

Minorities tend not to have much power or status / and may even be dismissed as troublemakers, extremists or simply 'weirdos'. / How, then, do they ever have any influence / over the majority? The social psychologist Serge Moscovici claims / that the answer lies in their behavioural style, / i.e. the way _____ .

The crucial factor in the success of the suffragette movement was / that its supporters were consistent in their views, / and this created a considerable degree of social influence. / Minorities that are active and organised, / who support and defend their position consistently, / can create social conflict, doubt and uncertainty / among members of the majority, / and ultimately this may lead to social change. / Such change has often occurred / because a minority has converted others to its point of view. / Without the influence of minorities, / we would have no innovation, no social change. / Many of what we now regard as 'major' social movements / (e.g. Christianity, trade unionism or feminism) were originally due to the influence of an outspoken minority.

이 지문은 2019년 수능 영어 영역 32번 문제다. 지문 안에 '/' 표시는 내가 문제를 풀 때 실제로 한 끊어 읽기 표시다. 끊어 읽기가 궁금한 사람은 참고하기 바란다. 완전한 해설은 '2019 수능 영어 32

번 문제'라고 검색하면 어렵지 않게 찾을 수 있다. 우선 첫 번째 문장을 해석하면 '소수자는 권력이나 지위를 가지지 않는 경향이 있고 트러블 메이커, 극단주의자 혹은 그저 별난 사람으로 치부될 수도 있다'라는 정보를 얻을 수 있다. 두 번째 문장은 '그런데 그들(소수자)이 어떻게 다수자에게 영향력을 발휘할까?'라며 이 글에서 이야기하고자 하는 바에 대한 힌트를 주고 있다. 빈칸이 있는 세 번째 문장을 간략히 해석하면 '사회 심리학자 세르주 모스코비치는 그 해답이 그들(소수자)의 행동 스타일, 즉 _____하는 방식에 있다고 주장한다'가 된다.

다음 문장은 '여성 참정권론자(suffragette) 성공의 결정적인 요인은 지지자들이 일관적인 관점을 유지했고 그것이 상당한 사회적 영향력을 만들어 낸 것이었다'인데, 여기서 주목할 점은 '여성 참정권론자'라는 단어가 튀어나온 것이다. 우리가 지금까지 다룬 대상은 다수자와 소수자뿐이다. 따라서 여성 참정권론자는 다수자나 소수자 둘 중 하나일 텐데 과연 소수자일까, 다수자일까? 대부분의 학생이 쉽게 소수자겠거니라고 결론 내릴 것이다.

그 이유를 분석해 보면, 바로 앞 문장에서 '소수자'가 어떻게 다수자에게 영향력을 행사하는가라는 질문을 던졌기 때문에 글 속에서 '특정 집단'이 영향력을 행사했다는 내용이 나오면 그 특정 집단을 '소수자'라고 생각하는 것이 자연스럽다. 이처럼 지문 내에서 특정 대상 혹은 특정 행위를 가리키는 용어가 바뀌더라도 하고자 하는 말이 같다는 점을 캐치할 줄 알아야 한다. 이것이 바로 '비슷한 정보를 한 덩어리로 묶어서 생각할 줄 아는 능력'의 일환이다.

계속해서 읽어 나가 보자. 그다음 문장을 해석하면 이렇다.

'활동적이고 조직화된 소수자는 그들의 입장을 일관성 있게 지지하고 방어하는데, 그들은 사회적 갈등, 의심 그리고 불확실성을 다수자 집단의 구성원에게 야기할 수 있고, 결국 이것이 사회 변화를 이끌어 낸다.'

혹시 눈치챘는가? 이 문장은 앞에서 이야기한 일관성 있는 여성 참정권론자들이 사회에 영향력을 행사했다는 말을 풀어서 설명한 것에 불과하다. 즉 앞 문장과 본질적으로 같은 정보를 담고 있다. 추가된 정보가 있다면 사회 변화를 이끌어 내는 과정에서 '다수자 집단의 구성원에게 갈등, 의심, 불확실성 등을 야기한다'는 것인데, 만약 내가 이 문제를 시험장에서 만났다면 앞 문장의 정보에 이 중간 과정만 추가하고 나머지 문장은 없는 셈 치고 읽었을 것이다.

이처럼 지문을 읽으면서 비슷한 정보를 묶어서 파악하고 새로운 정보가 나올 때마다 정리하면, 모든 문장을 해석하며 받아들이는 것보다 글이 단순해질뿐더러 답을 찾기 위한 실마리 역시 눈에 확 띄게 된다. 가령, 예로 든 문제와 같은 빈칸 추론 문제의 경우 '해당 빈칸'에 들어갈 정보를 찾는 데만 집중해서 읽으면 된다. '그들(소수자)의 행동 스타일, 즉 _____ 하는 방식에 있다고 주장한다'라는 문장은 결국 빈칸에 들어갈 내용이 '그들의 행동 스타일'이라는 것을 알려 주고 있다. 따라서 지문 내에서 소수자가 '어떤 방식으로' 다수자에게 영향력을 행사하는지에 대한 정보만 찾으면 된다.

문제 유형이 순서·삽입일 경우에는 이렇게 정리한 정보를 바탕으로 〈보기〉나 선지의 문장 뒤에 어떤 정보가 이어지는 게 자연스러운

지를 생각해 보고, 정보의 비약이 일어나지 않게끔 문장들의 순서를 재배열해 주면 된다. 결국 어떤 유형의 문제가 나오든 앞서 이야기한 두 가지 능력을 기르는 훈련을 통해 극복해 낼 수 있다.

실전 팁-시험 시간을 아껴 주는 메모 활용법

지금까지 영어 공부를 할 때 집중적으로 연습해야 할 것들을 알아봤다. 이제 '수능 당일' 실력을 제대로 발휘하기 위해 알아야 할 것들을 살펴보자. 앞서 국어 영역에서는 파트마다 실전 팁을 이야기했고, 수학 과목에서는 '매뉴얼'을 만들라고 했다. 그런데 영어 영역은 시험만 놓고 보면 특별히 해 줄 말이 없다. 단, 성적이 잘 나오지 않아 고민이라면 영어 문제를 풀 때 메모를 활용하는 것도 나쁘지 않은 방법이라고 이야기해 주고 싶다.

영어 시험은 결국 지문 속의 정보를 얼마나 잘 활용하는가에 달려 있다. 문제를 확실하게 풀기 위해서는 지문을 제대로 해석하고 거기서 얻은 정보를 분석해서 문제에 적용시켜 빠르게 답을 찾아내는 과정이 필요하다. 그렇지만 수능 영어 지문은 결코 호락호락하지 않아 이 과정을 순탄하게 진행하기가 어렵다. 과학, 기술, 이름 모를 학자의 주장 등 버겁고 난해한 소재로 우리를 괴롭히기도 하며, 어휘와 문법 표현 등을 복잡하게 꼬아 놓아 지문 분석을 방해하기도 한다. 이렇게 글을 읽는 과정에서 방해를 받다 보면 결국 우리 머릿속에는 방금 읽은, 그 한 문장만 남는다. 즉 지문의 마지막 줄을 읽고 있을 때쯤에는 앞부분이 이미 머릿속에서 사라진 상태다.

빈칸 추론 문제는 계속 틀리고, 주제 찾기 문제는 헷갈리고, 순서·삽입 문제는 시간이 오래 걸리는 이유가 문장 해석을 잘 못 한다든가 정보 찾는 훈련이 덜 되어서만은 아니다. 문제를 정확하게 풀려면 지문 전체의 내용을 한 번에 다룰 줄 알아야 한다. 그런데 길고 복잡한 지문들을 읽다 보면 마지막 문장 혹은 익숙한 단어 위주로 지문의 정보가 머릿속에서 '조작'된다. 결국 선지를 읽을 때는 지문 속 정보가 아닌 머릿속의 막연한 느낌을 바탕으로 접근하게 된다. 오답률 50% 이상은 대부분 이런 과정을 거쳐 탄생한다.

이를 방지하는 방법 중 하나가 정보를 메모하는 것이다. 앞에서 수능 문제를 예로 들면서 문제를 풀 때 필요한 정보만 남기기 위해 비슷한 정보를 같은 것으로 묶어 처리하고, 글의 흐름이 바뀔 때마다 정보가 추가됨을 인지하면서 문제에 접근하는 과정을 보여 주었다. 그런데 평소에 이런 훈련을 하는데도 길고 어려운 지문에 압도당해 실전에서 그 효력을 보기 힘든 학생은 머릿속으로 파악한 지문 속 정보를 문제지 한쪽에 '한글'로 적으며 풀 것을 추천한다.

그냥 읽기만 해도 시간이 부족한데 메모까지 하면서 풀면 시간이 너무 부족하지 않을까 걱정할 수도 있겠지만, 사실은 그렇지만도 않다. 정말 극악한 고난도의 문제를 풀 때를 생각해 보자. 우리는 보통 다음과 같은 과정을 겪게 된다. 첫 문장을 읽었는데 말이 너무 어렵다. 그래서 한글로 해석은 했지만 무슨 말인지 영 이해가 안 간다. 그래서 다시 한번 읽어 본다. 그래도 무슨 말인지 몰라 일단 쭉 읽어 나가기로 한다. 어떻게든 마지막 문장까지 다 읽었으나 여전히 무슨 말인지 모르겠다. 그런 상태로 선택지를 한 번 보지만, 아니나 다를까 답이 전혀 보이지 않는다. 확실하게 오답이라고 할 수 있는 것도 딱히 보이지 않는다. 결국 지문을 다시 읽기 시작한다. 이 과정을 반복하는 사이 시간은 3분, 5분…… 순식간에 지나가 버린다.

정보를 '메모'하면서 지문을 읽으면 이런 일을 방지할 수 있다. 우선, 무슨 말인지 이해가 안 돼도 문제를 푸는 경우가 꽤 있다. 예컨대 지문 속의 정보가 다음과 같은 빈칸 추론 문제가 있다고 해 보자.

'사과는 바나나다.'

'바나나는 _____다.'

사과가 왜 바나나인지 이해가 안 갈 것이다. 그러나 문장의 정보를 바탕으로 빈칸에 들어갈 말이 '사과'라는 것은 알 수 있다. 실제 난도 높은 빈칸 추론 문제의 상당수가 이런 방식을 통해 풀린다.

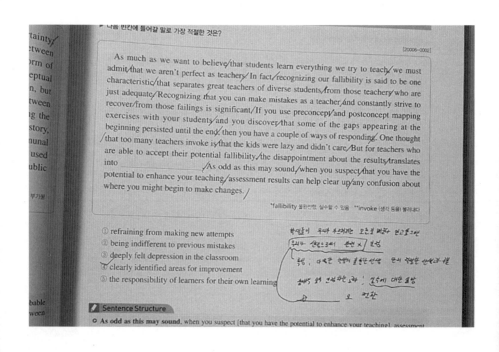

연계 교재 운만 따라 주면 시간이 남아돌지도 모른다

중요한 정보를 메모하면서 읽으면 아무리 긴 지문이라도 서너 문장으로 요약이 된다. 정보 정리가 잘 되면 문제를 풀기 위해 다시 지문을 볼 필요가 없다. 정리된 메모만 보면 된다. 메모하는 데 1~2분 더 걸릴지라도 답 찾는 시간을 줄여 시간 차이는 크지 않다.

오히려 메모 덕분에 시간이 줄어들 수도 있다. 앞서 이야기한 정보 정리 과정을 머릿속으로만 하면 체계적으로 잘 안 될뿐더러 금세 잊히는 부분도 많다. 그러나 메모하면서 읽으면 정보 정리 과정을 '눈에 보이는 영역'으로 끌어와 이를 강하게 의식하면서 읽게 된다. '비슷한 정보를 한 덩어리로 묶어서 생각하기'와 '글의 흐름 변화 눈치채기'에 신경을 곤두세우게 되어 단순히 눈으로만 읽을 때보다 더 효율적인 독해가 가능해지는 것이다.

내가 메모하며 문제를 풀기 시작한 것은 같은 반 친구의 영어 모의고사 문제지를 우연히 보고 나서부터였다. 친구의 문제지에 적힌 메모를 발견한 뒤로 나는 메모하는 훈련을 거듭했다. 원래는 문제를 다 풀었을 때 5분 정도 시간이 남았는데, 메모하는 게 익숙해진 몇 달 후에는 10분 정도가 남았다. 수능일에는 연계 지문 효과까지 더해져 거의 20분을 남긴 채 문제를 다 풀었다.

수능은 이처럼 매우 사소한 변화가 큰 차이를 가져다주기도 한다는 사실을 염두에 두었으면 좋겠다.

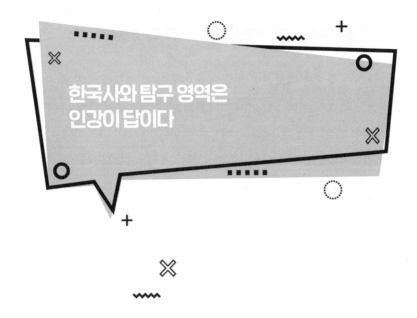

한국사와 탐구 영역은
인강이 답이다

어느덧 수능의 끝을 향해 달려가고 있다. 제2외국어 영역을 신청하지 않았다면, 4교시 한국사와 탐구 영역이 마지막 시험이다.

지금까지 국어, 영어, 수학 등 세 과목에 상당히 많은 페이지를 할애해 공부법, 실전 팁 등 여러 이야기를 했다. 이 세 과목에 비해 한국사나 탐구 영역은 사실 도움을 줄 만한 것이 별로 없다. 내가 탐구 영역의 많은 과목을 커버하지 못하는 것도 하나의 이유지만, 탐구 영역 공부법은 딱 한마디면 충분하기 때문이다.

'인강을 듣자.'

아무리 생각해도 탐구 영역에서 이 이상 좋은 공부법은 없다는 게 내 수험 생활의 결론이다.

한국사 공부는 적게 할수록 좋다

먼저 한국사부터 이야기해 보자. 한국사는 알다시피 다른 과목에 비해 압도적으로 낮은 난도를 자랑한다. 한국사 성적 때문에 고민하는 수험생은 그다지 많지 않을 것으로 생각한다. 시간을 조금만 투자해 몇 가지 주요 사건만 암기하면 누구나 쉽게 1등급 혹은 만점을 받을 수 있다.

시험이 아무리 쉽다고 해도 안정적으로 1등급을 받으려면 한 번은 전체적인 개념을 훑어보고 주기적으로 복습하는 과정이 필요하다. 한국사 교과서나 《수능특강 한국사》, 시중에 나와 있는 기타 한국사 교재들을 보면 예상외로 상당히 두껍다. 하지만 막상 시험에는 늘 나오는 부분만 나오기에 결국 이 두꺼운 책에서 수능에 필요한 부분만 뽑으면 두께는 4분의 1 이하로 줄어들 것이다. 따라서 교과서나 전체적인 내용이 담긴 교재 대신 '수능에 나오는 개념'만 정리된 교재를 사용하는 게 훨씬 도움이 된다. 이 조건에 딱 들어맞는 게 바로 '인강 교재'다.

나는 고3 때 '이다지'라는 선생님 인강을 들었다. 내가 원하는, 정말 필요한 것들만 넣어 놓은 '얇은' 교재로 수업을 하셨기 때문이다. 인강을 싫어한다면 필기가 다 되어 있는 교재를 사서 혼자 공부해도 좋다. 6~7월에 일주일 정도 투자해(빠르면 하루 만에도 가능하다) 개념을 다 뗀 후 모의고사가 있을 때마다 적당히 복습해 주는 것으로 한국사 공부는 충분하다. 한국사 공부는 적게 할수록 좋다는 사실을 기억해 줬으면 한다.

사회 탐구는 인강만 한 게 없다

이제 탐구 영역을 살펴보자. 사실 공부법과 관련해서는 앞서 말한 것 이상으로 할 말이 없다.

'인강을 들어라.'

그렇다면 왜 국어, 수학, 영어에서는 인강을 들으라는 이야기를 안 했는지 의문이 들 수도 있을 듯싶다. 그 이유는 '효율성의 차이' 때문이다. 국영수는 암기 과목이 아니다. 문제를 푸는 테크닉이 필요한 과목이다. 테크닉을 연마하는 데는 정해진 길이 없다. 누군가에게는 인강을 듣는 것이, 누군가에게는 혼자 끙끙대며 훈련하는 게 최선의 길일 수 있다. 그러나 한국사나 다른 탐구 영역 과목들은 테크닉보다는 '암기'를 주로 요구한다. 암기에는 여러 길이 없다. 그저 외우면 되기 때문이다.

그런데 수능에는 '중요한 부분만 외우는 능동적인 암기'가 필요하다. 수능은 벼락치기 시험이 아니기 때문이다. 수많은 개념 중 수능에 나오는 개념만 골라서 외우기 쉽게 만들어 놓은 게 '인강 교재'다. 인강 교재로 탐구 영역을 공부하기로 했다면 《수능특강》이나 《수능완성》 같은 연계 교재들은 볼 필요가 없다. 탐구 영역에서는 연계 체감이 거의 안 될뿐더러 웬만한 인강 교재에는 기본적으로 연계 교재의 중요한 내용이 모두 실려 있기 때문이다.

탐구 과목에서 유독 인강을 강조하는 이유가 하나 더 있다. 탐구 영역은 '인강 이상'으로 공부하지 않는 것이 좋기 때문이다. 수능에서 한국사 영역 다음으로 접근하기 좋은 과목이 바로 탐구 영역이다. 물론 몇몇 어려운 문제도 섞여 있지만 대체로 성적이 암기량에 비례하므로 마음만 먹으면 성적을 빠르게 올릴 수 있다. 대부분의 과목에서는 두 달만 해도 1~2등급을 노릴 수 있다. 그런데 문제는 내가 쉬우면 남들도 쉽다는 것이다. 한 문제만 틀려도 3등급이 나올 정도로 등급 컷이 악랄해지는 이유이기도 하다.

그래서 공부 자체는 누구든 쉽게 접근할 수 있지만, '그나마' 공부하기 쉬운 과목이라는 특성 때문에 이른바 '사탐 중독'에 빠지는 학생이 간혹 생긴다. 최저 등급을 맞추는 게 목표라서 국영수를 버리고 사회 탐구 1등급을 원하는 학생이 아닌, 수능에서 높은 목표를 생각하는 학생이라면 사회 탐구는 '덤'으로 딸려 오는 과목이라 생각하고 국영수에 초점을 둬야 한다. 사회 탐구 과목을 무시해서가 아니라 이 과목은 실제로 '누구나' 열심히 하기 때문이다. 사회 탐구 영역에 투자하는 시간이 한 과목당 하루 2시간이 넘는다면 '사탐 중독'에 빠진 것은 아닌지 의심해 봐야 한다. 사회 탐구 과목을 어느 정도 학습했다면 국영수에 힘을 실어야 한다는 점을 기억해 두자.

과목 선택의 세 가지 기준

많은 학생이 "수능 때 어떤 사회 탐구 과목을 선택하는 것이 좋을까요?"라는 질문을 한다. 무려 아홉 과목 중 두 가지를 선택해야 하므로 고민이 이만저만이 아닐 것이다. 과목의 난이도도 고려해야 하고, 잘 가르치시는 선생님이 있는지도 알아봐야 하며, 정시를 준비하는 친구들이라면 그 과목의 '표준 점수'가 높은지도 고려해야 한다. 이와 관련해서 해 주고 싶은 말이 세 가지가 있다.

첫째, 수시 전형을 위해 내신 시험을 챙겨 왔지만 정시도 병행해서 준비하는 학생이라면 선택의 폭을 좁혀 고등학교 2학년 때 배운 과목 혹은 3학년 때 배울 예정이거나 배운 과목을 선택하는 게 좋다. 재차 강조하지만 수능의 메인은 국영수다. 사회 탐구 과목에 너무 힘을 쏟는 것은 그리 좋은 전략이 아니다. 따라서 학교 내신을 준비하며 이미 한 번씩 개념을 다 훑어본 과목을 택해서 시간을 절약하는 게 좋다. 만약 아직 고등학교 3학년이 되지 않았는데 탐구 영역에서 어떤 과목을 선택할지 고민이라면 특별한 이유가 없는 한 2학년 때 배운 과목을 선택했으면 한다. 공부하기도 편하고 3학년이 되면 의외로 국영수에 시간을 너무 많이 빼앗겨 사회 탐구 과목을 챙기기가 힘들어지기 때문이다.

둘째, 소문으로 들리는 과목의 '난이도'와 '표준 점수'를 신경 쓰지 않았으면 한다. 간혹 과목을 선택할 때 시험 난도가 낮아서 혹은 시험이 어려운 대신 표준 점수가 높아서 선택한다는 친구들이 있다. 그런데 사람에 따라 공부하기 편한 과목은 있어도 시험이 쉬운 과목은 없다. 그때그때 다르기 때문이다. 내가 선택한 과목은 '한국 지리'와 '사회·문화'였다. 2학년 때 배운 과목이기도 하지만, 그보다는 기출문제가 꽤 풀 만하고 쉽게 느껴진 게 더 큰 이유였다. 특히나 사회·문화는 문제에 적응이 되니 매우 쉽게 느껴졌다. 막상 수능 당일에는 그렇게 만만하던 사회·문화가 모든 영역을 통틀어 내 발목을 가장 오래 잡은 과목이었지만 말이다.

표준 점수도 마찬가지다. 흔히 '법과 정치' 혹은 '경제'와 같은 과목들이 표준 점수가 높고 '생활과 윤리', '윤리와 사상' 등은 표준 점수가 낮다는 인식이 많은데 확실히 그런 경향이 있기는 하지만, 절대적인 것은 아니다. 당연히 수험생들의 선택에 따라, 그리고 그해의 문제 난이도에 따라 바뀔 수밖에 없다. 물론 표준 점수가 중요한 친구들이 있을 테니 그런 '경향'을 고려 사항에 넣는 건 나쁘지 않다. 하지만 표준 점수가 선택의 절대 기준이 되어서는 안 된다.

셋째, 탐구 영역 선택 과목을 중간에 바꾸고 싶은 학생들에게 해주고 싶은 말이 있다. 좋다고 생각해서 선택한 과목이 막상 본인에게 안 맞거나 생각 외로 성적이 안 나와서 선택 과목 교체를 고민하게 될 수 있다. 이때 반드시 고려할 점은 새로운 과목을 공부하는 데걸리는 시간이다. 과목을 교체하면 개념부터 심화까지 다시 공부해야 한다. 당연히 다른 과목에 투자할 시간이 그만큼 줄어들 수밖에 없다. 물론 아직 3학년이 되지 않았거나 수능까지 200일 이상 남아어느 정도 여유 있는 시기라면 큰 타격이 아닐 수도 있다. 하지만 수능이 200일 미만으로 다가온 아슬아슬한 시점에 새로운 탐구 과목을 공부하는 데 하루 1~2시간을 쓰는 것은 생각보다 타격이 크다. 따라서 더욱 신중하게 고민하고 선택했으면 한다.

최우선순위 과목이 무엇인지, 시간표에 탐구 영역에 양보할 만한 여유가 있는지, 공부 시간을 더 늘릴 수 있는지 등을 종합적으로 고려한 뒤 결정해도 늦지 않다. 그리고 공부하는 게 너무 어려워서 혹은 성적이 안 나와서 과목을 바꾸려 한다면, 바꾼 과목도 똑같은 이유로 힘들어질 수 있음을 명심하자.

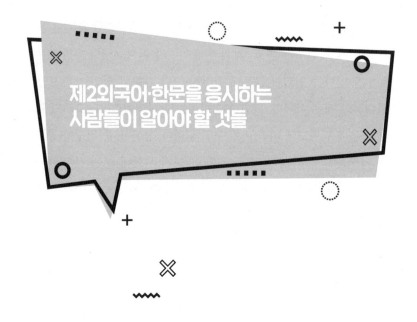

제2외국어·한문을 응시하는
사람들이 알아야 할 것들

친구들은 짐을 싸서 학교로 혹은 각자의 집으로 돌아갔는데 혼자 쓸쓸하게 교실을 지키고 있을지도 모르겠다. 제2외국어·한문 영역은 응시자 수도 많지 않고, 응시하기로 했다가 포기 각서를 쓰고 퇴실하는 친구도 많기 때문이다. 아무튼 이제 정말 수능의 마지막을 장식할 5교시 제2외국어·한문 영역이다.

사실 제2외국어·한문 영역의 공부법에 관해서는 내가 해 줄 말이 없다. 인강을 들으라는 말조차 못 하겠다. 내 전공이던 일본어와 많은 친구가 선택하는 아랍어를 제외하고 나머지 언어는 경험해 본 적이 없기 때문이다. 일본어 역시 국영수나 탐구 영역과는 달리 외고라는 환경에서 전공으로 3년간 배우고 시험을 쳤기에 수능을 위해 일본어를 처음 접하는 사람이 무엇을 준비해야 하는지에 대한 감이 없다.

그나마 아는 건 아랍어 시험을 본 친구들이 대체로 4~5월에 공부를 시작했고, 이렇게 했을 때 수능에서 나쁘지 않은 성적을 얻었다는 사실 정도다. 아랍어를 겨우 한 달 공부하고도 딱 한 문제만 틀린 친구도 있었다. 4~5월이면 충분히 적당한 출발로 보인다.

제2외국어·한문 성적이 필요한지 빨리 파악하자

아쉽게도 이것 말고는 공부와 관련해서 내가 더 해 줄 말은 없다. 그러나 공부법은 아니지만 제2외국어·한문 영역과 관련해서 해 줄 말이 세 가지 있다.

첫 번째는 본인이 제2외국어·한문 성적이 필요한지 빠르게 파악해서 할 거면 하고, 안 할 거면 손도 대지 말라는 이야기다. 알다시피 제2외국어·한문 영역은 봐도 되고 안 봐도 되는 과목이다. 그래서 인강 수요도 거의 없다. 그럼 여기서 '굳이 시험을 치르는 사람들은 뭐지?'라는 의문이 생길 수 있다. 다들 알고 있겠지만 혹시 궁금해하는 학생들을 위해 설명해 보자면, 제2외국어·한문 영역이 필요한 경우는 다음 세 가지다.

첫째, '인문계 학생'이 정시 전형으로 입학하려는 대학교가 제2외국어·한문 영역을 필수로 지정해 놓은 경우다. 제2외국어·한문 영역이 필수인 대학은 2020년 기준 전국에 딱 하나 있었는데 바로 서울대였다. 서울대는 2020년 기준 제2외국어·한문 응시가 필수이고 3등급부터는 0.5점씩 감점이 적용된다. 즉 제2외국어·한문을 응시하지 않으면 정시 전형으로 입학이 불가능하며, 응시하더라도 2등급 이상 나오지 않으면 감점을 당해 불리해진다. 참고로 자연 계열 학생에게는 해당 사항이 없다.

둘째, 정시 전형으로 입학하려는 대학교가 제2외국어·한문 영역 응시자에게 가산점을 부여하는 경우다. 대표적인 예가 부산대인데, 2020년 기준 정시 전형으로 부산대 독어독문학과에 지원한 학생이 수능에서 독일어를 응시했다면 5%의 가산점이 부여된다.

셋째, 아마 제2외국어·한문 영역을 응시하는 대다수 학생에게 해당되는 이유일 텐데, 정시 전형으로 입학하려는 대학교가 사회 탐구 한 과목의 성적을 제2외국어·한문 과목으로 대체해 주는 경우다. 이런 제도를 시행하는 대학은 특히 서울권에 많은데 연세대와 경희대 등이 해당된다. 말로만 들었을 때는 '어? 이거 완전 좋은 제도 아냐?'라고 생각할 수 있겠지만, 제2외국어·한문 영역에서 등급을 따는 건 하늘의 별 따기에 가깝다. 응시자 수가 매우 적어 1~2등급의 수가 탐구 영역에 비해 압도적으로 적은 데다 그마저도 유학 경험이 있거나 외고 출신 학생이 점령하는 경우가 많기 때문이다.

앞에서 언급한 대학교 외에도 제2외국어·한문을 반영하는 대학교가 있거나 입시 요강이 변경될 수도 있다. 그리고 2022년부터는 제도가 크게 바뀐다는 이야기도 있으므로 반드시 응시하려는 학교의 정시 모집 요강을 잘 읽어 보도록 하자.

어쨌든 이렇게 세 가지 이유를 살펴보았는데, 여기에 포함되지 않거나 교양으로 외국어를 배울 마음이 없다면 굳이 제2외국어·한문 공부를 할 필요는 없다. 사실 세 가지 이유에 해당되지 않는데 응시하는 학생이 많지는 않겠지만, 의외로 신청해 놓고 포기 각서를 쓰는 학생들이 있기 때문에 하는 말이다. 신청까지 했다는 건 공부도 해 왔다는 뜻일 텐데 말했다시피 제2외국어·한문 영역에서 등급을 따는 건 매우 어렵다. 그러니 뚜렷한 목적이 없다면 제2외국어·한문 공부는 삼가는 것이 좋다.

응시하기로 했다면 집에 가지 말고 끝까지 하자

두 번째로 해 주고 싶은 말은 만약 응시했다면 포기 각서는 쓰지 말라는 것이다. 사회 탐구 영역이 끝나고 가방을 싸서 돌아갈 준비를 하는 친구들을 보면 제2외국어·한문 영역을 포기하고 싶은 마음이 정말 커진다. 나 역시 집에 가고 싶었다. 그러나 기왕 응시한 데다 나중에 어떤 일이 생길지 모르니 어차피 지금까지 고생했는데 조금만 더 버텨서 끝까지 자리를 지켰으면 좋겠다.

조금 특이한 케이스이기는 하지만 내 친구는 제2외국어에 응시해 놓고 너무 피곤해서 포기할까 고민을 엄청 하다가 결국 시험을 쳤는데 1등급을 받았다. 그런데 알고 보니 친구가 합격한 대학의 장학금 제도에서 사회 탐구 성적을 제2외국어 성적으로 대체할 수 있어서 원래는 못 받을 장학금까지 받게 되었다. 사람 일은 한 치 앞을 모른다고 하지 않는가. 집에 가고 싶은 마음을 잠시만 억누르고 끝까지 멘탈을 붙잡아 시험을 치르자. 좋은 결과가 있을지도 모른다.

마지막은 정말 제2외국어·한문 성적이 필요하다면 아랍어를 선택하는 게 좋다는 말을 해 주고 싶다. 제2외국어·한문 영역의 과목별 응시자 수 통계를 보면 놀라운 점이 하나 있다. 다른 모든 영역의 응시자 수를 더한 것보다 아랍어 응시자 수가 두 배 이상 많다는 사실이다. 아랍어가 공부하기 쉬운 '꿀과목'이라서 그럴까? 그건 전혀 아니다. 2020년의 아랍어 1등급 컷만 보더라도 39점이다. 다른 과목이 대체로 45점이라는 점을 고려할 때 아랍어의 난도가 상당하다는 것을 알 수 있다. 그런데 오히려 이 난도 때문에 아랍어를 추천하는 경우가 많다. 어차피 다 모르기 때문에 공평한 출발이 가능하다는 분석이 가장 설득력이 있다. 나 역시 수능에서 아랍어를 선택하지 않은 게 아직도 살짝 후회되곤 한다.

어쨌든 아랍어 추천을 마지막으로 내가 제2외국어·한문 영역과 관련해서 해 줄 말은 모두 한 것 같다. 부디 수능의 마지막 영역까지 원하는 결과가, 아니 그 이상의 결과가 함께하길 바란다.

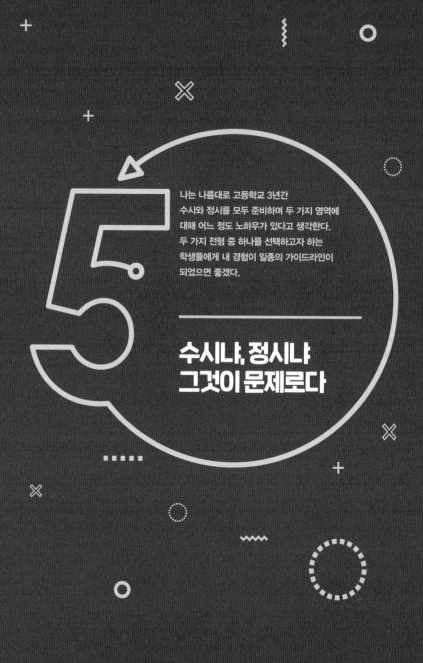

나는 나름대로 고등학교 3년간
수시와 정시를 모두 준비하며 두 가지 영역에
대해 어느 정도 노하우가 있다고 생각한다.
두 가지 전형 중 하나를 선택하고자 하는
학생들에게 내 경험이 일종의 가이드라인이
되었으면 좋겠다.

5

수시냐, 정시냐
그것이 문제로다

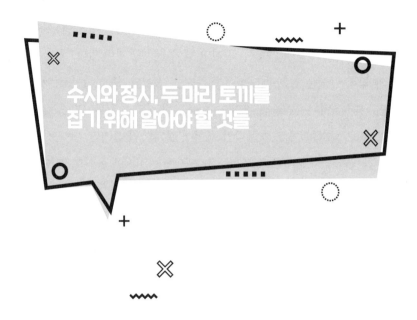

수시와 정시, 두 마리 토끼를 잡기 위해 알아야 할 것들

만약 대한민국 입시 제도에 오로지 정시 전형만 있다면 수능이 대학에 가는 유일한 길이었을 것이다. 그러면 수험생은 눈앞의 공부에만 신경 쓰면 된다. 그리고 수능 성적표가 나왔을 때 본인이 원하는 대학의 커트라인 정도만 확인하면 될 것이다(이 말이 곧 정시를 지지한다는 뜻은 아니다. 정시와 수시 모두 각각의 장단점이 있다고 생각한다). 그러나 우리에게는 정시와 수시라는 두 가지 길이 있다. 어느 길을 택하느냐에 따라서 3년간의 고등학교 생활이 완전히 달라질 정도로 두 선택지는 명백한 차이가 있다. 그렇기 때문에 본인이 공부에 모든 열정을 바치기 전에 반드시 한 가지를 선택해야만 한다. 수시와 정시, 둘 중 어디에 본인의 고등학교 생활을 바칠지를 말이다.

수시와 정시 중 무엇을 선택할지에 관해 이야기하기 전에, 행여나 오해하는 사람이 있을까 봐 짚고 넘어가야 할 것이 있다. 두 가지의 입시 방식은 상호 배타적이지 않다는 점이다. 즉 하나를 선택하면 나머지 하나는 버려도 된다는 이분법적 사고는 위험하다는 말을 해 주고 싶다. 실제로 개인적인 경험에 불과하긴 하지만, 나는 시험 기간에만 수시 준비를 하고 나머지 시간에는 정시에 올인했다. 정시에서도 만족스러운 성적이 나왔지만 대학 진학은 수시 전형을 통해서 했다. 사실 여건이 허락한다면 두 가지 길을 모두 준비하는 게 현명하다. 수시 면접을 제대로 치르지 못할 수도 있고, 수능 당일 갑자기 컨디션이 나빠질 수도 있기 때문이다. 또한 1년 내내 수시 공부만 하다가는 지치기 십상이고, 마찬가지로 정시 공부만 하는 것 역시 금방 질리기 때문이다.

나아가 두 가지 길을 모두 준비하면 면접을 잘 못 본다든가 수능일에 갑자기 컨디션이 흔들리는 등의 사태를 방지하는 데에도 도움이 된다. 수능을 볼 때는 '만약 수능을 망쳐도 수시가 있으니까', 면접을 볼 때는 '만약 면접을 망쳐도 아직 정시가 남아 있으니까' 하는 생각 덕분에 각각의 전형에서 긴장을 조금이라도 덜 수 있다. 여기서 얻을 수 있는 안도감은 실제 시험에서 무시할 수 없을 정도의 효과를 낸다.

나는 수능 당일, 만약 수능을 망치더라도 아직 수시가 남아 있다는 사실에 안도감을 얻었고 그 덕분에 평소보다 덜 긴장한 상태로 수능에 임할 수 있었다. 만약 내가 정시에 올인했더라도 수능 결과가 똑같이 나왔으리라고는 장담하지 못하겠다.

중간고사와 기말고사라는 고등학교의 학사 일정을 고려해 정시와 수시를 적절히 섞어 주는 것이 최대한 '덜 질리게' 공부하는 방식이고, 두 가지를 병행했을 때 얻을 수 있는 심리적 안정감 역시 무시할 수 없다. 따라서 본인이 이제 막 고등학교에 입학한 신입생이거나 두 전형에서의 성적이 비슷한데 무엇을 선택할지 고민 중인 학생이라면 당연히 수시와 정시를 병행하는 전략을 선택하는 것이 현명하다. 두 가지를 택한다고 해서 부담을 가질 필요는 없다. 어떤 공부든 오래 하면 질리고 지치기 마련이다. 그러니 정시 공부를 잠시 쉴 때 수시 공부를 하고, 수시 공부를 잠시 쉴 때 정시 공부를 한다는 마인드를 가져 보자. 그러면 남들보다 공부에 더 많은 시간을 투자하게 될 테니 말이다.

두 가지를 병행해서 둘 다 잘하자는 말이 너무 이상적으로 들려서 기분 나빠진 수험생이 있다면 사과의 말을 전하고 싶다. 개인적으로 수험생이 택할 수 있는 베스트 전략의 하나라고 생각하기에 말은 그렇게 하지만, 나 역시 잘 알고 있다. 두 가지 영역 모두에서 원하는 성과를 거두기가 쉽지 않음을. 게다가 대부분의 학생이 두 가지를 병행하지 않고 하나의 전형에 올인하는 걸 선호한다는 점 역시 잘 알고 있다. 비록 내가 두 가지를 병행하는 게 좋다고 이야기하긴 했지만, 한 가지에 올인하는 것도 좋은 전략이다. 모든 수험생에게는 본인들만의 전략이 있고 자신에게 맞는 전략을 선택할 때 가장 좋은 결과를 얻을 수 있다. 결과가 좋으면 어떤 전략이든 좋은 것이다.

이제부터는 한 가지 영역을 택할 학생들을 위해 수시와 정시 각각의 특징과 어떤 학생이 어떤 길을 선택하면 좋을지에 관해 본격적으로 이야기해 보려 한다.

수시 전형 총정리

먼저 수시 전형을 살펴보자. 수시는 간단히 말해서 '학교 시험 성적'으로 대학교를 가는 방식이다. 수시는 크게 '학생부 종합 전형'과 '학생부 교과 전형'으로 나뉜다. 학생부 종합 전형은 학생의 시험 성적을 포함해 비교과 활동, 즉 수행 평가, 동아리 활동 혹은 수업 시간에 특별히 두각을 드러낸 활동 등을 말 그대로 '종합적'으로 평가해 산출한 점수로 입학생을 뽑는 방식이다. 반면, 학생부 교과 전형은 '시험 성적'만으로 학생을 뽑는 방식이라고 이해하면 된다. 대부분의 학생이 학생부 종합 전형을 택하고, 학생부 교과 전형은 거의 전 교과에서 1등급을 차지해 내신이 1.0에 가까운 '괴물 학생'들이 선택한다.

교과 전형은 단순히 학교 시험만 잘 보면 된다. 그리고 종합 전형에도 학교 시험이 평가 항목에 포함되기 때문에 학생부 종합 전형 위주로 설명하고자 한다. 학생부 종합 전형에서 '종합적인 평가'에 들어가는 항목은 크게 다음과 같다.

- **학교 시험 성적**
- **비교과 활동(생활 기록부)**

- 자기소개서
- 면접

　학생부 종합 전형으로 대학교를 진학하기로 마음먹었다면 우선 총 열 번의 학교 시험에서 좋은 성적을 받아야 한다. 현역은 3학년 2학기 내신 성적은 반영되지 않지만, 만약 재수를 하면 3학년 2학기 성적까지 반영되어 학교 시험은 총 열두 번이 된다. 동아리 활동 혹은 학교 수업 시간을 통해 자신의 지적 호기심과 탐구 능력을 드러내는 노력을 해야 하고, 원서를 접수하고 8월경부터는 고등학교 3년간의 생활을 되돌아보며 대학교에 자신을 소개하는 자기소개서를 정성 들여 작성해야 한다. 또한 수능 전후로 응시한 대학교에서 요구하는 다양한 유형의 면접을 치러야 한다.

　결국 수시 전형을 준비하려면 고등학교 3년 내내 공부도 잘해야 하고, 교과 외적인 탐구도 잘해야 하며, 그것도 모자라 자기소개서와 면접까지 챙겨야 한다. 어차피 수시를 택하든 정시를 택하든 공부를 잘해야 한다면 그냥 정시를 택하는 게 더 이익 아니냐고 생각할 수도 있겠다. 그러나 수시 전형에는 정시 전형에는 없는 특징이 있어 많은 학생이 수시를 택한다.

　가장 대표적인 특징은 '안정성'이다. 정시는 알다시피 수능이라는 단 한 번의 시험을 통해 대학교가 결정된다. 공부를 아무리 열심히 했어도 수능 성적이 평소만큼 나오리라고 장담할 수 없다. 하필이면 수능 당일에 컨디션이 좋지 않거나 운이 따라 주지 않는다면 그동안 들인 노력을 보상받을 수 없다. 반면에 수시는 열 번의 시험 성적을 모두 평가하는 만큼 기회 역시 열 번이 있는 것과 다름없다. 이번 중간고사에서 평소보다 성적이 안 나왔다고 해도 기말고사에서 얼마든지 만회할 수 있다.

더 길게 보면 1학년 성적이 다소 낮더라도 2학년 성적을 더 올려서 커버하는 것 역시 가능하다. 실제로 나는 1학년 1학기 성적이 3.3등급이었고, 1학년 2학기 성적은 2.4등급이었다. 1학년 때 성적만 보면 내가 현재 다니는 대학교에 입학할 수 없었다. 하지만 2학년 때부터 꾸준히 1.5등급을 유지하며 평균 성적을 올렸다. 2~3학년 때의 성적으로 1학년 성적을 만회했기에 수시 전형으로 원하는 대학에 갈 수 있었다.

수시 전형은 같은 학교 학생들끼리의 경쟁

수시 전형의 또 다른 특징은 '같은 학교, 같은 학년 학생들끼리의 경쟁'이라는 것이다. '전국 모든 수험생과의 경쟁'인 정시와는 다르다. 수시를 생각하는 학생은 반드시 고려해 봐야 할 매우 중요한 특징이다. 예를 통해 이 특징이 중요한 이유를 알아보자.

예를 들어 내가 서울대를 목표로 하는데 모의고사에서 전 과목 2등급 이상을 받아 본 적이 없는 학생이라고 가정해 보자. 이럴 경우 정시 전형으로는 서울대 입학이 사실상 불가능하다. 그런데 만약 내가 고등학교에서 전교 1등을 하고 있고, 그래서 내신을 1등급대로 유지하고 있다면? 이럴 경우에는 수시 전형의 교과 전형이나 종합 전형을 통해 서울대를 노려볼 만하다.

이번에는 반대로, 내가 모의고사를 치면 전 과목 1등급이 나오고 1~2개밖에 틀리지 않지만, 학교에 워낙 내신이 강한 아이가 많다 보니 내신 등수가 전교 10등 밖이라고 가정해 보자. 학교에 따라 천차만별이지만 보통의 학교라면 이 정도 내신 성적으로는 서울대를 노리기 어렵다. 반면, 정시 전형은 안정적인 서울대 합격권이므로 이 경우에는 정시 전형을 택하는 게 현명하다.

수시와 정시의 결정적인 차이점

수시와 정시 중 하나를 선택할 때는 고려할 변수가 더 많다. 모의고사에서 전 과목 2등급 이상을 받아 본 적은 없지만 내신에서 전교 1등을 하는 학생을 떠올려 보자. 이 친구가 다니는 고등학교는 지난 5년간 서울대에 한 학생도 보낸 적이 없고, 전체적으로 수시 전형으로 대학에 들어간 선배가 거의 없다고 치자. 이런 경우라면 학교에서 동아리 활동이나 대회 등 학생이 본인의 탐구 능력을 드러낼 기회가 적거나 부실할 것이다. 이런 학교의 학생은 아무리 내신이 좋아도 수시 전형으로는 서울대를 노리는 것이 어렵다. 차라리 정시 전형으로 눈을 돌려 어떻게든 한 문제라도 더 맞히기 위해 노력하는 것이 이롭다. 이처럼 수시 전형은 본인이 내신과 모의고사 중 어떤 성적이 더 높으냐에 따라, 학교에 어떤 학생들이 있느냐에 따라, 또 어느 학교에 다니느냐에 따라 접근 방식이 달라져야 한다.

그렇다면 정시 전형은 어떨까? 정시 전형의 특징은 수시 전형에 비해 단순하다. 정시 전형의 가장 뚜렷한 특징은 모든 것이 단 하루에 결정된다는 점이다. 평소에 모의고사 성적이 잘 나왔든 안 나왔든 그것은 중요하지 않다. 수능 당일에 평소만큼의 성적이 안 나오거나 반대로 평소 이상의 성적이 나오면 갈 수 있는 대학이 확 달라진다. 이것이 정시 전형의 거의 유일한 특징이다. 그런데 나는 우리가 간과하는, 그리고 놓쳐서는 안 될 아주 중요한 정시의 특징이 하나 더 있다고 생각한다. 바로 '정보와 공략법이 잘 정리되어 있는 시험'이라는 사실이다.

내신 시험과 수능의 특징

학교 내신 시험을 준비한다고 해 보자. 어떠어떠한 문제를 내겠다고 친절하게 말씀해 주시는 몇몇 선생님의 과목을 제외하면 나머지 과목은 막연하게 공부할 수밖에 없다. 설령 평소에 친하게 지내던 선배로부터 어렵게 전년도 시험지를 구했다고 해도 올해 선생님이 어떤 문제를 내실지 예상하기 어려운 게 사실이다. 대부분의 선생님이 이런 유형의 문제를 내겠다는, 가이드라인을 제공하지 않기 때문이다. 반면 평가원이 출제하는 모의고사와 수능은 어떤가?

평가원 주도의 모의고사는 학생들을 평가하기 위한 목적을 가진 만큼 문제에 나름의 기준이 있다. 그런 기준은 자주 바뀌지 않아서 기출문제를 분석함으로써 어떤 영역에서 어떤 유형의 문제가 나올

지 예측할 수 있다. 따라서 문제를 풀다 보면 수능 문제에 대한 감이 생긴다. '이건 좀 평가원다운 문제네', '이번 모의고사는 평가원답지 않네'라는 평가도 가능해진다. 다시 학교 시험을 떠올려 보자. 시험 문제가 예상치 못한 방향으로 나왔을 때 '아, 이번 시험은 ○○○ 선생님답지 않다'라고 생각해 본 적이 있는가?

그뿐 아니다. 시험 기간에 국어 시험을 대비할 목적으로 학원에 다닌다고 해 보자. 아마 학원 선생님은 시험 범위에 해당하는 작품들을 분석해 주고 예상 문제를 만들어 우리를 훈련시켜 주실 것이다. 그러나 내신의 문제 유형은 전적으로 학교 선생님 재량에 달려 있기 때문에 예상은 좀처럼 들어맞기 어렵다. 따라서 학원에서 내신 시험을 완벽하게 준비하는 데는 한계가 있다.

그런데 수능 국어는 어떤가? 당장 인터넷을 켜서 네이버든 구글이든 검색창에 '수능 국어 인강'을 검색해 보라. 여러 대형 인강 사이트의 선생님을 비롯해 셀 수 없이 많은 국어 강사가 뜰 것이다. 이 수많은 강사는 어느 정도 '출제 경향'이 정해져 있는 수능을 각자의 방식대로 대비시켜 준다. 따라서 어떤 강의를 선택하든 수능 국어 성적에 도움이 될 확률이 상당히 높다. 수능이 오랫동안 시행되어 오면서 수많은 문제가 나왔고, 거기에는 분명히 출제 경향이라는 게 존재한다. 그리고 오랜 기간 수능을 연구하고 가르쳐 온 강사들에게는 노하우가 쌓여 있다. 학원 선생님 한 분이 학교 국어 시험을 분석해서 도와주는 것과 수십 수백 명의 강사가 경쟁하며 수능 국어를 분석해서 도와주는 것에는 차이가 날 수밖에 없다. 이렇듯 수능은 우리가 마음먹고 누군가로부터 도움을 받고자 한다면 얼마든지 도움을 받을 수 있다. 그래서 경우에 따라 내신 국어 1등급보다 수능 국어 1등급이 훨씬 쉬울 수도 있다. 정시 전형의 무시할 수 없는 특징이다.

이렇듯 수시와 정시는 대학에 가기 위한 수단이라는 공통점이 있지만, 각자 고유의 특징도 지니고 있다. 그로 인해 학생들은 두 가지 길 중 하나를 선택해야 하는 상황에 놓이게도 된다. 그렇다면 어떤 길을 선택하는 것이 좋을까?

수시와 정시, 나에게 더 유리한 전형은 무엇인가?

무언가 현명을 답을 내놓을 것처럼 무게를 잡았지만 미안하게도, 아쉽게도, 그리고 당연하게도 '어느 전형이 더 좋다'라는 결론을 내릴 수는 없다. 여러 번 이야기했듯이 각자가 처한 상황에 따라 유리한 포인트가 달라지기 때문이다. 어떤 학생이냐에 따라, 어떤 학교냐에 따라, 심지어는 목표가 무엇이냐에 따라 수시가 유리할 수도 있고, 정시가 유리할 수도 있다.

그렇다고 이와 관련해서 내가 아무 생각도 없는 것은 아니니 너무 실망하지 않았으면 좋겠다. 나는 나름대로 고등학교 3년간 수시와 정시를 모두 준비했기에 두 가지 영역에 대해 어느 정도 노하우가 있다. 두 가지 전형 중 하나를 선택하고자 하는 학생들에게 내 경험이 일종의 가이드라인이 되었으면 좋겠다.

자, 그러면 수시와 정시 중 하나를 택해야 할 때 고려해야 할 요소는 무엇일까? 세세하게 따지면 끝도 없이 많겠지만, 가장 중요한 요소는 다음 두 가지다.

'본인이 속한 학교와 본인의 공부 스타일.'

이것이 수시와 정시를 선택하는 가장 결정적인 요소다.

우리 학교 선배들의 대학 진학 결과를 살펴보자

먼저, 학교에 대해 살펴보자. 교과 전형과 종합 전형을 모두 설명하면 겹치는 부분도 많고 지루해질 수 있으니 종합 전형을 중심으로 이야기하는 게 나을 듯싶다. 사실 교과 전형은 학교 공부만 하면 된다는 점에서 수능만 안 칠 뿐 정시 전형에 더 가깝다. 종합 전형은 내신 성적, 생활 기록부, 자기소개서, 면접 등을 통해 선발한다는 점은 충분히 이해했을 것이다. 그런데 자기소개서와 면접은 어떤 고등학교에 다니느냐와는 별로 상관이 없는 독립적인 영역에 가깝다. 여기서 학교와 관련해 살펴볼 부분은 내신 성적과 생활 기록부이다.

수시 전형을 원하는 사람이 가장 먼저 해야 할 일은 최근 2~3년 동안 '우리 학교 선배들의 대학 진학 결과와 그들의 내신 성적을 알아보는 것'이다. 이 작업을 통해 확인할 수 있는 정보는 본인의 고등학교에 '다양한 활동을 위한 무대가 얼마나 마련되어 있느냐'이다. 같은 수시 전형이라 하더라도 교과 전형은 단순히 성적표에 찍힌 숫자만을 토대로 학생을 선발하는 반면, 종합 전형은 성적표에 있는 숫자뿐만 아니라 이 학생이 어떤 활동을 했고, 수업 시간에는 어떤 아이였으며, 어떤 대회에서 어떤 활약을 했는지 등을 모두 평가한다. 그래서 같은 대학교일지라도 고등학교에 따라 합격하는 등급이 달라진다. 이것이 종합 전형에서 놓쳐서는 안 될 중요한 특징이다. 다시 말해, '수시에 강한 학교'와 '수시에 약한 학교'가 명백히 존재한다는 뜻이다.

예를 들어, 수시에 강한 ○○고등학교와 수시에 약한 △△고등학교가 있다고 해 보자. 이런 경우 ○○고등학교에서 3등급을 받고 활동을 열심히 한 학생이 △△고등학교에서 1등급을 받은 학생과 수시 전형에서 비슷한 평가를 받거나 오히려 더 높은 평가를 받을 수도 있다. 물론 수시에 약한 고등학교에 진학했더라도 본인 스스로 열심히 활동하기로 마음먹었다면 그 차이를 메울 수도 있다. 하지만 이는 현실적으로 매우 힘든 일이다. 따라서 수시로 진학하고 싶다면 반드시 우리 학교가 '어떤 학교'인지를 파악하는 것이 우선이다. 그렇게 파악한 학교의 특성을 토대로 구체적인 방향에 대한 고민을 시작해야 한다. 주로 대부분의 특목고가 수시에 강한 경향을 보이는데, 아무래도 다양한 활동을 하고 그런 활동들이 생활 기록부에 남기 때문이다.

내 공부 스타일에 맞는 전형을 선택하라

또 다른 중요한 고려 사항 중 하나는 '본인의 공부 스타일'이다. 이는 많은 영역을 포괄하는 개념이다. 본인이 단기적인 벼락치기에 강한지 혹은 장기적인 꾸준한 공부에 강한지도 중요하고, 시험 볼 때 긴장을 얼마나 하는지, 단순 암기에 강한지 혹은 응용문제에 강한지 등등 따져 봐야 할 요소가 많다.

수능 공부는 마라톤과 같다는 비유를 많이 들어 보았을 것이다. 이 비유가 많이 쓰이는 이유는 그만큼 공감하는 사람이 많기 때문이다. 정시 전형을 준비하는 학생은 마라톤 선수처럼 단기간의 전력 질주보다는 꾸준한 페이스 조절이 더 중요하다. 따라서 하루 최대치 공부 시간을 매일 채울 필요가 없다. 오히려 그보다 1~2시간씩 적게 함으로써 체력을 보존하는 것이 더 현명한 선택이다.

반면, 수시 전형을 준비하는 학생은 내신 기간마다 본인의 최대 공부 시간을 초과하는 스퍼트를 내야 한다. 나는 고등학생 때 평소 하루 8시간 정도 공부했는데 내신 시험 기간에는 12시간으로 공부 시간을 늘렸다. 단기간에 엄청난 스트레스를 견디며 하는 내신 공부는 사람에 따라 도저히 할 수 없는 일처럼 느껴질 수도 있다. 그러므로 전형을 선택할 때는 본인의 '공부 체질'을 고려하는 것이 중요하다.

정시 전형은 알다시피 수능 당일에 모든 것이 결정된다. 3년간의 노력이 단 하루에 평가된다는 사실은 대부분의 사람에게 엄청난 긴장감을 불러일으킨다. 나는 수험생의 20% 정도는 긴장감으로 인해 제 실력을 발휘하지 못한다고 생각한다. 만약 모의고사를 치를 때 국어 영역에서 조금이라도 긴 지문이 나오면 손이 떨리고 배가 아프고 머리가 잘 안 돌아가 패닉 상태에 빠져 그 과목은 물론 그날 모의고사 전체에 영향을 받는다면, 정시 전형은 상당히 위험한 도박이 된다. 나는 경찰대 시험을 보면서 수능에 대한 긴장을 극복한 경험이 있다. 긴장을 잘하는 체질도 얼마든지 극복할 수 있지만 여러 시도를 해도 극복할 기미가 잘 안 보인다면, 어떻게든 이를 악물고 수시 전형에 매달리는 게 더 안정적인 선택이다.

마지막으로, 수능과 내신의 문제 스타일이 다르므로 본인이 더 강점을 발휘할 수 있는 유형을 선택하면 공부를 비교적 편하게 할 수 있다. 선생님마다 차이가 있겠지만, 대체로 학교의 내신 시험 문제는 극도의 '암기력'을 요구하는 경우가 많다. 따라서 내신에서 점수를 잘 따는 방법은 간단하다. 많이 외우면 된다.

그렇지만 수능은 어떠한가. 수능에서 암기력을 활용해 좋은 점수를 받을 수 있는 영역은 매우 한정적이다. 연계가 되는 국어 영역의 문학과 영어 영역, 그리고 탐구 과목. 그 외의 영역에서는 아무리 암기력이 좋아도 크게 빛을 발하지 못한다. 본인이 암기에 강하다면 내신을, 암기를 싫어하지만 문제 푸는 데는 자신이 있다면 수능을 택하는 것이 조금 더 유리해 보인다.

이처럼 수시와 정시 전형은 상당한 차이점이 있다. 따라서 둘 중 하나를 선택할 때는 신중하게 생각해야 한다. 본인이 다니는 고등학교 상황이나 본인의 성향 등 다양한 요인을 검토해 보고 결정해야 한다. 그리고 해마다 수시와 정시 반영 항목이나 비율이 바뀌므로 반드시 사전에 확인해 보고 그에 맞게 준비해야 한다는 점도 잊어서는 안 된다.

공부만으로도 힘들고 바쁜 고등학생이 어떤 방법을 택해서 대학에 가야 하는지까지 고민해야 하는 현실이 안타깝다. 그렇다고 힘든 점만 생각하며 하루하루를 고단하게 지내지는 않았으면 좋겠다. 누군가는 수시 전형을 준비하며 진로에 대해 고민하고 탐구해 나가는 과정을 즐기기도 하고, 누군가는 정시 전형을 준비하며 문제를 하나 하나 맞히는 데서 재미를 느끼기도 한다. 물론 그런 학생들이 이해가 안 되고 이상해 보이는 수험생이 대다수겠지만, 그래도 어떤 길이든 어차피 지나가야 한다면 되도록 그 여정을 즐겼으면 좋겠다. 수험생은 꿈을 위해 달려가는 학생이지 하루하루 피곤에 찌들어 우울한 채로 지내야 하는 죄인은 아니기 때문이다.

지금까지 이야기한 수시와 정시 전형 각각의 특징, 그리고 본인의 유형을 잘 헤아려 알맞은 방식을 택해서 3년간의 노력이 결실을 얻기 바란다.

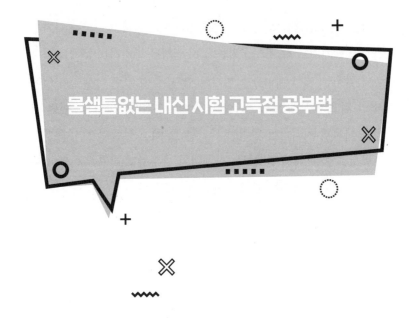

물샐틈없는 내신 시험 고득점 공부법

요즘 학생들은 대체로 정시 전형보다는 수시 전형을 선호한다. 그래서 내신 시험이 차지하는 비중이 과거의 수능만큼이나 커졌다. 지금부터는 내신 시험에 관해 이야기해 보려고 한다.

사실 내신 공부는 '이렇게 하는 것이 좋다'라고 단정적으로 말하기가 조심스럽다. 학교마다 출제 유형, 범위, 난이도가 달라서 공통적인 방법론을 찾기가 불가능하기 때문이다. 그렇다고 대학 입시에서 중요한 영역을 무시하고 넘어가서는 안 될 것 같다. 다행히 어느 학교에서나 공통적으로 통하는 방법론이 아예 없는 것은 아니다. 고등학교 3년 동안 1년마다 바뀌는 과목 선생님들의 내신 시험을 준비한 내 경험이 내신 시험 노하우를 알고 싶어 하는 친구들에게 도움이 되었으면 좋겠다.

수능에서 좋은 점수를 받으려면 평소에 공부를 열심히 하는 것도 중요하지만, 수능 당일에 대한 준비가 잘되어 있어야 한다. 평소에 잘하다가도 수능 당일에 긴장하거나 컨디션이 좋지 않아 실력을 제대로 발휘하지 못하는 안타까운 경우도 있다. 나중에 자세히 이야기하겠지만 수능 당일에 시험을 어떻게 볼지에 대해서도 꼼꼼히 준비해 놔야 한다. 마찬가지로 내신 시험도 단순히 공부만 열심히 하는 것으로는 뭔가 부족하다. 공부 외에 플러스알파가 필요한데, 바로 '시간 관리'다.

대부분의 내신 시험은 주로 암기 공부를 요한다. 물론 내신 시험에서도 수능형 문제를 선호하는 선생님을 만나 암기가 별 효력을 발휘하지 못하는 경우도 있다. 나 역시 그런 국어 선생님 때문에 당황한 경험이 있다. 그럼에도 내신 시험의 본질은 교과서를 얼마나 잘 외웠느냐를 기준으로 판가름 나는 암기 경쟁이라 할 수 있다. 결국 교과서를 많이 본 학생이 이기는 싸움인데, 시험 기간은 어떤 학생에게든 똑같이 주어진다.

그렇다면 똑같이 주어진 시간 속에서 교과서를 더 많이 볼 수 있는 방법은 없을까?

물론 여러 가지 답이 존재한다. 가장 기본적으로 잠을 줄이는 것도 하나의 방법이다. 그리고 앞에서 이야기한 '자투리 시간'을 최대한 활용하는 것도 상당히 좋은 방법이다. 그런데 '내신 시험'과 관련해서는 교과서를 많이 보기 위한 조금 특별한 방법이 하나 더 있다. 바로 '수학 과목'을 덜 공부하는 것이다.

수학 공부는 시험 기간이 아닐 때 하라

내신 시험은 대체로 암기 싸움으로 귀결된다. 따라서 투자한 시간이 많아지면 성적은 어느 정도 비례해서 오르게 되어 있다. 그렇지만 학기가 시작되자마자 시험공부를 할 수는 없다. 시험 범위만큼 진도가 나가야 시험공부를 할 수 있기 때문이다. 그런데 학교 시험 범위와 상관없이 시험 기간 전에 미리 준비할 수 있는 영역이 있다. 바로 '수학'이다.

내신 시험에서 대부분의 암기 과목은 그 과목의 실력과는 별도로 추가적인 암기가 필요한 경우가 많다. 즉 아무리 영어를 잘하더라도 시험 범위를 공부하지 않고 좋은 성적을 받기는 힘들다. 그러나 수학 과목은 이런 법칙을 적용받지 않는다. 수학을 잘하는 학생은 시험 범위 문제들을 풀어 보지 않고도 성적이 높게 나올 확률이 높다. 이는 바꿔 말하면, 수학만큼은 시험 기간이라도 굳이 시험 범위를 따로 공부할 필요가 없다는 뜻이다.

게다가 수학을 평소에 공부하지 않았다면 시험 기간에 아무리 열심히 해도 기대한 만큼의 성적 상승은 없을 것이다. 수학은 단기간의 암기로 승부를 보는 게 아니라, 오랜 시간 축적되어 온 실력과 경험, 노하우 등이 성적으로 드러나는 과목이기 때문이다.

결정적으로 수학은 타 과목보다 공부하는 데 시간이 많이 든다. 문제를 푸는 데도 시간이 오래 걸리고, 성적을 높이기 위해서는 교과서의 문제뿐 아니라 여러 문제를 접하면서 실력을 길러야 하는데 이런 과정은 필연적으로 오랜 시간을 요구하기 때문이다.

이런 수학의 특징을 종합해 봤을 때 내신 성적을 끌어올리는 방법은 간단하다. 수학은 평소에 열심히 공부해 두고 시험 기간에는 다른 과목에 시간을 투자하면 된다.

실제로 나는 고등학교 2학년 때 전교 2등을 유지하면서부터 시험 전 2주 동안에는 수학 공부를 거의 하지 않았다. 1학년 때 경험을 토대로 수학은 벼락치기를 해 봐야 성적이 크게 안 오르니 그 시간에 암기 과목을 공부하는 게 더 이익임을 깨달았기 때문이다. 그 대신 평소에 수학 공부를 열심히 했다. 방학 기간이나 학기 중 자습 시간의 70%는 수학에 할애할 정도였다. 시험 기간을 제외하고는 오로지 수학 공부만 했다고 해도 과언이 아니다.

수학은 원리만 안다면 처음 보는 유형의 문제라도 풀 수 있다. 따라서 내신 성적을 높이고 싶다면 수학 성적을 올리는 것부터 시작해 보자. 이것이 내가 말하고 싶은 내신 시험 시간 관리다.

선생님의 출제 유형을 분석하라

이제 본격적으로 내신 시험 '공부법'에 관해 이야기해 보자. 거듭 이야기하지만, 내신 시험은 학교마다 다른 매우 특수한 시험이기에 공통적으로 조언해 줄 것이 별로 없다. 그래서 내가 해 줄 이야기는 두 가지뿐이다. 첫째, 선생님의 출제 유형을 분석할 것. 둘째, 선생님의 출제 포인트를 분석할 것. 이 두 가지를 '대충'이라도 해 두면 시험 준비가 꽤 수월해진다. 평가원 모의고사도 아니고 무슨 시험 분석이냐고? 감이 잘 안 오는 친구들을 위해 자세히 이야기해 보겠다.

선생님의 출제 유형을 분석하는 것은 사실 거창한 일이 아니다. 예컨대 어떤 과목 선생님이 낸 문제를 잘 풀려면 개념을 응용할 줄 아는 '문제 풀이 능력'이 필요한지 혹은 단순히 배운 내용을 잘 '암기'하고 있다가 시험 시간에 꺼내는 것으로 충분한지 정도의 구분만 해 줘도 충분하다. 내 경우에는 그동안 치른 내신 시험 중 영어, 한국사, 국어 등은 '암기 과목'이라는 명칭에 걸맞게 단순히 교과서나 학습지 내용을 많이 외우는 자가 승리하는 게임이었다. 따라서 문제집을 사서 풀기보다 교과서를 한 번 더 보는 게 나았다. 이 과목들은 내신 시험을 위한 문제집을 풀어 본 적이 한 번도 없었다.

암기로 커버할 수 없는 과목의 공부법

반면에 화학이나 지구 과학 등 과학 계열 과목은 단순 암기로는 커버가 되지 않는 경우가 많았다. 예컨대 지구 과학에서 지진파의 종류가 P파, S파 등이 있으며 그 각각의 특징이 무엇인지 잘 암기하고 있더라도 막상 시험지에서 실제 지진파를 표현한 그림과 함께 주어진 문제를 잘 풀기 위해서는 어느 정도 비슷한 문제를 풀어 본 경험이 있는 것이 유리했다. 그래서 이런 과학 계열의 과목들은 시험을 3~5일 앞두고 서점에 가서 괜찮아 보이는 문제집을 세 권 정도 사서 풀면서 '아, 내가 배운 개념이 이렇게 문제로 나오는구나' 등 문제 풀이 감각을 익히는 데 주력했다. 또 주로 사상가들의 말을 인용하는 문제가 나오는 윤리와 사상 과목도 문제집을 네 권 정도 사서 어떤 사상가의 어떤 말이 문제에 쓰이는지를 분석하면서 시험에 대비했다.

이제부터는 선배들을 통해 전년도 시험지를 구하든지 혹은 중간고사 시험지를 보관해 두었다가 단순 암기 문제인지 응용문제인지를 분석한 뒤 기말고사 공부를 해 보자. 그러면 문제 풀 시간을 아껴 암기 과목 성적을 올릴 수 있고, 개념만 알고 문제를 못 풀던 과목은 문제집을 통해 훈련함으로써 성적을 올릴 수 있을 것이다.

선생님의 출제 포인트를 분석한다는 것은 말 그대로 각 과목 선생님들이 가르쳐 주신 내용 중 '주로 어디서 문제를 많이 내는지' 생각해 보는 것을 의미한다. 중요한 개념 위주로 문제를 내는지, 교과서에 적힌 구체적인 예시를 바탕으로 문제를 내는지, 읽기 자료나 학습 활동 같은 파트를 중요하게 다루는지 등을 생각해 볼 필요가 있다. 선생님이 군이 출제하지도 않는 부분을 열심히 공부하면 결국 시간만 버리기 때문이다.

우리 학교 한국사 시험은 매우 악명이 높았다. 시험 범위 자체가 교과서 100페이지 정도 분량에다가 수업 시간에 나눠 준 피피티 자료도 거의 몇백 장에 육박할 정도로 어마어마했다. 게다가 시험 문제도 '아니, 이런 것까지 외웠어야 해?' 싶을 정도로 세밀한 부분에서 나왔다. 나 역시 이렇게 많은 범위를 감당하기가 힘들어 매번 시험을 칠 때 미처 외우지 못한 구멍이 생겨 1년간 1등급을 맞아 보지 못한 채 3학년이 되었다. 3학년 때도 계속해서 한국사를 배운 나는 1학기 중간고사를 준비하기 위해 열심히 몇백 장의 피피티를 읽어 보고 있었다. 그런데 평소 친하게 지내던 친구가 한국사 피피티를 공부하는 나를 안쓰럽게 쳐다보며 말했다.

"야, 그거 시험에 나오지도 않는데 공부 왜 함?"

그렇다. 한국사 선생님이 나눠 주는 피피티는 단순히 수업 시간에 이해를 돕기 위한 참고 자료에 불과했다. 막상 시험은 모두 교과서 안에서만 출제되었던 것이다. 그 말을 듣고 바로 노트북을 덮어 버리고 교과서 공부에만 매진했다. 덕분에 3학년 때는 한국사에서 1등급을 받을 수 있었다.

어쩌면 내가 배운 한국사 선생님 같은 분이 이 책을 읽는 학생들의 학교에도 계실지 모른다. 그리고 이 책을 읽는 학생들 중 누군가는 나처럼 중요하지도 않은 자료에 시간을 낭비하며 힘들어 하고 있을지도 모른다. 내신 시험이라고 해서 무작정 암기하기보다는 꾀를 내어 최소한의 시험 유형과 출제 포인트를 분석해 공부하도록 하자. 내신은 무조건 많이 외우는 자가 이기는 싸움이고, 많이 외우기 위해서는 효율적이어야 한다.

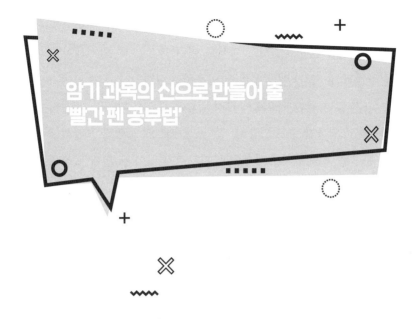

암기 과목의 신으로 만들어 줄
'빨간 펜 공부법'

시험 기간을 맞아 교과서를 닥치는 대로 외워야 하는 시기가 되면 나는 졸음을 쫓고자 3학년 자습실 복도에 있는 창가에 서서 교과서를 외우곤 했다.

내가 열심히 교과서에 빨간 펜으로 밑줄을 그으며 한 페이지씩 공부를 하고 있으면 간혹 지나가던 친구들이 내 책을 보고 신기하다는 듯이 물었다.

"그게 보여?"

그도 그럴 것이 나는 책을 반복해서 읽을 때마다 새롭게 밑줄을 그으며 교과서를 외웠기 때문에 열 번쯤 읽으면 책이 온통 시뻘게져서 글자를 좀처럼 알아보기 힘들었다. 이런 내 공부법을 보며 친구가 이름을 붙여 줬는데 바로 '빨간 펜 공부법'이다. 이번 챕터에서는 내신을 준비하면서 교과서를 여러 번 읽으며 암기해야 하는 친구들과 내 '빨간 펜 공부법'을 공유하려 한다.

'그거 그냥 빨간 펜으로 무작정 밑줄 그으면서 외우면 되는 거 아냐?'라고 생각할 수도 있을 것 같다. 실제로 내 새빨간 교과서를 본 한 친구는 책을 펼치자마자 한 글자도 빠짐없이 세 번씩 밑줄을 치고 읽으면서 내 공부법을 터득했다고 한다.

그런데 아무렇게나 밑줄을 치는 것 같지만, 내 공부법에는 나름의 규칙이 있다.

빨간 펜 암기법 규칙 1
-중요한 부분에 밑줄을 그으며 3~4회 반복

첫 번째는 보통 빨간 펜의 용도가 그렇듯이 중요한 부분에 밑줄과 동그라미를 치는 것으로 시작한다. 대개 특정 이론이나 용어의 정의 혹은 어떤 사건이나 발견의 의의 등이 중요한 부분에 속한다. 아마도 대다수의 학생이 중요한 부분에 밑줄을 치는 데는 익숙할 것이다. 그렇게 중요한 부분에 밑줄을 치며 교과서를 3~4회 반복해서 읽는다.

이때 주의할 점은 밑줄은 비록 중요한 부분에만 치지만, 교과서 전체를 꼼꼼히 읽어야 하고 밑줄이 쳐진 부분은 외운다는 생각으로 더욱 집중해서 읽어야 한다는 것이다. 이렇게 하면 네 번째 읽을 때

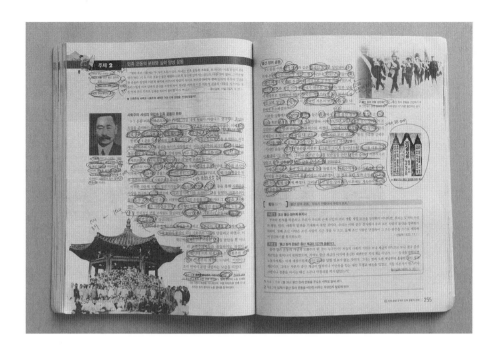

는 기본적으로 외워야 하는 용어의 정의나 특정 사건에 대한 설명은 교과서를 보지 않아도 어렴풋이 기억나거나 몇몇 경우에는 완벽한 설명이 가능해진다.

빨간 펜 암기법 규칙 2
—이해가 잘 안 되는 부분에 밑줄을 그으며 3~4회 추가 반복

다섯 번째는 교과서 전체를 집중해서 읽는다. 이때는 중요한 부분이 아니라 '무언가 낯설게 느껴져서 잘 안 와닿는 문장'에 밑줄을 치면서 읽는다.

교과서를 읽다 보면 비록 외우지는 못하더라도 어느 정도 이해되는 부분이 있고, 긴가민가하거나 이해는 되지만 잘 와닿지 않는 부분이 있게 마련이다. 다섯 번째부터는 이렇듯 이해가 잘 안 되는 부분에 밑줄을 그으며 3~4회 반복해서 읽는다.

빨간 펜 암기법 규칙 3
-안 외워진 부분에 밑줄을 그으며 6회 이상 반복

이제 마지막 단계다. 교과서 내용 중 아직 제대로 외우지 못한다고 여기는 부분은 전부 밑줄을 치면서 읽는다. 이 단계에 접어들면 이미 책의 핵심적인 부분들은 어느 정도 외우고 있다. 또한 낯설게 느껴지거나 이해가 잘 안 되는 부분 역시 두 번째 단계를 통해 상당히 친숙해진 상태다. 그러므로 편한 마음으로 교과서를 읽어 나갈 수 있다. 책을 처음 읽는 데 4시간이 걸렸다면 이 단계에서는 1시간 혹은 1시간도 채 안 걸릴 수 있다.

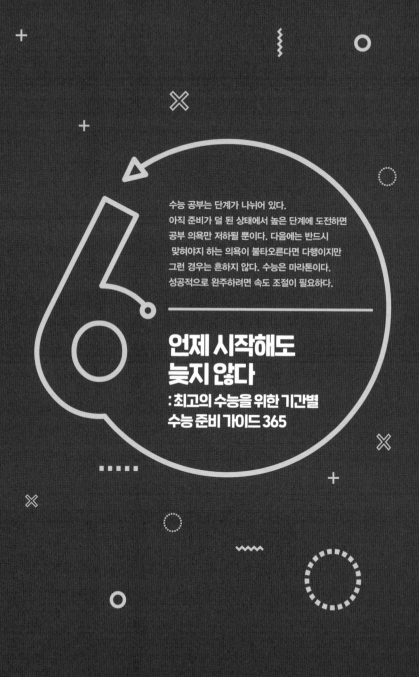

수능 공부는 단계가 나뉘어 있다.
아직 준비가 덜 된 상태에서 높은 단계에 도전하면
공부 의욕만 저하될 뿐이다. 다음에는 반드시
맞혀야지 하는 의욕이 불타오른다면 다행이지만
그런 경우는 흔하지 않다. 수능은 마라톤이다.
성공적으로 완주하려면 속도 조절이 필요하다.

언제 시작해도
늦지 않다
: 최고의 수능을 위한 기간별
수능 준비 가이드 365

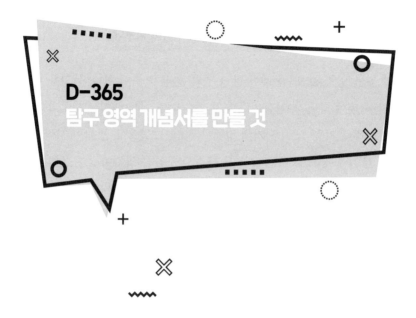

D-365
탐구 영역 개념서를 만들 것

    바로 위 선배들의 길었던 3년간의 여정이 방금 막을 내렸다. 수능을 끝내고 돌아온 선배들의 모습이 마치 긴 모험을 끝낸 모험가처럼 느껴져 가슴이 뭉클해지다가도 이제 내 차례가 되었다고 생각하니 이내 싱숭생숭해진다. 교실 분위기도 예전과는 사뭇 달라진 기분이 든다. 그렇다. 이제 정말 내 차례가 왔다. 수능 D-365다.

    수능이 1년밖에 안 남았다고 생각하니 벌써부터 마음이 무거워진다. 그렇지만 지금이야말로 마음을 굳게 먹고 냉정하게 현실을 직시해야 할 때다. 1년 계획을 어떻게 세우느냐에 따라 수능 결과, 나아가 인생의 진로가 크게 달라지기 때문이다. 수능이 1년 남은 이 시기에 우리는 무엇을 해야 할까?

수능 성적은 고등학교 2학년 겨울 방학이 결정한다

우선, 앞으로 1년간 해야 할 공부의 큰 틀을 짜야 한다. 독학을 할지, 학원에 다닐지, 인강을 들을지, 듣는다면 어느 사이트 누구의 강의를 들을지 등을 이 시기에 정해야 한다. 12월 겨울 방학이 시작되면 본인이 정해 놓은 틀에 따라 곧장 공부를 시작해야 흐름을 잃지 않고 달려 나갈 수 있다. 따라서 수능을 끝낸 선배들의 조언을 듣거나 주위 친구들과 상의해서 어떤 공부법이 좋은지, 어떤 인강 선생님이 좋은지 등을 알아보고, 공부의 기반을 미리 닦아 놔야 한다.

그러고 나서 어떻게 '성공적인 겨울 방학'을 보낼지 계획을 세우고 그 계획에 따라 방학을 보내야 한다. 나는 이 부분이 가장 중요하다고 생각한다. 짧다면 짧은 고등학교 3년이라는 시간은 하루하루 전부 소중하지만, 수능을 기준으로 보면 고등학교 2학년 겨울 방학이 가장 중요하다. 그동안 수능 공부에 소홀했더라도 이 겨울 방학을 어떻게 보내느냐에 따라 '고3 역전'을 노려볼 가능성이 생긴다. 반면, 그동안 공부를 철저하게 해 왔더라도 마지막 겨울 방학을 헛되이 보낸다면 남은 1년이 힘들어질 수도 있다.

겨울 방학에 해야 할 것들

내가 생각하는 성공적인 겨울 방학의 기준은 다음과 같다. 먼저, 본인이 선택한 탐구 과목의 개념을 처음부터 끝까지 복습하고 '자기만의 개념서'를 만들어야 한다. 3학년이 되면 학교 공부도 해야하고 당장 국영수 영역의 급한 불을 꺼야 하기 때문에 탐구 영역에 투자하는 시간이 아까워진다. 만약 그게 개념 공부라면 더더욱 꺼리게 된다. 따라서 이미 개념을 끝내 놓은 과목이라도 '수능에 필요한 것'만 챙긴다는 마인드로 겨울 방학 기간에 다시 한번 개념을 복습해야 한다. 그리고 이때 인강 교재든 학원 선생님 교재든, 아니면 본인만의 학습 노트든 남은 1년간 수시로 들여다볼 '개념서'를 만들어야 한다. 암기할 게 많은 탐구 영역의 특성상 몇 주만 공부를 안 해도 내용을 잊어버리기 쉽다. 따라서 만들어 놓은 개념서를 몇 주 간격으로 반복적으로 보면서 개념에 구멍이 뚫리지는 않았는지 확인하는 작업이 필요하다. 이를 위해 개념서는 필수다. 겨울 방학에 해 놓지 않으면 이후에 번거로워질 확률이 높다. 다시 한번 말하지만 3학년이 되면 탐구 과목에 투자할 시간이 별로 없기 때문이다.

탐구 과목뿐만 아니라 나머지 과목들도 기초적인 영역은 이 겨울 방학을 이용해 졸업하는 게 좋다. 만약 인강을 듣는다면 현재 수강하는 강의의 기초 강좌들은 모두 겨울 방학 동안 끝내 놔야 한다. 그리고 개학 후에는 그런 기초를 바탕으로 문제 푸는 훈련을 해 나가는 것이 좋다. 인강을 듣지 않는 학생이라도 영역별로 정말 취약한 부분을 제외한 기초적인 영역들은 이 시기에 마스터해야 한다.

예컨대 최소한 개학 전까지 국어 영역에서는 암기 과목이라고 할 수 있는 문법 개념 정도는 마스터하고, 개학 후에는 비문학과 문학에 집중할 수 있는 환경을 만드는 게 좋다. 수학 영역에서는 최소한 개념이 기억 안 나서 틀리는 경우가 없도록 기초를 다지고, 겨울 방학 이후에는 응용문제와 고난도 문제에 도전할 수 있게 준비해야 한다. 영어 영역 역시 듣기나 어휘, 문법을 어느 정도 끝내 놓고, 개학 후에는 지문을 해석하고 분석하는 연습에 집중하도록 하자.

1년은 충분히 긴 시간이다

'성공적인 겨울 방학'을 보내기 위해서는 '무엇을 할 것인가'도 중요하지만, '어떻게 할 것인가'에 대해서도 고민해야 한다. 간혹 수험생들이 1년밖에 남지 않았다는 초조함 때문인지 겨울 방학이 짧다고 느끼고 무작정 공부를 많이 하려고 애쓰는 경우가 있다. 하지만 1년은 충분히 긴 시간이고, 수능은 마라톤이다. 겨울 방학은 마라톤의 출발선이다. 이때부터 잠을 극단적으로 줄이면서까지 공부하면 금방 지치고 만다. 따라서 본인이 감당할 수 있는 만큼, 그리고 마지막으로 여유 있는 시기라 여기고 잠을 푹 자는 게 좋다.

또 한 가지 알아야 할 사실은 하루가 생각보다 길다는 것이다. 겨울 방학은 학교에 가지 않으므로 하루 종일 자습을 해야 한다. 따라서 정말 열심히 하고자 마음먹으면 하루에 10시간 이상 공부할 수도 있는데, 어지간한 사람이라면 당장 5시간만 넘어가도 매우 힘들고 지친다. 이렇듯 하루에 주어지는 공부 시간이 많기 때문에 계획을 세울 때 오늘은 국어, 내일은 수학 이런 식으로 하루에 한 과목씩 공부하는 계획은 별로 좋지 않다. 금방 질릴 게 뻔하다. 하루 공부 시간이 길면 과목당 조금씩 최대한 여러 과목을 공부하는 것이 더 효율적이다. 덜 지치고 오래 기억할 수 있기 때문이다.

모의고사에서 성적보다 중요한 것

나름대로 겨울 방학을 어떻게 보낼지에 대한 틀을 세웠다면, 이제 남은 일은 하나다. 바로 '모의고사를 바라보는 시각 바꾸기'다. 모의 고사는 분명히 중요한 시험이다. 특별히 다른 시험을 치르지 않는 이상 진짜 수능처럼 다른 수험생들에 둘러싸여 엄숙한 분위기 속에 서 시험을 쳐 보는 기회는 좀처럼 없다. 그리고 내 현재 위치를 전국 의 다른 수험생들과 비교할 수 있는 정말 몇 안 되는 기회이기도 하 다. 그러나 모의고사는 모의고사일 뿐 '수능'이 아니다.

그렇다고 막 쳐도 된다는 뜻은 아니다. 좋은 점수를 받는 데 집중 하기보다는 수능을 더 잘 보기 위한 여러 가지 실험을 했으면 좋겠 다는 말이다. 아침밥을 먹었을 때 집중이 잘되는지, 문제를 순서대 로 푸는 게 좋은지 영역별로 푸는 게 좋은지, 영역별 시간 배분은 어 느 정도가 적당한지, 영어 시험에서 듣기 문제를 풀면서 중간중간 다른 문제를 푸는 게 나은지 등등을 확인해 보겠다는 마인드로 모 의고사를 활용해 보라는 것이다.

수능은 공부만 잘한다고 좋은 점수를 받을 수 있는 시험이 아니 다. 그날의 컨디션도 중요하고, 효율적으로 시험을 칠 줄 아는 노하 우도 필요하다. 이를 테스트하고 단련할 최적의 환경이 바로 모의고 사다. 고등학교 3학년생은 3월, 4월, 6월, 7월, 9월, 10월에 한 번씩 총 여섯 번의 모의고사를 본다. 이 중 수능과 출제 위원이 동일한 평가원 모의고사는 6월과 9월, 두 번이다. 사설 모의고사를 추가로 본다면 이 횟수는 더 늘어날 수 있다. 7월 모의고사까지 실험을 통해 본인에게 최적화된 컨디션 조절법과 시험 환경을 찾아내고, 그것을 바탕으로 9월부터는 실전이라는 생각으로 접근하는 게 좋다. 다시 한번 말하지만, 수능 당일 컨디션은 실력만큼 중요한 변수다.

초조해하지 말고 하루하루 충실하게

아직 고3도 되지 않았는데 할 일이 왜 이렇게 많으냐며 불만을 가질지도 모르겠다. 그러나 곰곰이 따져 보면 그렇게 많은 것도 아니다. 본인의 학습법을 확정 짓고, 겨울 방학 때 공부를 열심히 하기로 다짐하며(실제로 열심히 하고), 앞으로 모의고사를 풀 때 수능을 대비해서 여러 도전을 해 봐야지 하고 마음먹는 정도면 된다.

혹시 물이 반 정도 들어 있는 컵에 관한 이야기를 들어 봤는지 모르겠다. 물이 반쯤 차 있는 컵을 바라보며 물이 반이나 있다고 생각하는 사람이 있고, 물이 반밖에 없다고 생각하는 사람도 있다. 수능 카운트다운도 마찬가지다. 수능이 1년이나 남았을 수도 있고, 1년밖에 남지 않았을 수도 있다. 굳이 여유를 부릴 필요도 없고, 굳이 초조해할 필요도 없다. 그저 지금까지 해 온 대로 혹은 앞으로 해 나가기로 다짐한 대로 하루하루 충실하면 된다. 그것이야말로 정말 더할 나위 없이 완벽한 수험생의 자세다.

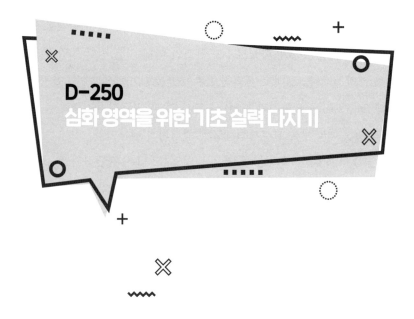

D-250
심화 영역을 위한 기초 실력 다지기

혹시 이런 생각을 했을지도 모르겠다.

'어, 보통 다음에 D-100 이야기로 넘어가지 않나? D-250도 신경을 쓰네?'

나는 수험 생활을 할 때 선배들의 수능이 끝난 날, 즉 1년 남았을 때와 200일 남았을 때, 그리고 100일 남았을 때 특별히 날짜를 의식했다. 당시에는 250일을 신경 쓰지 않았는데 그럼에도 불구하고 여기에서 D-250을 다루는 이유가 있다. 수능을 치르고 돌아보니 이날의 마음가짐과 계획이 수험 생활에서 매우 중요하다는 사실을 깨달았기 때문이다.

수능이 250일 남았을 무렵은 대략 3월이다. 겨울 방학 동안의 길다면 길고 짧다면 짧은 고독한 공부 시기를 끝내고 다시 학교로 돌아오는 때다. 그렇게 학교로 돌아왔다면 이제 겨울 방학 동안 열심히 준비한 것을 토대로 본격적으로 수능을 대비해야 한다. 여기서 왜 D-250이 중요한지가 드러나는데, 다음 분기점인 D-100까지 약 150일을 어떻게 보낼지가 D-250에 결정되기 때문이다.

그렇다면 이때 챙겨야 할 것은 무엇일까? 답은 간단하다. D-365 때는 본격적인 공부를 시작하는 느낌이 강했지만, 이제부터는 '심화 영역'을 위한 역량 다지기 공부를 해야 한다. 좀 더 자세히 이야기해 보자.

튼튼한 기초 공사의 중요성

모의고사를 한 번이라도 경험해 본 고등학생이라면 본능적으로 알겠지만, 시험지에 있는 모든 문제의 난이도가 동일한 것은 아니다. 누구나 풀 수 있는 쉬운 문제도 있고, 잠시 생각하게 만드는 문제가 있는가 하면, 아무리 많은 시간이 주어져도 절대 풀 수 없을 것처럼 느껴지는 사악한 문제도 있다. 문제가 그렇게 구성되므로 공부할 때도 당연히 그것을 염두에 두고 계획을 세우는 것이 훨씬 더 효율적이다.

쉬운 문제로 시작해 점점 레벨을 높여 가다가 최종 단계에 가서는 누구도 쉽사리 접근하기 힘든 심화 문제에 집중하는 것이 바람직하다. 따라서 D-250부터 D-100까지는 심화 영역 이전의 공부를 끝내는 데 초점을 맞춰야 한다. 그래야 D-100부터 수능 공부의 최종 단계라 할 수 있는 심화 영역에 집중할 수 있다.

이렇게 이야기하고 보니 눈치 빠른 친구들은 이런 의문이 들 수도 있겠다.

'왜 심화 문제가 아닌 공부에는 150일이나 투자하면서 심화 문제에는 100일밖에 투자를 안 하지?'

어려운 문제일수록 공부하는 데 시간이 더 걸리는 것은 당연하다. 심화 문제는 국어의 경제나 기술 지문, 수학의 21번 혹은 30번, 영어의 빈칸 추론 같은 악랄한 문제들을 일컫는데, 과연 100일 만에 이를 해결할 수 있는지 의심이 들 것이다. 차라리 D-250부터 심화 문제와 그렇지 않은 문제를 병행하는 것이 더 합리적이라고 생각할 수도 있다.

그러나 실상은 그렇지 않다. D-250부터 150일 동안은 이미 최종 단계에 도달해서 1~2개밖에 틀리지 않는 최상위권 학생들을 제외하고는 심화 이전 단계의 문제에 초점을 맞추는 것이 보다 더 합리적이다.

왜 그럴까? 이는 수능의 문제 구성과 관련이 있다. 예컨대 국어 영역은 수능에서 총 3개의 비문학 지문이 나오는데, 난이도는 쉬운 것 하나, 보통 혹은 약간 어려운 것 하나, 그리고 매우 어려운 것 하나로 구성된다. 그럼 우리는 D-250부터 약간 어려운 지문까지는 커버가 되게끔 훈련을 해야 한다. 그런데 사실 이런 훈련이 매우 어려운 지문을 푸는 훈련과 크게 다르지는 않다. 이미 심화 문제에 대한 대비를 하고 있다는 이야기다.

어려운 문제가 안 풀린다고 스트레스받지 말자

예를 하나 더 들자면, 수능 수학의 21번을 풀기 위해서는 20번을 풀 줄 알아야 한다(간혹 20번이 21번보다 더 어려운 경우도 있긴 하다). 그런데 20번을 풀기 위해 연습하는 과정은 결국 21번을 풀기 위한 훈련으로 이어진다. 따라서 우리는 아직 수능이 반년 이상 남은 시점에 굳이 심화 문제를 풀기 위해 끙끙댈 필요가 없다는 뜻이다.

'당연한 이야기 아니야?'

혹시 이런 생각이 들었는가? 맞다. 지금 나는 당연한 이야기를 하고 있다. 그런데 이 당연한 이야기를 굳이 하는 이유가 있다. 수험생들의 스트레스를 조금이라도 덜어 주기 위해서다. 다시 국어의 비문학을 예로 들어 보자. 쉬운 지문, 약간 어려운 지문, 매우 어려운 지문 등 3개의 지문이 있다. 지금 공부를 열심히 하는 중인데 철학이나 인문학 등 조금 만만한 영역의 쉬운 지문은 잘 풀어내는 것 같다. 그런데 약간 어려운 지문에서 법이나 과학만 나와도 시간을 잡아먹으며 끙끙댄다. 정말 어려운 지문에서 경제나 기술이라도 나오면 시험지를 볼 엄두조차 생기지 않는다. 이러다 수능일에 이런 문제가 나오면 손도 못 댈까 봐 덜컥 겁이 난다. 그래서 고민하기 시작한다.

'경제나 기술 같은 어려운 지문을 따로 공부해야 하나?'

방금까지 내가 한 이야기들을 잘 이해했다면 망설임 없이 답이 나온다. 따로 공부할 필요가 전혀 없다. 지금 약간 어려운 법 지문에서 끙끙대는 그 과정이 경제 지문을 풀기 위한 관문을 지나는 것이나 다름없다. 수학도 마찬가지다. 20번 문제가 잘 안 풀려서 '이러다 21번은 손도 못 대 보고 수험 생활 끝나겠다'라고 걱정하며 벌써 부터 21번과 30번 기출문제를 따로 준비해야 하나 생각할 필요가 없다.

수능 공부는 단계가 나뉘어 있다. 아직 준비가 덜 된 상태에서 높은 단계에 도전하면 공부 의욕만 저하될 뿐이다. 다음에는 반드시 맞혀야지 하는 의욕이 불타오른다면 다행이지만 그런 경우는 흔하지 않다. 수능은 마라톤이다. 성공적으로 완주하려면 속도 조절이 필요하다. 그러니 기억하자. 250일이 남은 시점에 벌써부터 심화 문제를 고민하는 데 에너지를 쓸 필요가 없다. 당장 눈앞에 있는 심화전 단계 문제들에 집중하는 것으로 충분하다. 등급으로 따지자면 2~3등급을 안정적으로 유지하는 것에 목표를 두고 꾸준히 나아가면 된다.

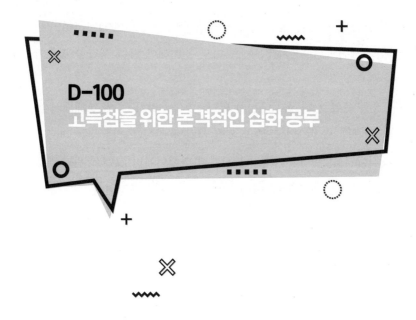

D-100
고득점을 위한 본격적인 심화 공부

D-100. 100이라는 숫자에서부터 무언가 중압감이 느껴진다. 누군가는 이제 100일만 더 견디면 된다는 사실에 안도하고, 누군가는 아직 가야 할 길이 먼데 벌써 100일이 다가왔다는 사실에 불안해한다. 어찌 됐든 원하든 원하지 않든 수능이 코앞으로 다가왔다. D-100이다.

수험생들에게 D-100은 상징적인 날이다. 이때를 기점으로 숫자에서 느껴지는 포스가 달라진다. 자신이 정말 수능을 앞두고 있다는 것을 실감한다. 주위에서 점점 겁을 주는 사람도 많아지기 시작한다. '이제부터가 진짜다', '지금부터 열심히 하면 충분히 성적이 바뀐다' 등의 말은 아주 무섭게 다가오지만, 사실 별 의미가 없다. 남은 100일을 어떻게 보내느냐에 따라 성적이 떨어지거나 오르는 게 당연하기 때문이다. 그렇다면 우리가 이야기할 주제는 뻔하다. 100일 동안 어떤 공부를 해야 성적이 오를까?

앞서 이야기했듯이 수능 문제는 어느 정도 난이도가 구별되어 있다. 쉬운 문제부터 어려운 문제까지 다양한 난이도의 문제가 한 시험에 나온다. 따라서 공부할 때도 쉬운 영역부터 하나씩 공략해야 한다. 이 시기 대부분의 수험생은 각 과목에서 본인이 목표하는 등급에 도달하기 위한 기본기를 어느 정도 다져 놓은 상태일 것이다. 그렇다면 먼저 해야 할 일이 분명해진다. 그렇다. 이제 쳐다보고 싶지 않던 '어려운' 문제들에 눈을 돌려야 한다. 화려한 마지막을 위해 심화 공부를 시작할 때다.

심화 공부에 대한 착각

심화 공부란 게 도대체 무엇일까? 사람마다 어려워하는 부분이 달라 객관적으로 정의하기는 어렵다. 국어에서 어려운 비문학을 풀면 심화 공부일까? 오히려 비문학보다 문학과 문법을 어려워하는 사람도 꽤 많다. 수학에서는 미적분을 심화 공부라고 할 수 있지 않을까? 그러나 의외로 확률과 통계에서 더 어려움을 겪는 친구도 많다. 영어도 마찬가지다. 누군가에게는 쉬운 주제 찾기 문제가 누군가에게는 빈칸 추론보다 더 어려운 문제일 수 있다. 그러면 도대체 무엇을 공부해야 심화 공부를 하는 걸까? 답은 의외로 간단하다. 본인이 오래 끙끙대는 문제, 공부하는 데 시간이 오래 걸리는 문제를 해결하기 위한 공부를 하면 된다. 바꿔 말하면, 가장 하기 싫고 어려운 영역에 가장 많은 시간을 투자해 본인의 단점을 보완하고 극복하는 것. 이게 바로 심화 공부다.

수험생들은 시간에 민감하다. 수능까지 최대한 효율적으로 많은 공부를 해야 한다는 강박감 때문이다. 그러다 보니 인강을 최대한 많이 들으려 하고, 최대한 많은 문제를 풀려고 한다. 물론 기본기를 다지는 과정에서 공부량에 초점을 맞추는 건 좋은 선택이다. 그러나 수능이 100일 남짓 남은 시점에 이런 공부는 오히려 독이 될 확률이 높다. 100일부터는 '질'이 없고 '양'만 있는 공부는 위험하다. 이제 양보다 질에 집중해야 할 시기다.

국어 비문학이 어려워서 인강을 들어 왔고 이제 완강까지 했는데, 아직도 경제 지문에 취약한가? 그렇다고 다 들은 인강을 다시 듣는 것은 바람직하지 않다. 이제는 본인이 비문학 강의에서 배운 내용을 문제에 잘 적용하고 있는지, 놓치는 부분이 있다면 이를 어떻게 보완해 나갈지 판단해야 한다. 그리고 배운 기술 중 실전에 써먹을 수 있는 것과 그럴 자신이 없는 것을 구분하고 선택해야 한다.

다른 영역도 마찬가지다. 100일이 남은 시점에 자꾸 비슷한 문제를 틀릴 때 학원 수업이나 인강을 다시 수강하는 것은 좋은 해결책이 아니다. 물론 인강이나 학원 수업을 병행하면서 배운 걸 문제에 잘 적용하고 있는지, 놓치는 게 있다면 어떻게 보완해야 할지 신경 쓰는 것도 나쁜 시도는 아니다. 하지만 이 시점에 가장 중요한 것은 본인의 학습을 점검하고 문제점을 구체적으로 파악하는 것이다. 지난 몇 달간 배운 게 무엇인지, 배운 걸 똑바로 활용해서 문제를 풀고 있는지, 그게 안 된다면 어느 부분에서 구멍이 났는지 등을 체크해야 한다. 그리고 구멍을 발견했다면 시간이 오래 걸리더라도 그 구멍을 메우기 위해 문제를 풀면서 훈련을 해야 한다. 단순히 '맞히기 위해' 문제를 푸는 것은 불필요하다. 이게 내가 생각하는 '심화 공부'의 영역이다.

이제는 양보다 질

많은 학생이 크게 두 가지 이유에서 이런 심화 공부를 어려워하고 꺼린다. 첫 번째 이유는 앞서 이야기했듯이 '양'에 집착하기 때문이다. 나는 이 시기에 비문학 문제를 풀면 보통 한 지문에 30~40분이 걸렸다. 경제나 과학 같은 매우 어려운 지문이 나오면 우선 배운 걸 최대한 활용해 문제를 풀었다. 그리고 문제를 푼 뒤에는 배운 것을 제대로 활용했는지, 놓친 것은 없는지 점검했다. 또한 다른 방법은 없는지, 어떻게 하는 게 더 옳은지 등을 체크했다. 그러다 보면 한 지문에 그 정도의 시간이 걸렸다. 수능이 100일밖에 남지 않았는데 한 지문에 40분을 쓰다니. 지문이 셋이면 2시간이 지나간다. 그러니 꺼릴 만도 한다. 수학은 더한 경우도 많았다. 21번과 30번 수준의 고난도 문제를 풀 때는 하루에 2시간씩 열흘 넘게 한 문제만 붙잡고 있던 적도 있었다. 20시간에 한 문제라니. 너무 비효율적으로 보일 수도 있을 것이다.

심화 공부를 어려워하는 두 번째 이유는 과정 자체가 어렵기 때문이다. 평소에 하던 공부를 생각해 보자. 인강은 틀어만 놓으면 본인이 흡수하든 안 하든 강의는 흘러간다. 강의 시간을 채우기만 하면 하나를 해치운 듯한 기분이 든다. 문제를 풀 때도 마찬가지다. 문제를 풀고 맞혔으면 동그라미를, 틀렸으면 세모를, 모르는 문제는 별표를 친 다음, 답지의 문제 풀이를 확인하면 되기에 그리 어렵지 않다. 그러나 문제를 풀고 난 뒤 본인이 한 생각을 되새기면서 풀이의 문제점을 찾고, 놓친 점을 체크하고, 개선 방안을 스스로 제시하는 일련의 과정은 머리를 굴리지 않으면 안 되기 때문에 상당히 고생스럽다. 그래서 단순히 문제를 많이 푸는 데 집착하게 된다.

그런데 한 단계 더 높은 수준으로 올라서려면 이렇게 하면 안 된다. 본인이 정말 높은 점수를 목표로 한다면, 수능에서 오답률이 가장 높은 문제들을 맞히고자 한다면 단순히 공부의 양을 늘리는 것으로는 충분하지 않다. 문제를 바라보며 '사고'하는 훈련을 병행하지 않는 이상 오답률 1위의 흉악한 문제를 맞히는 주인공이 되기는 어렵다는 뜻이다.

똑같은 것만 공부하고 다른 결과를 바란다고?

최상위권을 노리는 학생들에게만 해당되는 이야기가 아니다. 이런 방식의 공부법은 모두에게 해당된다. 오랫동안 인강, 학원, 과외, 기출문제 등 다양한 방법으로 공부를 해 왔는데 수능이 100일 남은 시점에 아직 극복하지 못한 문제가 있다면, 이제는 새로운 방식의 공략이 필요하다는 신호다. 물리학자 알베르트 아인슈타인의 말처럼 똑같은 것만 하면서 다른 결과를 기대하는 것은 미친 짓이다. 다른 결과를 원한다면 본인의 공부 방식을 바꾸어야 한다. 한계를 깨고 더 높은 레벨로 올라가기 위한 가장 효율적인 공부 방식이 바로 심화 공부다. 어렵고 힘들다고 외면하지 말고 그 과정을 거쳐야 얻을 수 있는 성취에 초점을 맞춰 보도록 하자. 100일 후 결과가 바뀌어 있을 것이다.

모의고사 활용법

구체적인 공부 방식과 관련해서 많은 이야기를 했는데, 100일이 남은 수험생들에게 특별히 해 주고 싶은 말이 있다. 모의고사를 일종의 '실험'이라 생각하고 여러 가지를 시도해 봐야 한다는 말을 기억하는가? 1년 남은 시점에 그런 과정을 시작했다면 아마 3월, 4월, 6월, 그리고 7월까지 총 네 번의 실험을 했을 것이다. 100일이 남은 시점부터는 실험의 결과를 내야 한다. '수능 당일에도 이렇게 행동해야지' 하는 틀이 완성되어 있어야 한다는 뜻이다.

여기에는 단순히 문제를 푸는 것만이 아니라, 아주 사소하고 구체적인 것들도 포함된다. 수능 당일에 아침을 먹을지 말지, 몇 시에 잠자리에 들어 몇 시에 일어날지, 점심으로 죽을 먹을지 밥을 먹을지, 얼마나 먹을지 등의 컨디션과 관련한 문제는 물론이고, 국어에서 문제가 안 풀린다면 어떤 분야부터 버릴지, 수학에서 가끔은 풀리고 가끔은 안 풀리던 문제가 당일에 안 풀린다면 어떻게 할지, 영어 시간에 듣기 문제가 갑자기 안 들린다면 어떻게 할지 등등 최악의 시나리오에도 대비를 해야 한다.

너무 과한 것 아니냐고 생각할 수 있겠지만, 수능 당일에 어떤 일이 일어날지는 아무도 모른다. 3등급을 받던 학생이 갑자기 1등급을 받는 경우는 거의 없지만, 1등급을 받던 학생이 3등급을 받는 일은 자주 벌어진다. 그만큼 냉정한 게 수능이다. 수능 당일 문제가 풀리지 않을 때 재빠르게 평소와 다른 전략을 택하지 않는다면 컷에 걸리는 1등급을 찍을 점수가 3등급으로 떨어질 수도 있다. 살기 위해서는 도마뱀처럼 과감히 꼬리를 잘라야 한다.

최악의 시나리오를 미리 대비하라

한 가지 팁이 있다면, 수능에서 일어날 수 있는 최악의 시나리오를 모의고사 때 일부러 만들어 겪어 보는 것이다. 시험을 몇 분 늦게 시작하는 방식으로 시간이 촉박한 상황을 만들면 등에 식은땀이 흐르는 채 문제를 풀어야 하는 상황을 미리 경험해 볼 수 있다. 다른 과목도 마찬가지다. 자신 있는 과목이라도 인위적으로 긴장할 만한 환경을 만들어 긴장을 겪어 보는 게 좋다. 평소에 잘하니까 수능에서 긴장할 일은 절대 없으리라 확신하지 않았으면 한다. 평상시 자신만만하던 친구들이 돌발 변수를 만나 정작 당일에 시험을 망친

안타까운 사연을 꽤 많이 봤기 때문이다.

이런 인위적인 긴장이 꼭 최악의 상황에만 도움이 되는 것은 아니다. 군이 최악의 시나리오로 흘러가지 않아도 충분히 도움을 받을 수 있다. 내가 그런 도움의 수혜자 중 한 사람이다. 나는 고3 때 영어 영역에서 고민이 있었다. 6월 모의고사에서 듣기 문제 1번을 틀렸고, 바로 다음 7월 모의고사에서 1번과 2번을 틀렸다. 처음 한 번은 실수라고 넘어갔지만 이런 일이 연달아 일어나자 무언가 잘못됐다는 느낌이 들었다. 그래서 8월부터 3일에 한 번씩 영어 듣기 모의고사를 따로 풀기 시작했다. 수능 한 달 전부터는 《수능특강 영어듣기》를 사서 실전 모의고사를 풀었다. 아마 그 시기에 《수능특강 영어듣기》를 공부한 외고생은 내가 유일했을 것이다.

8월과 9월 듣기 평가 때 또 틀릴까 봐 긴장했는데, 그런 과정을 거친 덕분에 수능 당일에는 긴장하지 않고 듣기 문제를 풀 수 있었다. 이미 틀린 경험이 있어서 대비도 열심히 했을 뿐만 아니라, 한 번 틀려 보니 하나쯤 틀려도 상관없겠지라는 마음이 들었기 때문이다. 내 한 친구는 반대 상황을 경험했다. 시험장에서 처음으로 듣기 문제를 하나 못 듣는 경험을 했다고 한다. 다행히 성적은 좋게 나왔지만 그 친구는 시험을 치는 내내 그 문제 때문에 멘탈이 흔들렸다고 한다. 친구 이야기를 들으면서 듣기를 일부러 한두 문제 놓치고 시험을 쳐 보는 것도 나쁘지 않겠다는 생각이 들었다.

이때는 단순한 실험을 넘어 '수능 최악의 시나리오'에 대비하기 위한 실험도 필요하다. 앞서 말한 심화 공부와 이런 실험의 중요성을 인지한 채 100일을 맞이한다면 좋은 결과가 기다릴 것이다.

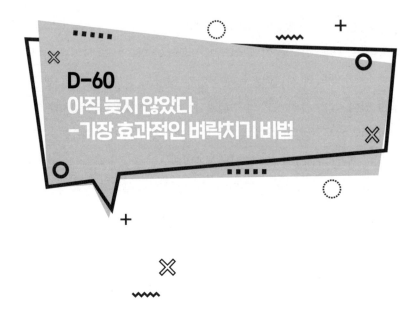

D-60
아직 늦지 않았다
-가장 효과적인 벼락치기 비법

수능은 벼락치기가 통하지 않는다고 여러 번 강조했다. 그러나 그렇다고 해서 벼락치기가 필요한 사람이 없다는 뜻은 아니다.

어느덧 수능까지 남은 일수가 두 자릿수가 되어 버렸다. 지금 시작하기에는 너무 늦었다는 생각밖에 들지 않는다. 그래도 열심히 해야 한다는 것을 알지만 몸이 따라 주질 않는다.

'에이, 거의 다 끝났는데 이제 뭐를 어떻게 바꿔 보겠어.'

아직 포기하긴 이르다. 이 시기에 할 수 있는 게 남아 있기 때문이다. 이 챕터를 간절히 필요로 하는 학생이 많지 않았으면 좋겠지만, 그럼에도 필요한 학생들이 있으리라 생각한다. 이번 챕터 주제는 '벼락치기로 하는 수능 공부법'이다.

본격적인 이야기로 들어가기 전 몇 가지 일러둘 말이 있다. 나는 불가능한 걸 가능하게 만들어 줄 수는 없고 단지 현실적으로 가능한 것들에 대한 방법만 알려 줄 뿐이다. 그러니 '벼락치기라더니, 이거 말고 다른 건 더 없어요?' 하는 태도보다는 이제부터 이야기할 것들이 아직 갖춰져 있지 않다면 최소한 이것만은 갖추자 하는 마음으로 받아들였으면 좋겠다.

아무리 벼락치기의 달인이라도 수능을 당장 일주일 혹은 3일 남겨 두고 무언가를 이뤄 내기는 상당히 어려울 것이다. 따라서 챕터 제목에서 알 수 있듯이 넉넉히 60일 정도를 벼락치기 가능 기간으로 잡았다. 물론 이외의 공부를 전혀 신경 쓰지 않는다면 30일도 가능하다고 여긴다. 하지만 적어도 두 달은 남겨 두고 이 챕터를 펼쳤기를 바란다. 이제 본격적으로 이야기를 시작해 보자.

수능 공부를 벼락치기로 하는 것이 가능하긴 할까? 넉넉하게 두 달을 잡았다고 했지만 두 달 만에 어려운 비문학 문제를 능숙하게 풀어낼 수 있을까? 조금 어려워 보인다. 수학은? 수학은 말할 것도 없다. 나머지 과목도 마찬가지다. 두 달 만에 당장 한두 문제 더 맞힐 정도로 실력을 올리는 게 힘든 일이란 사실은 대부분 잘 알고 있다. 수능을 잘 보려면 테크닉이 필요하고, 테크닉은 머리가 아니라 몸으로 익혀 체화돼야 하기 때문이다. 그러나 영화 〈인터스텔라〉의 부제를 떠올려 보자.

'우리는 답을 찾을 것이다. 늘 그랬듯이.'

답을 어디서 찾을 거냐고? 테크닉이 아닌, 암기에 집중함으로써!

수능은 기본적으로 우리의 테크닉을 시험한다. 그런데 테크닉이 없더라도 암기로 커버 가능한 부분이 분명히 있다. 대표적인 부분은 계속 설명한 대로 연계 교재가 효과를 발하는 국어의 문학과 영어 영역이다.

체감 난도를 확 낮추는 문학 벼락치기

먼저, 국어 영역에서 문학의 경우 연계 교재, 즉《수능특강 문학》과《수능완성 국어》에 실린 작품이 수능에 그대로 출제된다. 문학 작품은 수정할 수 없으므로 연계 교재에 나온 작품이 그대로 나올 수밖에 없다. 물론 문제는 바뀐다. 특히 고전 시가나 고전 소설의 경우 높은 연계율을 보인다. 운이 좋으면 작품의 80% 이상이 연계 작품으로 구성될 수도 있다.

이런 문학 작품들을 공부하는 것은 그리 어렵지 않다. 작품이 시라면 그 시를 많이 읽어 눈에 익히고, 중요한 시어들을 외우며, 눈여겨봐야 할 표현법들을 챙기는 것으로 충분하다. 작품이 소설이라면 더 간단하다. 작품의 줄거리를 외우고, 작품 속 인물들의 이름과 관계도를 머릿속에 남기며, 소설에서 중요하게 쓰인 소재들을 체크해 주면 된다.

이런 것들에 신경 쓰면서 수능 전까지 모든 작품을 훑는 사이클을 최소 다섯 번 이상 돌린다. 그러면 두 달 안에 거의 모든 작품을 머릿속에 넣고 시험장에 들어갈 수 있다. 장담하건대 문학이 취약한 학생들은 이 정도만 노력하더라도 체감 난도가 확 내려갈 것이다.

연계 교재를 활용한 영어 벼락치기

그다음은 영어 영역이다. 만약 목표로 하는 영어 등급이 4~5등급이라면 다른 것 필요 없이 당장 서점에서 수능용 단어장을 사서 수능 전날까지 매일 1시간 이상 단어만 외워라. 중간중간 일주일 간격으로 모의고사를 통해 외운 단어를 해석에 활용할 줄 아는지 확인하면 더욱 좋다. 듣기에서 틀리는 문제가 있다면《수능특강 영어듣기》를 사서 매일 1시간씩 듣기에 투자하자. 생각보다 좋은 성과가 있을 것이다.

그런데 목표로 하는 등급이 2~3등급 혹은 1등급이고 이런 목표를 '벼락치기'로 도전해야 하는 상황이라면《수능특강 영어》,《수능특강 영어독해연습》,《수능완성 영어》등 3개의 연계 교재를 준비하라. 그리고 가능한 시간을 다 투자해서 교재 속 모든 지문의 문제를 풀고 한 문장 한 문장 꼼꼼히 읽어라.

'아니, 그게 무슨 벼락치기예요? 완전 우등생 공부법이구먼.'

누군가는 이렇게 생각할 수도 있을 것 같다. 물론 그 마음도 이해는 한다. 만약 두 달 전까지 연계 교재를 한 번도 보지 않은 학생이라면 문제를 다 풀고 모든 지문을 읽는 한 사이클을 돌리는 데만 한 달이 걸릴 수 있다. 이 경우 수능일까지 사이클을 많아야 세 번 정도 돌릴 수 있다. 이것은 확실히 벼락치기다. 영어 실력과 상관없이 단 두 달을 공부하고 그 어려운 빈칸 추론, 순서, 삽입 문제를 맞힐 수 있게 해 주기 때문이다.

이 벼락치기의 핵심은 지문을 분석하는 것도, 어법을 익히는 것도,

문제를 풀거나 단어를 외우는 것도 아니다. 단순히 지문을 '눈에 익히는 것'이다. 수능 영어는 유독 연계율이 높게 느껴진다. 연계 교재에 등장한 지문이 단어나 문장만 살짝 다듬어져 그대로 수능에 나오기 때문이다. 이렇게 지문 그대로 연계되는 것을 '직접 연계'라고 하는데, 주목할 점은 이런 직접 연계가 어휘, 어법, 빈칸 추론, 순서, 삽입 등 흔히 고난도 문제에 자주 나온다는 사실이다. 주로 어휘나 어법 두 문제 중 하나(때로는 두 문제 모두), 빈칸 추론 네 문제 중 둘, 순서와 삽입 문제에서 둘 정도가 연계된다. 나는 영어를 72점으로 시작해서 1년을 노력한 끝에 1등급을 찍었는데 1년을 더 노력했음에도 3학년이 되기 전까지 빈칸 추론과 순서, 삽입 등의 고난도 문제를 제대로 공략하지 못했다. 그런데 이렇게 두 달을 영어만 죽어라 파서 지문을 눈에 익혀 두면 해당 지문들이 수능에 연계되었을 때 10초 만에 정답을 고를 수 있다. 2년을 해도 해내지 못한 일을 두 달 만에 할 수 있는 것이다. 이제 왜 벼락치기인지 감이 오는가?

여기까지가 연계 교재를 활용한 벼락치기 공부법이다. 물론 거저먹을 수 있는 작업은 아니다. 상당한 노력이 필요하다. 문학 작품만 하더라도 80개가 넘고, 영어는 모든 교재를 합하면 봐야 할 지문이 700개나 된다. 문학에서 한 작품에 5분을 잡으면 400분, 거의 7시간이 걸리고, 영어는 지문당 2분을 잡아도 1400분, 거의 하루를 투자해야 한다. 게다가 공부를 처음 한다면 시간이 더 걸린다. 상당히 힘든 여정이 될 수밖에 없다. 그러나 국어 공부 시간과 영어 공부 시간에 연계 교재만 파겠다고 마음먹는다면 두 달 안에 충분히 두 영역 모두 거의 열 번 가까이 훑어보고 시험장에 들어갈 수 있다. 성공하기만 한다면 점수가 약간 오르는 수준이 아니라 등급이 바뀔 수도 있다. 어떤가, 도전해 볼 만하지 않은가?

암기로 커버 가능한 탐구 영역 공략

두 번째는 '암기'라는 단어를 보았을 때 짐작했겠지만 탐구 영역을 죽어라 파는 것이다. 이과 학생들에게는 양해를 구한다. 과학 탐구도 벼락치기가 되는지는 잘 모르겠다. 느낌상 되지 않을 것 같다. 그러나 사회 탐구 과목의 경우 두 달은 9등급을 1등급으로 올리는 것도 가능한 시간이라고 확신한다. 실제로 많은 학생이 최후의 수단으로 선택하는 과목이 바로 사회 탐구다. 하나만 틀려도 3등급으로 떨어지곤 하는 탐구 과목의 성적 분포에는 다 이유가 있다. 단, 국영수 성적이 터무니없이 낮은데 탐구 영역만 1등급일 경우 탐구 영역 성적을 제대로 활용하지 못할 확률이 높으니, 이 점을 유의하면서 전략적으로 생각하길 바란다.

그리고 세 번째는 가장 중요한 것이다. 반드시 기억하고 제대로 실천한다면 당신의 성적을 반드시 높여 주리라 장담한다. 그게 뭐냐고? 바로 '열심히 공부하는 것'이다. 잠깐, 책을 덮지는 말아 달라. 여기에는 합당한 이유가 있다. 힘 빠지는 소리처럼 들릴지 몰라도 60일 정도 남겨 둔 시기에 벼락치기의 가장 중요한 비법이 '열심히 공부하는 것'인 이유는 이 시기에 많은 학생이 열심히 공부하지 않기 때문이다.

60일 만에 따라잡을 수 있는 진짜 이유

고3 때 많은 선생님이 '3월 모의고사 성적이 수능 성적'이라고 말씀하셨다. 그런데 이 말보다는 '9월 모의고사 성적이 수능 성적'이라는 말이 더 정확한 것 같다. 아니, 어쩌면 9월 모의고사 성적이라도 나온다면 다행일지 모르겠다. 9월 모의고사 이후부터 수능까지는 수험생들이 가장 공부에 집중하지 못하는 시기이기 때문이다.

이 시기에 집중하지 못하는 데는 여러 이유가 있다. 9월 모의고사 성적이 생각만큼 안 나왔을 수도 있고, 몸과 마음이 지칠 대로 지쳤을 수도 있으며, 이제 거의 끝났다는 생각에 쉬엄쉬엄하려는 마음이 생겼을 수도 있다. 나 역시 9월 모의고사가 끝나고 수능 전까지 고등학교 3년을 통틀어 가장 적은 시간 공부하고 가장 덜 집중했다.

우리 모두 상식적으로 잘 알고 있다. 수능이 얼마 안 남았더라도 두 달만 열심히 공부하면 그만큼 무언가를 얻을 수 있으리란 걸. 사실 이 세 번째 방법은 비법이라기보다는 조언에 가깝다. 주위 친구들 중 수능이 끝나고 마지막 두 달을 아쉬워하며 후회한 사람이 상당히 많았다. 더 정확히 말하면 수능에 후회가 남은 친구들 중 상당수는 수능 직전의 한두 달을 가장 후회했다.

그러니 다시 책을 펴고 연필을 잡아 보자. 당신은 아직 늦지 않았고 당신의 수능 성적은 아직 정해지지 않았다. 지금부터 달려가도 늦지 않는다. 그러니 수능이 끝나기 전까지는 앞만 보고 달려가자. 그렇게 하면 어쨌든 지금보다는 나은 결과를 얻을 수 있다. 확실하다. 그리고 생각보다 좋은 결과가 당신을 기다리고 있을지도 모른다.

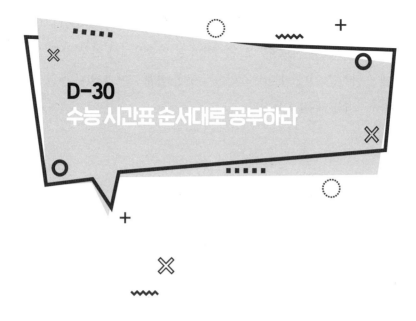

D-30
수능 시간표 순서대로 공부하라

나는 고등학교 3학년 때 이날을 맞이하면서 두 가지 생각이 들었다. 하나는 '이날이 진짜 오긴 오는구나'였고, 다른 하나는 '한 달이고 뭐고 그냥 빨리 끝났으면 좋겠다'였다. 수능이 30일 남았다는 압박감에 힘들어 하는 수험생들도 있겠지만, 사실 D-30이 수험생들에게 무서운 이유는 이때쯤 되면 그냥 지쳤기 때문이다. 그래서 정말 절박하고 의지가 확고한 사람이 아니고서는 처음의 페이스를 꾸준히 유지하기란 불가능에 가까운 일이다. 공부에 지쳐 가는 D-30. 이제부터는 어떤 행동 요령을 취하는 게 좋을지 이야기해 보자.

사실 한 달 남은 시점에 성적을 비약적으로 끌어올리는 건 어려운 일이다. 이때는 무언가 추가적으로 하는 시기가 아니라 이미 해 오던 것을 반복하고 보완하며, 수능의 루틴을 몸에 익히는 시기다. 무언가 새로운 걸 시도하기보다는 이미 본 기출문제나 인강·학원 교재를 다시 보거나 아직 마스터하지 못한 연계 교재가 있다면 그걸 마무리하는 게 더 중요하다.

수능 시간표에 맞춰 공부해야 하는 이유

그런데 이 시기부터는 공부할 때 지켜야 하는 룰이 하나 있다. 바로 '수능 시간표대로 공부하기'다. 모의고사에서 이런저런 실험을 해 보라는 것도 모자라 이제는 공부를 수능 시간표대로 하라니, 너무 오버하는 거 아닌가 생각할 수도 있다. 하지만 사실 이 점은 굳이 내가 강조할 필요도 없다. 30일이 남은 시점이 되면 많은 수험생이 수능 시간표에 맞춰 공부를 하기 때문이다. 그런데 이게 정말 수능에 도움이 될까? 당연히 도움이 된다.

수능을 아직 경험해 보지 않은 학생들이 미처 생각하지 못하는 수능 당일의 변수 중 하나는 시험이 끝날 때까지 집중력을 유지하기가 생각보다 매우 힘들다는 점이다. 1교시 국어부터 마지막 탐구 영역(혹은 제2외국어·한문 영역)까지 총 6시간이나 걸리니 진이 빠질 수밖에 없다. 수능일에 초콜릿이나 초코바를 주는 문화가 괜히 생긴 게 아니다. 그거라도 먹고 어떻게든 끝까지 버티라는 의미가 담겨 있음을 나는 영어 영역을 치르면서 절실히 깨달았다.

사람마다 집중이 잘되는 과목과 시간이 따로 있다. 심지어 특정 과목에 집중이 잘되는 시간도 있다. 수학 문제는 하루 종일 풀어도 지치지 않는데 국어 문제는 1시간도 되기 전에 나가떨어지는 사람도 있다. 국어 문제를 아침에 풀면 많이 틀리고 저녁에 풀면 잘 맞히는 사람도 있다.

그런데 수능은 개개인의 특성을 배려해 주지 않는다. 수능에서 좋은 점수를 받으려면 1교시에는 국어를 잘해야 하고, 2교시에는 수학을 잘해야 한다. 따라서 여기에 맞춰 본인의 습관을 바꿔야 한다. 아침에는 국어와 수학을, 오후에는 영어와 탐구 영역을 잘하도록 바꿔야 한다. 국어를 아무리 잘해도 1교시에 집중력을 발휘하지 못하면 수능 당일에 힘들어질 확률이 높다. 밥 먹고 나른한 상태에서 보는 영어는 어떤가. 문제와 씨름하면서 졸음과도 싸워야 한다. 훈련이 되어 있지 않으면 속수무책으로 당할 수밖에 없다. 그렇기 때문에 수능 30일 전부터는 수능 시간표대로 살아가는 훈련을 해야 한다.

수능이 30일 남은 시점부터는 국어 시험 시간에 국어 공부를, 수학 시험 시간에 수학 공부를 하는 등 수능 시간표에 따라 공부해 보자. 그렇게 4시 30분까지 수능 시간표대로 공부를 끝마친 뒤 이후 시간은 부족한 과목을 보충하면 된다. 이렇게 일주일만 생활해 봐도 본인 집중력의 한계를 금방 깨달을 것이다.

3주 정도 남은 시점에는 초콜릿을 먹으면서도 해 보고, 그것으로 안 되면 엎드려서라도 문제를 풀어 보라. 이렇게 하면 실제 수능 때 어떻게 대처할지 대충 윤곽을 그려 볼 수 있다. 나는 점심을 먹고 영어 시간이 되면 당장 30분만 넘어가도 집중력이 급격히 떨어지는 어려움을 겪었다. 그래서 특단의 조치로 점심을 먹고 초코바를 왕창 먹어 봤다. 그래도 도저히 집중이 안 돼서 한쪽 팔을 베개 삼아 책상에 엎드려 문제를 풀었다. 사설 모의고사에서 이렇게 영어 시험 치는 연습을 했다. 실제 수능에서도 대략 25번부터는 책상에 엎드려 문제를 풀었다. 아무리 수능이 중요하다지만 그 긴 시간 동안 집중력을 계속 유지하는 사람은 거의 없을 것이다. 에너지를 어떻게 배분할지를 정해야 하는 시기가 바로 이때임을 명심해 두자.

수능 전날 잠을 설치면 안 되니까

이제 딱 한 가지만 추가해 주면 수능 대비는 충분하다. 바로 '몸 관리'다. 몸 관리는 수면 관리, 식단 관리, 건강 관리 등 세 가지로 구분된다. 우선, 수면 관리에 관해 이야기해 보자. 여러 번 언급했듯이 수능은 학교 내신 시험과 달리 벼락치기로 성공하기가 매우 어렵다(운이 좋으면 연계 교재는 가능할 때도 있다). 그러므로 군이 수능 전날 밤을 새울 필요가 없다. 더군다나 8시 40분부터 4시 32분까지(제2외국어·한문을 본다면 5시 40분까지) 8시간 가까이 집중력을 유지하려면 충분한 수면이 필수적이다. 그런데 평소 1시에 자던 사람이 수능 전날에 10시에 누우면 잠이 올까? 당연히 잠을 설칠 것이다. 또 평소에 6시간 자던 사람이 수능 전날 8시간을 자면 최고의 컨디션이 나올까? 그렇게 자 본 적이 없으니 알 수 없다.

따라서 수능이 한 달 정도 남았을 때 집중이 가장 잘되는 수면 시간을 찾아야 한다. 누군가는 6시간이 적당하고 누군가는 7시간이 적당할 것이다. 무조건 많이 자는 게 좋은 것은 아니다. 집중력이 유지되는 선에서 적지도 많지도 않은 시간을 스스로 찾아내도록 하자. 그렇게 적절한 수면 시간을 찾았으면 취침 시간과 기상 시간을 정해 그에 맞춰 시간표대로 살아야 한다. 난 실제로 수능 전날에 12시에 자기로 마음먹고 한 달 전부터 적어도 11시 30분에는 공부를 끝내고 휴식을 취했다. 참고로 수능 전날에는 수능이 주는 긴장감 때문에 잠을 설칠 수 있음을 염두에 두자. 나 역시 수능 전날 12시에 누웠지만, 잠들기까지 어림잡아 2시간은 걸린 듯하다. 이 정도 준비를 하면 수면 관련 대비는 완벽하다.

두 번째는 식단 관리인데, 다른 건 몰라도 딱 한 가지만은 지켰으면 하는 게 있다. 바로 한 달간 수능 당일 식사 규칙을 무조건 지킬 것. 이걸 무시하지 않았으면 좋겠다. 수능 당일에 아침과 점심을 먹을 거면 평소에도 아침과 점심을 먹는 게 컨디션 관리에 좋다. 평소에 아침이나 점심을 안 먹던 사람이 당일에 먹으면 최악의 경우에는 수능이 주는 스트레스와 긴장감으로 탈이 날 수도 있다. 그러니 반드시 본인 체질을 확인하자. 또 밥 대신 죽을 먹을지에 대해서도 이 시기에 결정하도록 하자.

마지막 세 번째는 건강 관리인데, 사실 뻔한 이야기다. 3년간 열심히 공부해 왔는데 수능 당일 감기에 걸리기라도 해서 제 실력을 발휘하지 못하면 얼마나 억울하겠는가. 더군다나 수능이 있는 11월 전후는 감기에 걸리기 쉬운 환절기다. 수험생은 떨어지는 낙엽도 조심해야 한다는 말이 괜히 있는 게 아니다. 그러니 이 시기에는 과격한 운동이나 평소 안 하던 행동은 자제하고, 특히 감기에 걸리지 않게 체온 조절에 신경을 썼으면 좋겠다. 가장 좋은 방법은 일단 학교에 최대한 따뜻하게 입고 갔다가 더우면 벗고 추우면 입어서 조절하는 것이다. 나는 이때부터 패딩을 입고 가서 의자에 걸쳐 두었다가 잘 때나 아침에 추울 때 입었다.

사실 평소에 관리를 잘하면 감기에 걸릴 걱정은 안 해도 되겠지만, 그래도 '잠을 잘 때'는 반드시 담요라도 덮고 자도록 하자. 혹시나 아플지 모르니 조심하는 게 좋다. 이 정도까지 대비를 했다면, 수능이 30일 남았더라도 걱정 없이 공부에만 집중하면 되리라 생각한다.

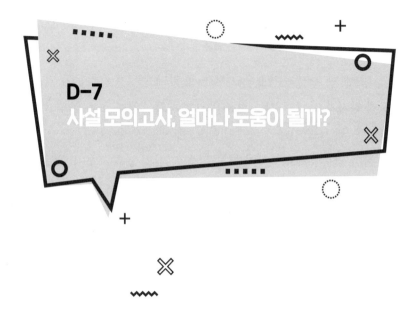

D-7
사설 모의고사, 얼마나 도움이 될까?

수능이 이제 일주일밖에 안 남았다니……. 나도 이 챕터를 쓰려니 몇 개월 전의 내 모습이 떠오르면서 긴장감이 몰려드는데 수험생들은 오죽할까 싶다. 그동안 얼마나 고생했는가. 이제 어찌 됐든 일주일만 지나면 모든 게 끝난다. 그렇다. D-7이다.

수능이 일주일밖에 남지 않은 시점에 내가 해 줄 말은 많지 않다. 수능은 일주일 만에 큰 변화를 가져올 수 있는 호락호락한 시험이 아니기 때문이다. 그저 지금까지 이야기한 것들을 꾸준히 지켜 나가면 된다. 수능 시간표대로 공부할 것, 연계 교재 위주로 학습할 것, 몸 관리 잘할 것 등등. 특별한 행동은 필요 없다. 그동안 해 오던 대로 하면 된다.

국어 문법 기출문제 양치기 전략

그런데 한 가지 추가했으면 하는 게 있다. 바로 '국어 문법 기출문제 양치기'다. 양치기는 많은 양의 문제로 승부를 보는 공부법을 말한다. 왜 하필 이때 국어 문법이고, 왜 하필 양치기일까? 그 이유는 국어 공부법에서 이야기한 '문법적 감각'의 날을 세우기 위해서다. 실제 수능을 쳐 보면 막상 어려운 높임 표현이나 고대 문법 문제는 잘 풀면서도 정말 쉽고 기본적인 부분, 예컨대 동사와 형용사 구분이나 관형어와 부사어의 구분을 놓치는 경우가 허다하다. 나 역시 2020년 수능 국어 문제에서 동사와 형용사의 구분을 생각하지 않고 문제에 접근하다가 시간을 많이 잡아먹고 멘탈도 살짝 흔들린 경험이 있다. 그러니 국어 문법 문제를 최대한 많이 풀어 보면서 문법적 감각을 조금이라도 다져 놓고 시험장에 들어갔으면 좋겠다.

공부법과 관련해서 이야기해 줄 건 이게 전부다. 수능이 일주일 남았다고 특별한 것을 할 필요는 없다. 오히려 특별한 일을 하지 않도록 주의해야 한다. 그런 의미에서 수능 전에 많은 학생이 찾는 '사설 모의고사'에 관해 이야기하는 것이 적절하겠다.

사설 모의고사, 꼭 봐야 할까?

D-30에서 다뤄야 할 주제였나 싶은 생각도 든다. 많은 수험생이 수능이 30일 남은 시점부터 시중에서 구할 수 있는 모든 사설 모의

고사를 닥치는 대로 풀어 보려고 한다. 수능이 일주일 정도 남은 시점에는 몇몇 인기 많은 사설 모의고사는 품절되는 경우도 있다. 그런데 나는 사설 모의고사를 많이 풀 필요가 없다고 생각한다. 일정 수준을 넘어 과도하게 많은 사설 모의고사는 오히려 성적에 도움이 안 된다고 생각하기 때문이다.

사설 모의고사가 안 좋다고 이야기하려는 게 아니다. 나도 사설 모의고사를 꽤 많이 풀었고, 나름대로 유용하게 활용했다. 사설 모의고사의 유용성을 따지기 위해서는 먼저 사설 모의고사가 어떻게 도움이 되는지 생각해 봐야 한다.

알다시피 사설 모의고사는 단순히 문제와 해설지만 있을 뿐이다. 강의가 아니므로 영어는 이렇게, 수학은 이렇게 푼다는 식의 조언을 얻지는 못한다. 사설 모의고사에서 우리가 얻을 수 있는 것은 현재 본인에게 부족한 영역의 확인, 그리고 실제 시험과 동일한 시간 동안 집중하는 훈련 정도라고 생각한다.

사설 모의고사를 실력 체크용으로 쓰면 안 되는 이유

먼저, 실력이 부족한 영역을 체크하는 용도에 초점을 맞춰 보자. 사설 모의고사를 풀었는데 유독 비문학이 잘 안 풀렸다면 그 부분을 더 공부해야 할 것 같고, 영어에서 빈칸 추론 문제를 많이 틀렸다면 그 공부를 더 해야 할 것 같다. 그런데 여기서 반드시 고려해야 할 점이 있는데, 사설 모의고사는 대체로 수능보다 어렵게 출제된다는 사실이다. 어찌 보면 당연한 일이다. 사설 모의고사에서 계속 100점을 받으면 기분은 좋겠으나 푸는 사람 입장에서는 의심이 들 수밖에 없다. 그리고 쉬운 시험보다는 어려운 시험이 일명 '모래주 머니 효과(모래주머니를 차고 있다가 벗으면 몸이 가벼워진 느낌을 주는 효과)'로 인해 실전에 더 도움이 된다고 생각하는 게 일반적이다. 그러 니 문제가 어려울 수밖에 없다. 이렇듯 고난도로 인해 발생하는 문 제가 있는데, 바로 '필요 이상의 공부'와 '필요 이상의 불안감'이다.

사설 모의고사는 어려워서 웬만해선 100점을 맞기가 어렵다. 나 역시 10회 이상 풀어 봤는데 수학 영역을 제외하고는 단 한 번도 100점을 맞아 본 적이 없다. 100점이 아니란 말은 어딘가 부족한 영 역이 있다는 뜻이다. 수험생들은 틀린 문제를 보며 '아, 아직 부족한 가 보구나'라고 생각하고 평소보다 틀린 영역의 공부를 더 해야 할 거 같은 생각이 든다. 수능이 얼마 남지 않았기 때문에 불안감이 더 크게 느껴진다.

그런데 사설 모의고사는 수능보다 어렵게 내는 경우가 많고, 이 런 과정에서 문제 유형이 수능과 살짝 달라질 수밖에 없다. 수능을 100점 맞을 학생이라도 사설 모의고사에서는 2등급이 나올 수 있다 는 말이다. 그런 상황에서 사설 모의고사 점수가 안 나온다고 수능 이 얼마 안 남은 시점에 사설 모의고사에서 자주 틀리는 영역을 공 부하면 과목별 공부 밸런스가 흔들린다. 또 사설 모의고사에서 얻은 낮은 점수를 보며 불안해하다 보면 컨디션이 망가질 우려도 있다. 그래서 나는 사설 모의고사를 '실력 체크 용도'로는 사용하지 않는 게 좋다고 생각한다.

사설 모의고사를 유용하게 사용하는 법

따라서 사설 모의고사는 실력 체크보다는 '실제 시험 시간 동안 비슷한 문제를 집중해서 푸는 연습'에 초점을 맞추는 게 바람직하다. 이것이 사설 모의고사의 진가라고 생각한다. 수능이 얼마 안 남았을 때 수능 시간표대로 공부하는 게 중요하듯이 '혼자만의 모의고사'를 쳐 보는 것도 실제 수능에 큰 도움이 된다. 기출문제 모의고사가 가장 좋지만, 이 시점에는 대부분의 기출문제를 이미 다 풀어서 답을 알고 있을 테니 사설 모의고사가 대안이다. 매일 모의고사를 치르면 금방 지치므로 이틀이나 사흘에 한 번이 적당하다.

이때는 틀린 문제에 너무 신경 쓸 필요가 없다. 어차피 수능에 안 나올 문제고, 문제 유형이 수능과 다를 확률도 높기 때문이다. 나는 사설 모의고사를 풀 때 국어 영역의 경우 틀린 문제라도 다시 보지 않았다. 심지어 수능 3일 전에 푼 국어 사설 모의고사에서는 80점대를 기록하며 예상 등급 컷 기준 2등급이 나오기도 했다. 그래도 그냥 아무 생각 없이 다 푼 시험지를 쓰레기통에 버렸다. 내가 생각하는 사설 모의고사의 용도는 실력 체크가 아니었기 때문이다.

사설 모의고사는 유용한 도구다. 수능과 최대한 비슷한 환경에서 훈련할 수 있도록 해 주기 때문이다. 그러나 그 시험으로 뭘 배우겠다는 마음은 버리는 게 좋다. 게다가 사설 모의고사는 높은 난도로 인해 평소보다 낮은 점수가 나올 수밖에 없다. 점수가 낮게 나와도 신경 쓰지 말고 내 사례처럼 그냥 그렇구나 하고 넘겨야 한다.

앞서 말했듯이 사설 모의고사의 용도는 '일정 시간 동안 집중하는 훈련'이다. 모의고사에서 3등급 이상을 유지하는 학생들은 30일에 접어든 시점부터는 본인 성적대에서 큰 변화를 기대하기 어렵다. 그 정도 경지에서 한 발자국 더 나아가기 위해서는 너무나 많은 걸 돌파해야 하기 때문이다. 따라서 평소 실력을 발휘하는 데 초점을 맞추고 실전 연습을 통해 수능에 익숙해지는 게 도움이 된다.

반면, 4등급 이하라면 한 달 만에도 얼마든지 큰 변화를 가져올 수 있다. 따라서 실전 연습보다는 실력 향상에 초점을 맞추는 게 더 낫다. 기출문제를 조금이라도 더 보고, 연계 지문을 조금이라도 더 외우고, 수학 문제를 한 문제라도 더 풀어 본다면 수능에서 한두 등급 올리는 것은 충분히 가능하다. 사설 모의고사는 안 쳐도 되지만 치더라도 일주일에 한 번 정도로 제한하고, 그 외 시간에 공부를 하는 것이 더 도움이 된다. 혹시나 4등급 이하의 학생들에게 조금 불편하게 들렸다면 미안하게 생각한다. 다만, 현실적으로 더 도움이 되는 방향을 알려 주고 싶어서이니 너그럽게 이해해 주었으면 좋겠다.

마지막으로 노파심에서 하는 말인데, 이 시점부터는 감정 조절에도 신경 써야 한다는 사실을 염두에 두었으면 좋겠다. 사실 평소와 다른 행동을 하지 말라는 것도 그런 행동이 다른 감정을 불러일으킬까 걱정이 돼서 하는 말이다. 3년간의 노력이 일주일 후에 있을 단 하루의 시험으로 평가된다는 데 대한 중압감은 사람을 감정적으로 만들기에 충분하다. 이런 생각이 머릿속에 맴돌면 남은 일주일을 멍하니 보내기 쉽다. 명심하자. 아직 아무것도 끝나지 않았음을. 이때까지 그래 온 것처럼 앞만 보고 달려 나가자. 뒤를 돌아보기에는 아직 이르다. 후회는 일주일 후에 해도 늦지 않다.

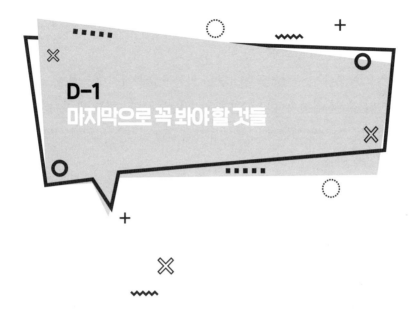

D-1
마지막으로 꼭 봐야 할 것들

지금까지 길고 긴 잔소리 아닌 잔소리를 들어 주느라 고생 많았다. 그리고 지난 3년간 본인이 만족하든 못 하든 혼자만의 사투를 벌이느라 수고했다는 말을 해 주고 싶다. 이젠 정말 종지부를 찍어야 하는 날이 온 것 같다. 수능 하루 전날이다.

수능 하루 전날에는 되도록 사설 모의고사는 풀지 않았으면 좋겠다. 평소보다 낮은 점수가 나오면 엄청나게 신경 쓰일 것이 뻔하기 때문이다.

그것보다는 국어 시간에 문학 연계 작품을 복습하면서 당장 내일 시험 직전에 볼 '나올 것 같은 작품' 열 가지 정도만 뽑도록 하자. 수학 시간에는 이미 아는 문제 중 중요한 개념이 쓰이는 문제를 다시 한번 풀어 보고, 영어 시간에는 연계 지문을 한 번 더 보자.

사회 탐구 과목 2개는 맨 처음 언급한 '자기만의 개념서'를 마지막으로 본다는 생각으로 처음부터 끝까지 꼼꼼하게 훑어보자. '수능일 점심시간에 한 번 더 봐야지' 같은 생각은 안 하는 게 좋다. 내가 그런 생각을 했는데, 그럴 여유가 없다는 걸 수능 당일에 깨달았기 때문이다.

문학과 영어 연계 교재 훑어보기

그렇게 수능 전 마지막 수업이 끝나고 4시 30분이 되었다면 이제는 다시 문학 연계 작품과 영어 연계 지문을 공부하는 게 좋다. 그동안 수도 없이 본 것들이라 자기 전까지 한 사이클을 충분히 돌릴 수 있다. 운이 좋다면 이때 본 지문이 다음 날 수능에 그대로 출제될 수도 있다.

나는 하루 전날 《수능완성 영어》의 실전 모의고사 4회와 5회에 실린 지문을 처음으로 봤다. 학교 시험 범위가 아니었기 때문에 한 번도 펼쳐 보지 않고 깜빡하고 있던 부분이었다. 그런데 수능을 하루 앞두고 처음 보는 부분이라 평소보다 더 집중해서 서너 번을 봤다. 이때 본 지문 중 2개가 다음 날 수능에 그대로 나왔다. 문제를 풀면서 나도 모르게 감탄하고 말았다. 그런 일이 나에게만 있으리란 법은 없으니, 이 책을 읽는 수험생들도 마지막 날까지 연계 지문을 꼭 봤으면 좋겠다.

잠자리에 들기 전 챙겨 놓을 것들

고등학교에서의 마지막 공부를 끝내고 저녁까지 먹었다면 이제 슬슬 본인이 정해 놓은 취침 시간에 잘 준비를 하자. 평소 아무리 금방 잠들던 학생이라도 심각한 불면증에 시달릴 수 있다. 너무 당황하지는 말자. 당황하지 않는다고 빨리 잠드는 것은 아니지만, 최소한 심리적인 안정만은 지켜야 한다. 평소보다 좀 늦게 잠든다고 걱정할 필요는 없다. 어차피 수능 당일에는 긴장감 때문에 정신이 확 들게 되어 있다. 나도 그렇고 내 친구들도 평소보다 불면증에 시달리긴 했어도 졸려서 집중을 못 한 친구는 거의 없었다.

나는 가족들과 떨어져 지냈기 때문에 자기 전에 전화를 드려야 하나 잠깐 고민하다 감정 컨트롤이 안 될까 봐 문자 메시지만 하나 드렸다.

'저 이제 자요. 잘 보고 올게요.'

이날은 저녁부터 오만 가지 생각으로 머릿속이 복잡할 것이다. 그걸 컨트롤하는 건 불가능할지 모르지만, 아직 끝나지 않았다고 계속 의식하면서 최대한 잡생각을 뒤로 미루게끔 노력하도록 하자. 이제 당신은 완벽하게 준비가 되었다. 마지막으로 수험표와 수능용 시계, 그리고 화이트와 지우개까지 잘 챙겼는지 확인했다면 이제 잠자리 들면 된다. 내일 활약할 자신을 기대하며.

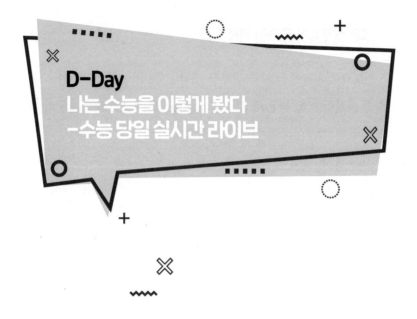

D-Day
나는 수능을 이렇게 봤다
-수능 당일 실시간 라이브

　고등학교에 입학했을 때만 해도 절대 오지 않을 것만 같던 내 차례가 어느덧 왔다. 평소보다 조금 이른 새벽 6시에 기상송이 울린다. 룸메이트가 씻는 동안 제2외국어 자료를 본다. 오래전에 수능 당일 아침 식사 전 해야 할 일로 정한 것이다. 나도 샤워를 마치고 가방을 싼다. 짐을 들고 급식소로 가는 길에 보온병에 수학 시험 전에 마실 커피를 탄다. 친구들이 시험 잘 치고 오라며 응원의 말을 건넨다. 나도 웃으며 친구들에게 격려의 말을 전한다.

　아침을 먹으러 급식소로 내려가니 한쪽에 우리를 위해 준비한 도시락이 가득 놓여 있다. 3학년 각 반 담임 선생님들과 교장 선생님이 곧 인생의 큰 관문을 지나게 될 우리를 응원하려고 일찍부터 나와 기다리고 계신다. 아침 메뉴는 순살고추장 닭조림이다. 원래도 퍽퍽해서 먹기 힘든 음식인데 긴장해서인지 다 먹지 못하고 조금 남긴다. 그때 귀에서 들리는 고양이 소리. 담임 선생님이 긴장을 풀어 주려고 누르면 고양이 소리가 나는 열쇠고리를 가져오셨다. 나는 웃음을 머금고 담임 선생님에게 말씀드린다.

"선생님, 저 만점 받아서 돌아올게요."

담임 선생님이 웃으며 응원해 주신다. 식판을 반납하고 도시락까지 챙기고 나니 교장 선생님이 다가오신다. 교장 선생님에게 다시 한번 내 다짐을 말씀드린다.

"선생님, 저 진짜 만점 받아 올게요."

"그래그래, 잘하고 와라."

밥을 너무 천천히 먹어서인지 이를 닦을 시간이 없다. 결국 시험장에 가서 닦기로 하고 버스에 오른다.

버스는 예상외로 시끌벅적하다. 오늘로 고생이 끝난다는 기대감으로 인한 시끌벅적거림은 아니다. 마지막으로 나누는 수다이자 긴장을 외면하기 위한 시도일 것이다. 옆자리 친구와 의미 없는 대화를 나누는 동안 어느새 시험장에 도착해 버스에서 내린다.

시험을 치를 교실을 확인한다. 다행히 고등학교 친구가 많이 있는 교실이다. 짐을 풀고 학교에서 미처 못 한 양치를 하고 돌아온다. 챙겨 온 비문학 책을 다시 한번 보고, 왠지 나올 것만 같아서 미리 표시해 둔, 나와 줬으면 하는 문학 연계 작품들을 공부한다. 중간중간 같은 교실에 배정받은 친구들과 서로 응원의 말을 나누며 의지를 다진다.

1교시 국어 영역

어느덧 울리는 종소리. 시험 감독관이 들어오시자 책상 위에 있던 책들이 순식간에 사라지고 필통과 수험표만 남는다. 국어 시간의 시험 감독관 두 분은 내가 모르는 선생님들이다. 별로 중요한 건 아니지만 말이다. 머리 위에 손을 올리고 있는 수험생들 사이를 감독관이 지나가며 시험지를 나눠 주신다. 그리고 마침내 내 책상 위에도 시험지가 놓인다.

2020년 대학 수학 능력 시험 국어 영역. 8시 40분이 되자 시험 시작을 알리는 종이 울리고 그와 동시에 종이 넘어가는 소리가 교실에 울려 퍼진다. 이제 정말로 나의 수능이 시작된다.

시험지를 받고 문제지를 넘기기 전까지만 해도 '평가원? 한번 덤벼 보시지' 하는 마인드를 유지하려고 노력했다. 긴장을 조금이라도 덜 하기 위한 나만의 마인드 컨트롤이다. 그런데 시험지를 받고 문제를 풀기 시작하면서 이내 졸보가 된다.

'나 지금 진짜 수능을 치고 있는 건가?'

'오늘 갑자기 실수를 많이 하면 어쩌지?'

이런 생각이 계속해서 머릿속을 가득 메운다. 13번 정도를 풀 때쯤 이대로는 안 되겠다 싶어 뺨을 때리며 다짐한다.

'정신 차리자.'

힘겹게 집중력을 되찾은 나는 그 후로 한 문제 한 문제 꼼꼼히 읽어 가며 문제를 해치운다. 애매한 문제는 표시해 두고 다음 문제로 넘어간다. '제발 《유씨삼대록》만은 나오지 마라' 하며 시험지를 넘기다 마주친《유씨삼대록》에 놀란다. 마지막 관문인 경제 지문에서는 심호흡을 몇 번씩 하며 차분히 문제를 풀어 나간다. 그렇게 마지막 문제인 45번까지 풀고 시계를 보니 10분 정도가 남아 있다. 마음을 가다듬고 1번부터 답지에 마킹을 하며 애매하던 문제를 다시 푼다. 1번이냐 3번이냐 고민하던 문학 문제는 장고 끝에 3번을 선택한다. 남은 시간 동안 수험표 뒷면에 미리 만들어 놓은 '국어' 자리에 가채점표를 작성한다. 여기까지 마치고 나니 1분이 남는다. 나지막한 한숨과 함께 제발 잘되기를 기도한다. 얼마 안 있어 1교시 종료를 알리는 종소리. 첫 번째 관문을 넘은 학생들의 안도의 한숨 혹은 절규로 숨소리마저 조심스럽던 교실이 어느새 활기를 되찾는다.

화장실을 다녀오고 보온병에 타 온 커피 한 잔의 여유를 즐기는데, 시험 감독관 두 분이 들어오신다. 그런데 이럴 수가. 1학년과 2학년 때 나를 이끌어 주신 담임 선생님이 감독관으로 들어오신 것이다. 내가 여기까지 올 수 있게 해 주신 분과 마지막 날에 함께한다는 생각에 가슴이 뭉클해진다. 하지만 감동도 잠시. 만점 받을 수 있겠느냐는 선생님의 질문에 머리가 멍해진다. 1교시 국어 시험에 자신이 없었기 때문이다.

"글쎄요, 국어 때문에 잘 모르겠어요."

2교시 수학 영역

웃으며 얼버무린 나는 예비종이 칠 시간이 되어 다시 자리에 앉는다. 2교시 수학 영역이 시작된다. 쉬는 시간에 마신 커피 덕분일까. 이번에는 집중이 잘되고 문제도 술술 풀린다. 첫 번째 고비인 21번도 대략 20분을 투자해 해치운다. 마지막 고비인 30번도 별문제 없이 해결한다. 혹시나 하는 마음에 평소에 안 하던 검산을 다 해 본다. 가채점표까지 작성하고 안도하는 마음으로 펜을 내려놓는다. 교실 앞에서 학생들을 감독하고 계신 옛 담임 선생님의 얼굴을 보니 괜히 웃음이 난다. 할 일을 끝낸 나는 책상에 엎드린다. 2교시가 별일 없이 지나간다.

2교시가 끝난 교실은 1교시가 끝났을 때보다 더 시끌벅적하다. 점심시간이 기다리고 있어서다. 학교에서 받은 주황색 도시락 가방을 챙겨 들고 외고 친구들과 함께 1층에 있는 테이블에 모여 도시락을 나눠 먹는다. 반찬은 멸치볶음과 한우 장조림, 그리고 시래깃국이다. 내가 먹어 본 급식 중에 제일 맛있는 급식인 것 같다. 수능을 잠시 잊고 한참 웃고 떠드는데 우리 학교 선생님들이 지나가신다. 손을 흔들며 남은 시험도 잘 치르라는 말을 전해 주신다.

밥을 먹고 양치까지 끝낸 나는 자리에 앉아 혹시나 하는 마음에 챙겨 온 《수능완성》 교재를 꺼내 잠깐 보다가 이내 포기하고 다시 가방에 넣는다. 시험 시작 몇 분 전, 초콜릿을 꺼내 먹는다. 시험 도중 집중력이 떨어질 때 먹으려고 몇 개는 책상에 올려 둔다. 교탁 근처에서 친구들과 이런저런 이야기를 한다.

그때 들어오시는 시험 감독관. 어딘가 얼굴이 익숙하다. 아니나 다를까, 중학교 3학년 때 담임 선생님이다. 서로 놀란 눈치. 안부를 전하기도 전에 시간이 되어 급히 인사만 하고는 자리로 돌아와 앉는다. 속으로 생각한다.

'와, 이런 데서 뵙다니. 내가 김해외고에 가서 열심히 노력했고 서울대에 원서를 넣었다고 말씀드리면 어떤 생각을 하실까?'

이런저런 생각을 하는 와중에 시험이 시작된다.

3교시 영어 영역

듣기 평가가 진행되는 동안 미리 빼 둔 시험지에 있는 25~28번 문제를 푼다. 다행히 이번에는 1번과 2번을 놓치지 않고 확실히 들었다. 점심시간마다 영어 듣기 공부를 한 보람이 있다. 그런데 수학 시험 전에 마신 커피 탓일까, 아니면 너무 맛있어서 남김없이 먹어버린 시래깃국 탓일까? 갑자기 화장실이 가고 싶어진다. 듣기 평가 종료를 알리는 방송이 끝나자마자 손을 들고 화장실을 간다. 돌아와서 다시 푸는 문제. 다행히 막히는 문제 없이 술술 풀린다. 게다가 예상외로 연계 교재 문제가 많이 보인다. 지문도 읽지 않고 푼 것만 대략 세 문제. 그렇다고 머리가 지끈거리지 않은 것은 아니다.

30분이 지났을 무렵, 한쪽 팔을 베개 삼아 책상에 엎드려 문제를 풀기 시작한다. 마지막 45번 문제를 풀고 가채점용 기록까지 마치고 시계를 본다. 무려 20분이나 남았다. 모의고사를 칠 때도 10분 이상 남은 적이 없는데 연계 문제의 효과가 크긴 컸나 싶다. 다시 풀어 볼까 생각도 했지만, 머리가 지끈거린다. 다음 과목을 위해 힘을 비축하기로 하고 그대로 엎드린다. 슬슬 일어나 볼까 마음먹을 때쯤 종료를 알리는 종이 울린다. 이제 정말 거의 다 끝났다는 생각이 든다.

4교시 한국사·탐구 영역

한국사 시험이 시작되기 전, 사회 탐구 두 과목을 공부할까 고민을 한다. 아무래도 시간이 부족할 것 같아 가방 지퍼를 닫는다. 한국사 영역이 시작되고 문제를 보니 모의고사와 다를 게 없다. 그다지 어렵게 느껴지지 않는다. 3학년 때 한국사 내신 공부를 열심히 해 둔 덕분일까. 마지막 20번 문제까지 풀고 시계를 보니 5분이 지나 있다. 다시 풀 필요까지는 없겠다 생각하고 사회 탐구 두 과목을 위해 엎드려서 쉰다. 시험 종료까지 5분 정도 남았을 무렵 손을 들어 허락을 구하고 화장실을 다녀온다. 타임 어택과 다름없는 사회 탐구 시간에 혹시 모를 불상사를 방지하기 위해서다. 여유롭던 한국사 영역이 끝나고 본격적인 '마지막 관문'이 시작된다. 사실상 수능의 마지막 영역이나 다름없는 사회 탐구 영역이다.

첫 번째 선택 과목인 한국 지리 시험은 별 어려움 없이 풀어 나간다. 20번까지 풀고도 10분이 남는다. 딱히 헷갈리는 문제도 없다. 눈에 밟히는 문제 몇 개를 다시 풀어 보고 가채점표를 작성하니 5분이 남는다. 속으로 기도한다.

'제발 사회·문화도 별일 없기를.'

30분간의 한국 지리 영역이 끝나고 시작된 사회·문화 영역. 그런데 이럴 수가. 드디어 위기가 찾아왔다. 난도가 장난 아니다. 평소에 풀던 그 어떤 모의고사보다 어렵다. 지칠 대로 지친 내가 감당하기에는 문제가 너무 꼬여 있다. 중간중간 한숨을 쉬기도 하고 평가원을 원망하기도 하면서 어떻게든 20번 문제까지 끌고 나간다. 2분을 남기고 될 대로 되라는 심정으로 20번 문제의 마킹을 끝낸다. 단 한 문제도 다시 풀어 보지 못한 채 가채점표에 답을 옮겨 적느라 바쁘다. 덜덜 떨리는 손을 부여잡고 마지막 20번의 정답까지 옮겨 적으니 약 10초가 남아 있다.

곧이어 시험 종료를 알리는 종이 울린다. 제2외국어·한문 영역이 남아 있지만 사실상 수능의 종료를 알리는 종이다. 쉬는 시간, 교실에 울려 퍼지는 환성과 탄성. 고등학교 생활의 종료나 다름없으니 그럴 만도 하다.

5교시 제2외국어·한문 영역

정말 마지막 쉬는 시간. 여기까지 달려오느라 힘들었던 것일까. 많은 친구가 제2외국어 시험 포기 각서를 쓰겠다며 본부로 달려간다. 혼자서 교실에 남겨지는 게 맘에 안 드는 나는 혹시 모르니 응시해 보라고 설득한다. 0점을 받아서 컷이라도 내려 달라고 애원한다. 하지만 소용없다. 교실을 꽉 채웠던 학생들이 몇 남지 않았다.

마지막 일본어 시험을 친다. 일본어 시험을 치는 와중에 1교시 국어 영역과 방금 끝낸 사회·문화 시험이 자꾸 신경이 쓰인다. 그래도 어쩌겠는가, 이미 지나간 시험인데. 중간중간 낙서도 해 가며 가채점표 작성까지 끝내고 시험 종료 종소리를 손꼽아 기다린다.

마침내 울리는 종소리. 그리고 머릿속에 드는 생각.

'이제 진짜 끝났다.'

그리고 가채점

급하게 가방을 챙겨서 학교 밖으로 나가는 길. 중간에 만나는 친구들과 수고했다며 인사를 나눈다. 드디어 보이는 정문. 살아오면서 이렇게 개운한 적이 또 있었을까. 그런 기분을 뒤로한 채 정문에서 기다리고 계시는 엄마를 만난다. 기숙사 짐을 빼기 위해 다시 학교로 간다. 엄마에게 시험을 잘 본 것 같은데 국어랑 사회·문화가 애매하다고 솔직하게 말씀드린다. 학교에 돌아오니 우리를 기다리고 계시는 선생님들과 이제 본인의 차례가 온 후배들이 수고했다는 말을 전한다. 한편으로 뿌듯하면서도 국어와 사회·문화 때문에 마음이 편치 않다. 짐을 정리하고 집으로 돌아오니 8시 무렵. 정답이 나온 과목은 국영수뿐이지만 저녁을 먹기 전에 일단 이 과목들부터 채점하기로 한다. 찝찝해서 밥이 넘어갈 것 같지 않아서다.

가방에서 빨간 볼펜과 내가 쓴 답이 적힌 수험표를 꺼내 컴퓨터 앞에 앉아 가채점을 시작한다. 국어 영역 1번부터 조심스럽게 채점을 시작한다. 아직 틀린 문제는 없지만 17번쯤에서 점점 심장이 빠르게 뛰기 시작하더니 숨이 잘 안 쉬어지기 시작한다. 30번까지 매겼을 때 역시나 틀린 문제는 없지만 숨이 가빠 온 나는 엄마에게 물을 한 잔 달라고 요청한다. 물을 마시며 천천히 호흡을 가다듬고 다시 채점을 시작한다. 마지막 45번 문항에 동그라미를 쳤을 때 경찰대 시험에서 1000미터 달리기를 막 끝냈을 때보다 더 빠르게 심장이 뛰기 시작한다. 그리고 엄마에게 큰 소리로 외친다.

"엄마, 저 국어 100점이에요!"

그리고 왠지 모르게 드는 직감. 혹시?

다시 정신을 차리고 수학과 영어를 빠르게 채점한다. 수학 100점. 영어 100점. 행여나 실수했을까 싶어 국어부터 영어까지 두 번 더 해 본다. 다행히 실수는 없다. 의자에서 일어나 나도 모르게 욕설까지 섞어 가며 소리를 지른다. 다시 정신을 차린 나는 엄마에게 국영수 전부 100점이라고 말씀드린다. 나만큼 놀란 엄마는 당장 여기저기에 전화를 돌리신다. 누나는 '내 동생 국영수 100점'이라는 글을 SNS에 올린다. 국영수까지만 채점하고 갈비를 먹으러 가기로 했지만 잠시 미뤄 두고 사회 탐구 영역 답이 나오기를 기다린다.

1시간쯤 후에 나온 정답표. 한국 지리는 잠시 제쳐 두고 사회·문화 영역 답지부터 확인한다. 1번 정답, 2번 정답, 3번…… 그리고 마지막 20번. 이럴 수가, 정답이다. 그때 머릿속을 스치는 직감. 남은 한국 지리마저 순식간에 채점한다. 이번에도 혹시나 실수했을까 싶어 두 번, 세 번 더 확인해 보고 마침내 엄마에게 말씀드린다.

"엄마, 저 수능 만점이에요."

마지막으로
꼭 해 주고 싶은 이야기

숨 가쁘게 달려온 지난 3년을 기록했다. 어쩌면 학창 시절 전체의 기록일지도 모르겠다. 초등학생 때 개학을 이틀 정도 남기고 한 달간의 일기를 몰아 적고는 했는데, 이번에는 한 10년 치의 일기를 한번에 몰아 적은 느낌이 든다.

얼마 전 오랜만에 고등학교 친구들을 만나 이런저런 이야기를 하는데, 자연스럽게 고등학교 때 나에 관한 이야기가 나왔다. 한 친구가 내게 "네 최대 전략은 전략이 없는 것"이라고 했다.

고등학교에 막 입학한 나는 졸업 후의 나를 상상해 본 적이 없다. 그저 묵묵히 오늘의 할 일, 내일의 할 일에만 집중하며 살았다. 그렇게 1년, 2년이 지나 수능을 치르고 대학생이 되어 절대 오지 않을 것 같던 지금의 삶을 살고 있다.

지금 생각해 보니 참 생각 없는 전략이었지만 동시에 최고의 전략이었던 것 같다. 오늘에 충실하기. 어차피 매일매일 바쁠 텐데 미래의 일까지 신경 쓸 겨를이 없지 않은가. 이 책을 읽는 학생들도 너무 멀리 내다보지 말고 그저 하루하루, 순간순간에 집중하며 살았으면 좋겠다.

아무리 성실히 살아도, 또 아무리 강하게 마음먹어도 힘든 순간은 누구에게나 찾아온다. 그럴 때 금방 힘을 되찾지는 못할지라도 힘들어 하는 자신을 부정하지는 말자. 강한 당신도, 슬럼프에 빠진 당신도 모두 소중한 당신 자신의 일부일 테니까. 너무 힘이 들 때는 도망쳐도 좋다. 언젠가 더 성장한 당신이 지금 당신의 바통을 이어받아 다시 달려 나가면 되니까.

당장 결과가 안 나온다고 조바심치지 않아도 된다. 긴 여정 속에서 몇 번은 넘어지고 한동안 헤맬 수도 있다. 그래도 괜찮다. 단지 당신이 지금 걷고 있는 그 길이 무엇인지만 잊지 말자. 당신의 길을 걸어가다 보면 결국 어떤 식으로든 성장한 자신을 마주할 테니까.

지금까지 주저리주저리 긴 글을 읽어 줘서 고맙다는 말을 전하고 싶다. 내 글이 당신을 성장시키는 데 조금이나마 도움이 되었기를 바란다. 언젠가 목표를 다 이루고 바라던 바를 성취했을 때 이 책을 다시 한번 펼쳐 주었으면 좋겠다. 마지막으로 그때의 당신에게 전하고 싶은 말이 있기 때문이다.

수고했다. 정말, 수고 많았다.

공부는 절대
나를 배신하지 않는다

초판 1쇄 발행 2020년 8월 21일
초판 2쇄 발행 2020년 8월 22일

지은이 | 송영준
발행인 | 강수진
편집인 | 성기훈
마케팅 | 곽수진
홍보 | 조예은
교정·교열 | 신윤덕

주소 | (04044)서울특별시 마포구 양화로 8길 16-20 피피아이빌딩 3층
전화 | 마케팅 02-332-4804 편집 02-332-4806
팩스 | 02-332-4807
이메일 | mavenbook@naver.com
홈페이지 | www.mavenbook.co.kr
발행처 | 메이븐
출판등록 | 2017년 2월 1일 제2017-000064

© 송영준, 2020(저작권자와 맺은 특약에 따라 검인을 생략합니다)
ISBN 979-11-90538-18-3(13370)

이 도서의 국립중앙도서관 출판예정도서목록(CIP)은 서지정보유통지원시스템 홈페이지(http://seoji.
nl.go.kr)와 국가자료종합목록시스템(http://www.nl.go.kr/kolisnet)에서 이용하실 수 있습니다. (CIP
제어번호 : CIP2020029389)